本书为国家社会科学基金一般项目"东北'一城一企'区域单位体制变迁中大型国企社会资本作用研究"（15BSH109）的结项成果

吉林大学哲学社会学院一流学科建设丛书

孤岛还是灯塔
东北大型国企社会资本作用研究

ISOLATED ISLAND OR BEACON:
A STUDY ON THE ROLE OF SOCIAL CAPITAL OF
LARGE STATE-OWNED ENTERPRISES IN NORTHEAST CHINA

王文彬　著

中国社会科学出版社

图书在版编目（CIP）数据

孤岛还是灯塔：东北大型国企社会资本作用研究 / 王文彬著. —北京：中国社会科学出版社，2022.3

（吉林大学哲学社会学院一流学科建设丛书）

ISBN 978-7-5203-9106-1

Ⅰ.①孤… Ⅱ.①王… Ⅲ.①大型企业—国有企业—社会资本—研究—东北地区 Ⅳ.①F279.273

中国版本图书馆 CIP 数据核字（2021）第 187032 号

出 版 人	赵剑英
责任编辑	朱华彬
责任校对	谢　静
责任印制	张雪娇

出　　版	中国社会科学出版社
社　　址	北京鼓楼西大街甲 158 号
邮　　编	100720
网　　址	http：//www.csspw.cn
发 行 部	010-84083685
门 市 部	010-84029450
经　　销	新华书店及其他书店
印　　刷	北京明恒达印务有限公司
装　　订	廊坊市广阳区广增装订厂
版　　次	2022 年 3 月第 1 版
印　　次	2022 年 3 月第 1 次印刷
开　　本	710×1000　1/16
印　　张	19
插　　页	2
字　　数	281 千字
定　　价	118.00 元

凡购买中国社会科学出版社图书，如有质量问题请与本社营销中心联系调换
电话：010-84083683
版权所有　侵权必究

目 录

前　言 …………………………………………………… 1

第一章　东北大型国企社会资本：从建构内涵到作用特性 ……… 1

第一节　大型国企社会资本的认知维度与建构内涵 ……… 1
第二节　东北大型国企社会资本的多样化生成路径 ……… 9
第三节　东北大型国企社会资本的"一城一企"作用
　　　　场域 …………………………………………… 14
第四节　东北大型国企社会资本的多元作用机制 ……… 21
第五节　东北大型国企社会资本的微观作用后果 ……… 25

第二章　何以成为"灯塔"：比较视野中的大型国企
社会资本 …………………………………………… 30

第一节　社会资本的差异性运作：国企与私企的比较 …… 30
第二节　社会资本的建构基础：与国外"锈带"的
　　　　比较 …………………………………………… 37
第三节　非常态下的社会资本意义：以新冠肺炎疫情
　　　　危机应对为例 ………………………………… 42

第三章　东北大型国企社会资本作用的体制关联与
社会特性 …………………………………………… 48

第一节　单位体制变迁中的资源富矿 ………………… 49
第二节　地域分化中的国企烙印 ……………………… 58
第三节　"一城一企"中国企与社会的多维联系 ……… 68

第四章　东北大型国企社会资本作用的关系特性与
　　　　情境形塑 ………………………………………… 75
　　第一节　国企中的稳定感、保障感与关系衍生特性 …… 75
　　第二节　国企就业合同认知中的社会关系 …………… 85
　　第三节　城企互嵌发展与国企社会资本的情境形塑 …… 94

第五章　东北大型国企社会资本的体制获得及符号效用 …… 105
　　第一节　再议企业社会资本：争论与拓展 …………… 108
　　第二节　国企社会资本的内部作用机制 ……………… 115
　　第三节　总结和讨论 …………………………………… 119

第六章　东北大型国企社会资本作用特性的新演进 ……… 121
　　第一节　区域社会特性中的演进变化 ………………… 122
　　第二节　实证分析与模型解读 ………………………… 132
　　第三节　总结与讨论 …………………………………… 139

第七章　微观作用结果之一：体制区隔中的风险感知差异 … 142
　　第一节　单位体制特性与风险社会 …………………… 143
　　第二节　体制区隔与社会风险差异：东北大型国企的
　　　　　　经验支持 …………………………………… 146
　　第三节　微观结果的实证分析与检验 ………………… 153

第八章　微观作用结果之二：单位依附中的归属感变迁 …… 170
　　第一节　多重依附与归属感 …………………………… 173
　　第二节　实证分析与经验支持 ………………………… 181
　　第三节　区域社会特性中的归属感变化 ……………… 190

第九章　微观作用结果之三：跨体制行动与社会资本衍生 … 194
　　第一节　东北地域特性中的国企转型 ………………… 196
　　第二节　国企员工跨体制行动：适应与依附 ………… 202

第三节　跨体制社会资本衍生与国企关系认同……………… 216

总结与讨论………………………………………………… 235

附录一　东北"一城一企"区域单位体制变迁中大型国企
　　　　社会资本作用（调查问卷 2017）……………… 244

附录二　访谈提纲………………………………………… 268

参考文献………………………………………………… 271

前　言

中国持续深入的市场经济转型使单位体制发生了重大形式与内涵方面的变化，包括单位制国企的社会功能、激励机制、内部劳动力市场与关系网络建构等，导致传统意义上的典型单位制呈现重大变化。[①] 然而，在东北区域社会中，大型国企对所在城市的经济社会发展仍然具有举足轻重的地位，多维度、多层面地与城市发展相融合，包括社区治理、城市空间布局、社会阶层分化、劳动力市场发育、组织晋升机制、劳动力市场建构和人口流动以及经济社会发展模式形塑，等等。尤其是在东北某些特定区域，市场经济渐进式改革与单位体制路径依赖成为区域社会发展的重要特征之一，体现为大型国企经济社会影响巨大、大型国企与城市发展关联密切、社区发展与社会建设较多依赖国企单位组织资源等，从而局部形成了具有特定社会价值指向的"一城一企"区域社会特性（意指部分东北区域社会中大型国企与城市融合发展的典型现象，城市的经济成就、社会发展、社区治理和社会建设等都与一个或少数几个大型国企紧密相关，二者融合发展，形成交互多维的社会发展效果）。

近年来东北区域经济增速低迷，社会发展缓慢已经引起中央高层的高度重视。中央政府已经成功实施了第一轮东北振兴战略，取得了积极的效果，当前正在实施第二轮东北振兴战略。在取得积极战略效果的同时，依然需要认识到，东北区域社会虽然努力进行经济结构转型多年，但是能源和装备工业以及国有经济影响巨大的局面并没有根本性的改变，当前突出问题依然是产业结构调整转型缓

---

① 田毅鹏：《"典型单位制"的起源和形成》，《吉林大学社会科学学报》2007年第4期。

慢，经济发展低迷，国有企业体量影响巨大，体制外市场经济发展严重不足，深层次体制机制和结构性矛盾凸显，仍需继续深入地实施东北振兴战略。

当前经济发展危机折射到社会层面，就是人口危机，表现之一即为大量年轻人口离开东北。人口危机的根源是经济危机，而经济危机的核心是产业结构问题，其社会层面的表现说明东北区域社会基础出现了问题。因此，对于东北区域社会而言，必须正确认识区域经济社会的特性，立足大型国企社会资本视角，探讨如何在既有局面下实现体制内大型国企社会发展与区域社会市场经济发展的共赢结果。

为此，我们需要更好地认识和发挥东北区域单位体制变迁中大型国企社会资本所具有的特殊经济地位和社会作用，需要立足于东北区域社会宏观特性，通过"一城一企"典型分析视角来进行剖析，才能从整体上把握东北大型国企社会资本作用的整体情况，包括单位体制变迁和城企融合特性相结合的宏观作用场域、与体制依附相关联的多元中观作用机制以及反映主观社会认知和客观行动互动影响的微观作用后果。只有正确地认识东北区域社会基础特性，才能充分理解大型国企社会资本的建构特性与作用特征，从而在社会层面实现其对东北区域社会发展的积极引领作用。

2018年9月，习近平总书记在沈阳主持召开深入推进东北振兴座谈会时强调，东北地区是我国重要的工业和农业基地，维护国家国防安全、粮食安全、生态安全、能源安全、产业安全的战略地位十分重要，关乎国家发展大局。从社会发展角度来看，这些安全都需要建立在最根本的社会安全基础上，而社会安全依赖社会建设的健康推动、社会治理的有效实施以及社会发展的和谐互动。东北振兴如何能够结合区域社会特性，形成自身最为重要的区域发展优势，从当前东北区域经济社会发展状况来看，大型国企社会资本在城企融合的社会建设和凝练优势视角的社会发展过程中作用意义重大。因此，如何积极正确地认识东北区域发展危机中的大型单位制国企社会资本，立足东北"一城一企"区域特性，从社会资本角度出发探讨体制内大型国企对东北区域社会的优势作用，扬长避短发挥区域特性，根据大型国企与城市社区重叠融合的情况探讨大型国企社会资本作用的制度环境、机制表达以及社会影响，成为理解和认识东北区域社会基础建构变化和社会基础的重要渠道。

本书以东北区域发展危机为现实背景，以东北区域单位制度变迁为制度背景，直面东北区域大型国企影响巨大、"一城一企"特性突出等情况，尝试从与社会基础紧密相连的社会资本角度研究大型国企对东北区域社会建设的宏观制度作用场域、中观多元作用机制与微观作用结果方面的体现和变化，努力建构基于既有东北区域单位体制特性而形成的大型国企社会资本优势发展视角，扬长避短发挥其优势作用，推动东北区域社会基础结合区域特性的良性变革。

研究背景

基于单位体制的特性，大型国企是中国经济和社会发展中多层面的支持平台，承载着国家制度设计与民众日常生活中对富国强民、经济发展、社会治理和稳定生活的多维度预期。大型国企在区域经济社会中具有重大经济地位和社会价值。因此，大型国企依然或多或少地承担着部分政治、社会和经济等多方面的社会责任。在特定区域社会中，在反思过度市场化的同时，大型国企的社会影响和社会介入，甚至是国有企业的组织印记,[1] 都依然深刻影响着区域社会发展及其成员的价值认同等。

伴随着中国市场化改革进程，国企改革经历了复杂且与时俱进的巨大变化：从最初放开国企权力的放权让利阶段，到建立现代企业制度的制度创新阶段，再到国资监管阶段，再到当前的分类改革阶段,[2] 国企不仅经历了重大制度性改革，而且也在企业目标定位、价值导向形成以及企业文化塑造等方面发生了巨大变化。国企也从改革初期成为收入低下、僵化呆板和缺乏机遇的工作单位的代名词，转型为高效率发展、高福利待遇、高发展机遇且就业稳定的

---

[1] 韩亦、郑恩营：《组织印记与中国国有企业的福利实践》，《社会学研究》2018年第3期。

[2] 黄群慧：《新国企是怎样炼成的：中国国有企业改革40年回顾》，《中国经济学人》（英文版）2018年第1期。

新型企业组织。近几年高校过半数应届毕业大学生的就业首选目标为国企，可见国企已经成为具有时代发展吸引力的工作组织场域。同时，在当前最新一轮中央政府东北振兴战略中，亦突显了大型国企对区域经济发展的重要地位与价值引领。

历年改革的成效积累使得国企在摆脱原有体制特性的同时，又不断塑造出了新的单位制特性，并鲜明地体现在其经济运作、内部劳动力市场分化与组织管理等方面。有学者曾明确指出，在变动的单位制中，体制内的分化导致新单位制的生成，突出地体现在限制介入性大型国有企业方面。[1] 可以说，传统国企发展为新国企，一方面保留了传统单位文化色彩，在人员管理和工作关系等方面尚存单位制的影响；另一方面其新单位制特征与市场薪酬机制和市场竞争机制也在不断交互影响。

在单位制色彩浓厚的东北区域社会，大型国企的存在、变革与发展，与所在城市的社会经济发展关联更为密切，城企相互影响、高度融合。这种"一城一企"区域社会特性，在社区建设、就业指向、价值观念和社会认同以及社会治理等方面都深刻地影响着区域内社会成员，最终形成了特有的工作和生活场域，呈现了独特的新型大国企的组织发展特性。可以说，当前国企已然形成了与非国企截然不同的两种企业组织情境。因此，在宏大的转型社会中，大型国企成为中央政府实施社会发展、经济增长与社会基础治理的政策依托和制度保障的平台。因而，大型国企对社会形成的体制依附性和对市场空间的竞争压力，最终导致处于国企工作和生活场域的员工更多地受到国企薪酬体制、分配机制以及管理方式等特性的影响，其结果也体现在国企成员的社会关系网络建构、社会资本使用以及主观认同等方面。在具有"一城一企"特性的区域社会中，这种情况尤甚，社会成员的社会财富分配机制认同与风险分配机制认同的主观逻辑差异，[2] 深受国企新单位特性影响。

---

[1] 刘平、王汉生、张笑会：《变动的单位制与体制内的分化——以限制介入性大型国有企业为例》，《社会学研究》2008年第3期。

[2] 何艳玲、汪广龙：《中国转型秩序及其制度逻辑》，《中国社会科学》2016年第6期。

文献基础

本书的文献基础主要立足于三方面：第一，东北振兴发展研究。这方面的既有研究成果主要是从经济学和人力资源角度对东北产业结构调整、重工业发展进行的战略规划和问题分析，涉及经济资源调配、产业升级与人力资源开发等。但是多数研究集中于经济领域的分析，而对单位体制等社会性因素变迁探讨不足，缺乏对"一城一企"区域特性的总结与分析，亦缺乏对区域单位特性与社会基础的关联。

第二，单位体制研究。单位制是中国计划经济社会的典型特征之一，随着渐进式市场化的发展而不断变迁，在不同区域单位制的体现形态也发生了很大变化。[1] 与南方地区相比，东北区域的单位社会色彩依然浓厚，单位体制对于社会管理、社会福利以及社会认同等依然具有显著影响。在既有研究中，单位制研究更侧重于制度本身的概化性分析，对于政府及企事业单位区分不足，难以单独突出东北区域国有企业单位特性，缺乏与具体区域发展特性的结合。国有企业在完成改革与重组后形成新的行业垄断，[2] 其经济和社会结果部分体现于社会性要素与市场化之间的关系，譬如体制差异会导致社会资本的不同变化，但缺乏对应经验研究。

第三，社会资本研究。布迪厄、科尔曼、普特南和林南等在不同的侧重方向上对社会资本研究进行了拓展，使其内涵得以不断丰富。其中，企业社会资本是经济社会学与组织社会学研究很好的交叉点，[3] 宏观可涉体制和制度，中观可涉组织团体，微观可涉企业家和员工，并与经济学与管理学等相关联。国外相关研究主要涉及企业家社会资本对企业绩效的作用，国内学者多以中国转型社会为背景展开研究，然而当前社会资本研究与区域特性结合不够，更鲜

---

[1] 李路路、苗大雷、王修晓：《市场转型与"单位"变迁——再论"单位"研究》，《社会》2009 年第 4 期。

[2] 刘平、王汉生、张笑会：《变动的单位制与体制内的分化：以限制介入性大型国有企业为例》，《社会学研究》2008 年第 3 期；伊万·塞勒尼：《中国体制的性质和福利国家的形成》，《开放时代》2012 年第 9 期。

[3] 刘世定：《经济社会学》，北京大学出版社 2011 年版；[美] 斯梅尔瑟、斯维德伯格：《经济社会学手册》，罗教讲、张永宏译，华夏出版社 2009 版。

有在东北区域特性中针对东北国有企业社会资本作用进行的研究，尤其缺乏相关作用体制特性、机制运行以及社会结果等方面的探讨。一般而言，不同的体制内生性会导致社会资本建构与运作的差异，国企以等级权力逻辑为主、私企以市场机会逻辑为主建构与运作自身的社会资本，从而形成体制内生性差异。而东北单位体制色彩突出，大型国企在城市中与社区多有重叠与融合，如何突出单位体制的稳定优势，发挥大型国企社会资本作用效应，促进社会建设并形成优势效果，是引导东北区域社会优势发展效果的关键。

因此，课题组在前期文献梳理与研究角度思考建构的基础上，对东北单位体制变迁、东北"一城一企"区域特性以及大型国企社会资本变化和作用进行相应考察。课题组于2017年5月进行了主题社会调研，选择了部分具有"一城一企"特性的城市，即吉林省长春市（城市发展与一汽集团等密切关联）、吉林市（城市发展与吉化公司等密切关联）和黑龙江省大庆市（城市发展与大庆油田等密切关联），对大型国企干部职工和城市居民开展问卷调查与深入访谈，获取了相应的调查数据和访谈资料。需要特别说明，"一城一企"并非东北区域整体社会特性，而仅仅是一部分城市所展现的一种典型特征，我们在第一章中对此做了具体的概念界定和使用限定，以更好地用来反映一种城企融合的发展特性；同时，三个样本城市在区域社会特性方面的典型程度也并不相同，大庆特性最强，吉林其次，长春相对较弱。在此基础上，课题组组织多次讨论并访问国内与本课题有关的专家学者，陆续形成中期成果。同时，为了更好地进行不同区域和不同城市之间的比较分析，在调研写作过程中，课题组还使用了全国八城市"社会网络与职业经历"（JSNET）数据，从更广泛的空间和时间维度以及更大的样本数量方面，进行了与研究主题相关的实证分析。

研究内容与主题模块

本书主要从三个维度展开探索性分析：第一，理论维度，包括文献考察、历史回顾、现象总结与理论反思等；第二，经验维度，包括问卷调查、访谈资料、特性提炼与数据分析等；第三，实践维度，包括东北区域单位体制变迁中区域社会特性与大型国企社会资本作用的宏观场域、中观机制和微观结果分析。

按照分析思路和写作逻辑，本书内容集中于三个部分，可参见章节安排图示：

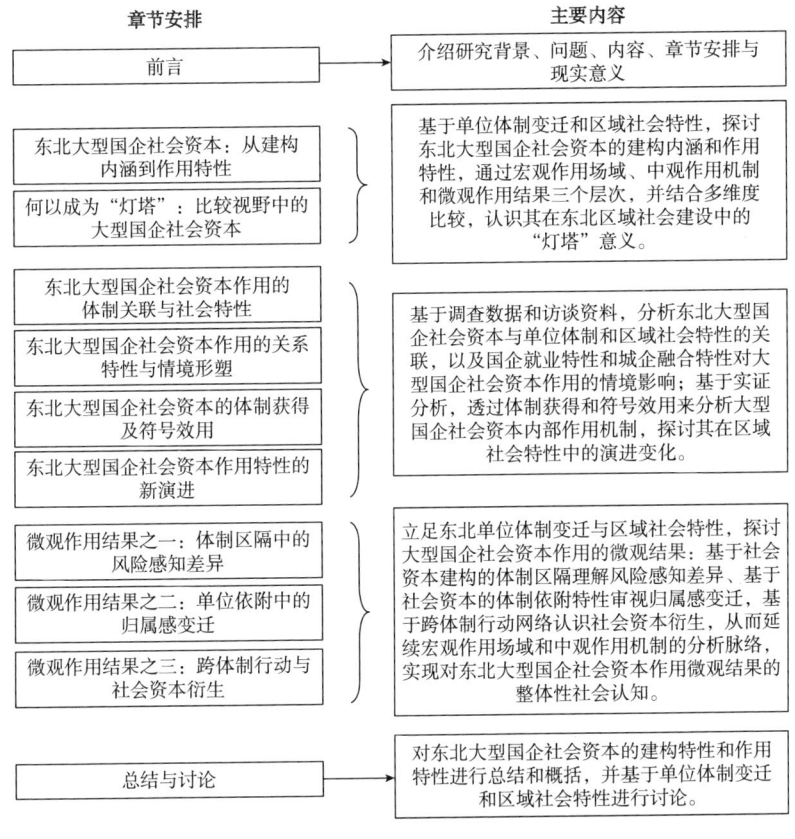

第一部分，主要探讨对东北区域社会特性与大型国企社会资本的相关认知，从建构基础到作用特性以及多维度的比较认知，集中于第一章和第二章。在单位体制变迁的背景下，东北"一城一企"区域特性成为一种特定的体制场域，使得大型国企社会资本的建构内涵、运作逻辑及作用结果等都受其情境影响。在企业社会资本视角下来认识东北单位体制变迁中受到区域特性影响的大型国企社会资本，不仅能从多维度进行比较认识，而且能够更加深入地理解其多样化生成路径。从"新传统主义"、"利益吸引"与"新型体制

依附"等方面,我们能够更加清晰地认识到东北大型国企社会资本的内涵建构特性与制度的关联。进而,以大型国企社会资本和"一城一企"区域特性为核心,在概念比较和理论剖析的基础上,集中探讨东北大型国企社会资本的生成路径与作用特性,即"一城一企"区域特性宏观作用场域、中观多元作用机制以及微观作用结果三个方面,从而整体论述大型国企社会资本作用在宏观、中观和微观三方面的体现。从作用机制角度提出多元作用机制,包括信息效用、符号效用、信任效用以及整合效用,并对具体微观作用结果展开分析,包括单位体制变迁中的风险感知、"一城一企"区域特性中的归属感以及大型国企体制区隔基础上的跨体制行动及社会资本衍生。

为了更加深入地理解东北大型国企社会资本,我们从企业社会资本获得与类型差异角度出发,对大型国企社会资本做了多重比较:首先,将大型国企社会资本纳入国内的体制比较视野,分析其与私企在社会资本建构内涵与运作特性方面的差异;其次,将大型国企社会资本纳入国外的比较视野,从发达国家工业基地工业"锈带"复兴角度来探讨其社会作用;最后,将大型国企社会资本纳入现实情境,从社会危机应对角度来认识其社会意义和现实价值。

第二部分,一方面,通过第三、四章来突出实践层面社会调查中的经验发现与实证支持。立足对大庆、吉林和长春三个城市的调研数据,基于对一汽集团、吉化公司和大庆油田三个大型国企数据描述揭示了大型国企的社会基础特性,包括单位体制变迁中的大型国企的社会资源富矿、地域分化中的国企烙印及"一城一企"中的国企与社会的在城企、社企和政企等多维度的联系。东北区域单位体制变迁及其"一城一企"区域社会特性的形成,成为大型国企社会资本作用的特定体制场域。

在数据描述基础上,个案访谈资料以社会网络建构为逻辑关联,以社会资本作用为理解视角,呈现了东北"一城一企"区域单位体制变迁中大型国企社会资本作用的基本情况与变化,包括社会资本的社会性、情境关联、关系文化影响、体制特性以及城企融合的影响等。进而通过访谈资料总结了东北单位体制变迁中大型国企社会资本的社会关系认同基础,从大型国企中的稳定感、保障感与关系衍生特性、作为就业的"避险岛"以及对编制的认同等角度,剖析了大型国企社会资本的关系文化基础,并对国企成员关系属性与社会资本的建构内涵和运作特性与城企融合的情境形塑与影响进行了总结提炼。数据描述与访谈资料结合起来,从"一城一企"区域社会特性出发,基于社会关系基础层面来认识和理解东北区域单位体制变迁中的大型国企社会资本的建构基础和运行特性,呈现了东北区域单位体制变迁中城企融合特性对大型国企社会资本建构内涵和运作特性的体制情境影响。

另一方面,立足东北单位体制变迁与"一城一企"区域特性,在第五、六章集中探讨东北大型国企社会资本中观多元作用机制。从国企员工的体制依附角度展开大型国企社会资本作用的多元机制及其演进变化的研究,基于实证分析展现了大型国企社会资本作用的信息效用、符号效用、信任效用和整合效用,并提炼其演进特性。

通过对国企社会资本独特性的分析,展示国企体制性社会资本符号效用机制的新视角。国企体制性社会资本具有获得社会信任的符号效用,对关系性社会资本的获得有促进作用。并且,体制性社会资本发挥的符号效用实现了国企社会资本的市场转化,提高了国企的市场竞争力。通过对国企社会资本的体制获得和内部作用机制的分析,为企业社会资本研究展示了国企维度的新视角,丰富了企业社会资本的认识维度与研究视野,提供了新的类型学意义。同时,从单位体制依附及其社会网络变化角度来分析和理解社会资本的建构、运行和变化内涵逻辑。解读新时代的国企员工的社会资本建构特性和作用发挥,是否依然存在对单位体制的传统依附性,其具体依附内容与以往相比有何变化。研究发现体制依附内容在新时代特征下实现了动态的演进过程,但新型依附的出现并不意味着基础层级的传统依附内容消失,只是在高层级依附内容的影响下重要性减弱。同时,东北区域中的"一城一企"区域特征是国企员工呈现新型体制依附的重要影响因素,城企的经济、地域和心理融合因素均对新型体制依附的演进产生了促进作用。

第三部分，研究东北区域单位体制变迁中，大型国企社会资本在单位体制特性与区域社会特性的综合影响下，对社会成员在风险感知变化、归属感变迁以及跨体制行动及社会资本衍生方面形成的微观作用结果，并做国企等级权力逻辑场域与东北区域单位制特性的关联性研究，突出东北区域大型国企社会资本在社会建设中对社会认同和风险抵御的独特作用。

在东北"一城一企"区域单位体制变迁中，国企员工和城市居民基于社会资本建构特性而形成特定的风险感知结果。中国社会自身独特的体制维度形成了基于单位体制的社会风险分布体系与结果，在社会风险分配逻辑与社会风险感知和风险抵御等方面呈现出显著的体制差异。这种体制特性不仅表现为内外区分的刚性制度区隔，而且还在体制内部呈现出等级特性，体制外部表现出激烈的市场竞争，形成两种体制场域，从而影响了社会风险的制度性和结构性差异。以大型国企为典型例子，体制成为影响社会成员风险感知判断的独特制度性因素，并可分解为正式身份体制归属与非正式社会关系网络跨体制建构两方面，而风险感知的体制差异更多地体现在刚性的单位体制归属层面，日常生活中跨体制社会关系网络的建构难以突破单位体制属性的刚性边界。这种体制依附特性导致东北"一城一企"区域中大型国企成员的国企或城市归属感受到单位体制变迁与区域社会特征的双重影响，反映了大型国企成员在单位制与市场化双重逻辑中的单位依附是动态变化的，也是区域特性影响下的多维意义的社会认同。

由于体制内外并存情况在东北区域社会体现得更为典型和显著，所以跨体制行动及社会资本衍生，即跨体制社会资本成为阐释东北区域社会特性更具社会现实意义的展现，显著地呈现了"一城一企"区域特性与大型国企组织情境的限制性影响，并在微观层面交叉且反馈影响了国企员工中的跨体制行动。国企员工跨体制行动与区域特性中的市场资源、体制依附、体制疏离和社会资本等都构成了社会关联，成为跨体制社会资本衍生变化的重要社会因素。通过解读东北区域大型国企员工跨体制行动所折射出的东北区域社会特性，能够从市场、体制和社会关系建构等角度出发对大型国企社会资本的微观作用变化开展进一步的思考。

总之，这三个部分集中起来重点探讨并回应几个相关联的核心问题：第一，如何从社会基础和体制基础角度，认识和解读东北单位体制变迁与区域社会特性中大型国企社会资本的宏观作用场域。第二，在东北区域单位体制变迁中，基于"一城一企"区域特性，大型国企社会资本的中观多元作用机制是什么，体现在哪些方面。第三，东北区域单位体制变迁中大型国企社会资本呈现出具有区域特性的体制适应性、结构重塑与功能调整，如何在城市社会建设中形成"1+1>2"的叠加效应，积极正向地影响国企成员的主观态度和客观行为，即风险感知变化、归属感变迁与跨体制行动及社会资本衍生等。第四，东北区域发展危机中单位体制变迁使得大型国企社会资本在自身独特逻辑场域中呈现出作用特性和变化特性，如何深刻反映体制变迁中东北区域单位体制特性与时代因素的积极融合，成为引导东北"一城一企"区域特性中社会经济发展的"灯塔"，而非时代改革中的"孤岛"。

书名释义

基于前述，将本书定名为"孤岛还是灯塔：东北大型国企社会资本作用研究"，意为通过对东北区域单位体制变迁中大型国企社会资本的社会调查和实证分析，尽可能地在单位体制变迁背景中系统展现其"一城一企"区域社会特性的宏观作用场域、中观多元作用机制以及微观作用结果，突出其在区域社会中所呈现的积极引领价值和直面社会现实的发展意义。在宏观国家战略和区域振兴角度、中观国企组织和城市发展角度以及微观国企员工和城市劳动力个体角度，实现东北区域社会特性在三者融合视野下的发展探索，以东北大型国企社会资本为核心社会因素，建构东北区域社会发展的优势视角。

东北区域社会单位体制变迁中的大型国企并非被市场经济所淹没的孤岛，并非在国企组织边界之外对区域社会发展影响式微，而是在社会网络建构和社会资本运作等方面与市场经济持续形成积极互动，充分吸收利用市场经济的激励机制与资源配置效率方式，结合单位体制变迁中新单位制特性塑造，在区域社会特性基础上形成了与城市发展紧密结合的新发展趋势。在"一城一企"区域社会特性中，大型国企社会资本成为影响社会基础培育、社会机制运行和社会价值认同等的关键要素，成为引领东北区域经济社会发展的灯塔，在体制区隔变动、归属感认同分化、社会行动规范建构和社会风险抵御等多维度引领东北区域社会积极正向发展，在区域社会特性中努力追求最佳的社会建设指向、符合区域社会实际情况并积极发挥优势效应的发展结果。

可见，基于东北区域单位体制变迁与市场经济制度深化在多层面的融合视角，东北大型国企改革与城市发展通过社会资本的构建和影响而形成积极互动效果，其融合发展将有利于形成正视区域特性、尊重区域现实、优化区域格局的"一城一企"发展大趋势，有利于响应习近平总书记2018年在视察东北时做出的"东北振兴要扬长避短，发挥优势"的政策指示，有利于中央政府东北振兴战略在区域实施中的效果提升。

这意味着，直面东北区域特性、正视"一城一企"发展趋势，择大型国企单位体制特性与市场经济发展机制的各自优点，弃二者不足，立足现实区域客观社会经济基础，才能做出最适合区域自身特性的发展模式选择，才能有效推动东北区域社会的整体发展。大型国企与所在城市通过社会网络建构和社会资本运作等在社会建设和社会发展方面融合影响，在区域社会发展中不仅有利于做强经济，而且有利于凝聚社会，优化社会治理的社会基础，在宏观社会发展、中观组织经济和微观个体机会等方面同时满足时代进步要求，实现经济发展与社会进步的共赢结果。因此，从社会资本角度出发，探讨大型国企在单位体制变迁的历史条件下，与市场经济的砥砺共生，与城市发展的融合共赢，是一个具有特定社会现实意义和实践指导价值的研究视角，对东北区域社会特性凝练和发展模式优化具有灯塔式的指引作用。

第一章 东北大型国企社会资本：从建构内涵到作用特性

对大型国企社会资本的认识，需要将其纳入具体的社会结构和制度情境中来理解，并需结合东北区域社会特性，才能更好地认识其建构内涵和作用特性。基于社会资本的一般性概念，结合东北区域社会特性及东北大型国企的特殊地位，如何在诸多维度划分中更好地界定企业社会资本，并立足东北大型国企[①]来理解企业社会资本，对于我们分析和认识特定区域社会背景和特定社会经济结构框架中社会资本的建构与作用特性，尤其是宏观场域结构限制、中观多元运行机制和微观作用结果有着重要的前提引导意义。

社会资本的意涵十分丰富，因作用对象的差异和分析层次的不同，产生了集体社会资本—个体社会资本、结构性社会资本—认知性社会资本、桥接性社会资本—粘结性社会资本等多个彼此独立且内在自洽的社会资本维度。

第一节 大型国企社会资本的认知维度与建构内涵

(一) 企业社会资本的多维度认知

1. 集体社会资本还是个体社会资本

集体社会资本与个体社会资本的区分关键在于社会资本被谁占

---

① 依据《统计上大中小型企业划分办法（暂行）》文件，大型国企指工业类大型或超大型国有企业。

有和为谁服务。个体社会资本强调个人通过自己拥有的社会网络而获得的资源，具体而言，这一社会资本具备三个特征：资源嵌入于社会结构之中、资源的可及性及对资源的动员使用。[1] 个体通过对社会网络中资源的动员和摄取能够达成自己的工具性或情感性目标，因此，对个体社会资本的考量主要通过对其社会网络状况和社会网络中资源状况的考察来加以衡量。集体社会资本则强调能够促进人们集体参与，实现公共利益提升的社会网络、互惠规范和信任等机制的社会资本意涵。[2] 社会资本不再是某一个体所拥有的资源，而是为整个集体和公众所拥有的共同财富，其资本意涵也不再仅限于个体的目标实现，而是集体利益的整体提升。集体社会资本的考察一般可从社会参与、信任和规范等角度加以衡量，[3] 还有一种划分方式将个体社会资本称为"外部社会资本"，将集体社会资本称为"内部社会资本"。原因是前者发轫于行动者外部，需要行动者向外部社会网络去探寻和摄取，而后者内生于行动集体内部，源自内部成员的互动和接触。[4]

从集体社会资本—个体社会资本维度出发，企业社会资本构建既有内部集体机制又有外部个体机制。一方面，企业是经济活动的重要参与者之一，是面临激烈市场竞争、不断谋求自身收益增值的行动者个体，需要在与其他行动者个体的社会网络互动中获得优质资源、有效信息等实质性帮助。另一方面，企业又是包含众多异质性个体的社会集体，集体社会资本的构建不仅依赖于内在个体社会资本的简单汇聚，更重要的在于内生网络、互惠性规范和信任机制

---

[1] Lin N., "Social Networks and Status Attainment". *Annual Review of sociology*, Vol. 25, 1999.

[2] Putnam, R D., Leonardi, Robert, Nanetti, Raffaella Y., eds., *Making democracy work: Civic traditions in modern Italy*, Princeton: Princeton university press, 1994.; Francis Fukuyama, eds., *Trust: the social virtues and the creation of prosperity*, New York: Free Press, 1995.

[3] 赵延东、罗家德：《如何测量社会资本》，《国外社会科学》2005年第2期。

[4] Adler, Paul S., Kwon, Seok-Woo, "Social capital: Prospects for a new concept". *Academy of management review*, Vol. 27, No. 1, January 2002.; Carrie R, Harry J. Van Buren II, "Organizational social capital and employment practices". *Academy of management review*, Vol. 24, No. 3, July 1999.

的建立。因此，企业社会资本的构成既来源于企业作为行动者个体向外部社会网络的资源摄取和动员，又来源于企业内部个体的互惠互信和紧密联系。

2. 结构性社会资本还是认知性社会资本

基于社会资本呈现出的主客观形态，社会资本可被划分为结构性社会资本与认知性社会资本。集体社会资本和个体社会资本的分野虽然拓展了社会资本的理论内涵和使用层次，但也在一定程度上使得社会资本概念变得更为复杂和"失焦"，结构性社会资本和认知性社会资本则尝试从社会资本的主客观形态出发，来统合集体维度和个体维度的社会资本。结构性社会资本指代相对客观且可从外部观察到的结构性资源，包括正式社会组织和非正式社会网络中蕴藏的社会资源，认知性社会资本则指代相对主观和抽象的认知性资源，包括普遍的社会信任、互惠共赢的理念、共享的行为规范以及价值观等。[1] 结构性—认知性视野下的社会资本也在如下三个观点得以达成一致：社会资本是一种与物质资本和经济资本作用相似的社会资源形式；社会资本具有生产性和不可转让的特征；社会资本的构成既包括客观结构层面的社会网络、社会组织和社会规范，也包括主观认知层面的共享价值、普遍信任和互利理念。

企业社会资本的来源呈现出结构性特征与认知性特征并重的特征：一方面，企业需要充分发挥自身优势成为优质社会资源占有者，具体途径可以包括改善组织架构、构建企业网络和形成制度规范等以更好地获取有利于企业经营发展的稀缺资源，为其结构性社会资本的生成创造了条件；另一方面，企业与外部各组织的频繁联系以及内部各部门间的良性互动，既能在外部建立起与其他组织、部门的互信关系，又能在内部凝聚起强大的共识能量，降低生产和经营过程中的信任障碍，这一认知性社会资本的价值与意义亦不可忽视。

---

[1] [美]诺曼·厄普霍夫：《理解社会资本：学习参与分析及参与经验》，载[印]帕萨·达斯古普特等《社会资本：一个多角度的观点》，张慧东、姚莉、刘伦等译，中国人民大学出版社2005年版；吴军、夏建中：《国外社会资本理论：历史脉络与前沿动态》，《学术界》2012年第8期。

3. 桥接性社会资本还是粘结性社会资本

围绕着社会资本的边界开放与否，社会资本可被划分为桥接性社会资本（Bridging Social Capital）和粘结性社会资本（Bonding Social Capital）[1]，亦有一种与之意涵相近的分类称为共通性社会资本和特定性社会资本。[2] 桥接性社会资本的边界是开放的，客观层面指代构建与横向社会组织的开放性关系、构建纳入不同异质性个体的社会网络和开放性的制度限制等，主观层面指代"无差别"、普适性和包容性的社会信任和认同；[3] 粘结性社会资本则呈现出明确的封闭边界，客观层面指代明确限制和内部整合的社会组织参与；排他性和同质性的社会网络构建以及差异性的制度限制等，主观层面指代"区别性"、特殊性和局限性的人际信任。[4] 总体而言，桥接性社会资本能够统合不同经济、社会和背景特征的个体，产生较为明显的集体效益；粘结性社会资本主要服务于圈子内成员的局部利益，能够发挥较为良好的整合功效，保持圈子内部成员行动和认知的高效统一。无论是桥接性社会资本还是粘结性社会资本都是社会资本必不可少的组成部分，社会资本功效的发挥需要在二者之间找寻一个恰当的平衡。[5]

企业社会资本桥接性与粘结性功能的发挥与企业自身特征有关。如果企业更多地在与政府部门的纵向连接中获取资源而缺少与其他经济组织与社会部门的互动，企业员工的社会交往更多地在企业内部、同质性群体间进行而排斥与企业外、异质性群体的互动，信任也更多地在企业内部生成而未能跨越企业边界，则此时的企业

---

[1] Putnam R D., *Bowling alone: The collapse and revival of American community*, New York: Simon & schuster, 2000.

[2] 陈捷、卢春龙：《共通性社会资本与特定性社会资本——社会资本与中国的城市基层治理》，《社会学研究》2009年第6期。

[3] Knack S., "Social Capital and the Quality of Government: Evidence from the States". *American Journal of Political Science*, Vol. 46, No. 4, October 2002; Eric M. Uslaner., eds., *The moral foundations of trust*, Cambridge: Cambridge University Press, 2002.

[4] 陈捷、卢春龙：《共通性社会资本与特定性社会资本——社会资本与中国的城市基层治理》，《社会学研究》2009年第6期。

[5] Putnam R D., *Bowling alone: The collapse and revival of American community*, New York: Simon & schuster, 2000.

社会资本更多具有粘结性社会资本的功能特征。反之，当企业更多地在与其他经济组织和社会部门的横向连接中去获取资源，企业员工寻求更多与企业外部、异质性个体的交往，信任也得以跨越企业边界而普遍形成，则此时的企业社会资本更多具有桥接性社会资本的功能特征。

（二）企业社会资本视角下的大型国企社会资本

大型国企虽然与传统意义上的市场化企业存在诸多差异，但最主要的特征依然是经济活动的重要参与者，企业职能始终是其最为重要的组织职能。因此，对大型国企社会资本的探讨仍应在企业社会资本框架之下进行。

在之前的研究中，企业社会资本被界定为："企业通过企业网络上的联系获取稀缺资源的能力就是企业社会资本"[1]，或"企业社会资本就是企业动用了的、用来从事生产经营活动的社会网络与社会资源，本质上就是企业为了生产经营便利而付出的建构关系网络的交易费用"[2]。虽然两者在社会资本的生产性上存在一定的分歧，但本质上都将企业视为具有能动性的法人个体，存在将企业社会资本个体化、结构化和桥接化使用的倾向，企业社会网络和企业家社会网络在这一倾向的企业社会资本考察中占据了很大比重。同样作为企业社会资本重要构成部分的集体性、认知性和粘结性社会资本在上述两种关于企业社会资本的概念界定中被忽略。因此，后续的概念界定尝试从资源和功能的角度而非社会网络的角度来定义企业社会资本："企业社会资本是企业拥有的，嵌入在企业内外部关系网络中，通过推动协调的行为为企业生产经营活动提供便利和机会的各种资源的集合，企业的网络资源、关系资源和特定的能力资源有机组合成企业社会资本。"[3] 从这一定义出发，企业外部的

---

[1] 边燕杰、丘海雄：《企业的社会资本及其功效》，《中国社会科学》2000年第2期。

[2] 刘林平：《企业的社会资本：概念反思和测量途径——兼评边燕杰、丘海雄的〈企业的社会资本及其功效〉》，《社会学研究》2006年第2期。

[3] 张明亲：《企业社会资本概念模型及运作机理研究》，《西安交通大学学报》2006年第4期。

社会网络与内部员工的内在关系、企业结构性的客观资源和认知性的主观信任、桥接性的开放性连接和粘结性的封闭性边界都可纳入企业社会资本的考察视野之中。当采用拓展过的企业社会资本视角审视大型国企的社会资本状况时，大型国企社会资本呈现多层次、多来源和多功能的特征。

首先，大型国企社会资本包括作为法人个体的企业社会资本、作为国企员工个人社会资本集合的企业社会资本和作为员工集体的企业社会资本。作为法人个体的企业社会资本是指企业作为独立经济活动参与者从自身企业网络中摄取稀缺资源的能力，具体的摄取对象可包括与政府部门的纵向连接、与其他经济组织的横向连接和与社会其他个体或组织的社会联系；[1] 国企员工的个人社会资本并不总是构成国企的社会资本，但当国企员工利用自身的个人社会资本优势为企业的生产经营活动提供便利时，国企员工的个人社会资本就转化成国企的社会资本，企业家社会资本向企业社会资本的转化只是这一转化逻辑更为突出和重要的现实体现；[2] 规模较大、内部人员众多的大型国企，如果能够充分发挥自身优势，紧密地凝聚起内部人员的互信互惠并使之服务于企业的生产经营，将是大型国企颇为珍贵的精神财富和大型国企社会资本不可或缺的组成部分。

其次，大型国企社会资本同时来源于结构性的客观资源优势和认知性的主观信任优势。大型国企凭借自身的关键地位和规模优势建构起发达的企业社会网络，既包括与政府部门的纵向连接，又包括与其他经济组织和社会部门的横向、社会连接，并且不断从中获取有利于自身生产经营的稀缺资源。同时，权责明确、紧密联系的企业组织形式和规范现代、科学合理的企业管理制度也成为大型国企客观资源优势产生基础，帮助其获得客观资源优势。此外，稳定的企业运行和优越的企业地位赋予大型国企以良好的企业形象，有利于形成员工高度信赖企业、市场高度认可企业和社会高度赞赏企

---

[1] 边燕杰、丘海雄：《企业的社会资本及其功效》，《中国社会科学》2000年第2期。
[2] 李路路：《社会资本与私营企业家——中国社会结构转型的特殊动力》，《社会学研究》1995年第6期。

业的主观信任格局，帮助大型国企获得相应的主观信任优势。最终不管是结构性的客观资源优势还是认知性的主观信任优势都将在大型国企生产经营的过程中转化为相应的便利条件，成为大型国企社会资本的重要来源。

最后，大型国企社会资本在粘结性功能基础之上，桥接性功能也有所体现。由于自身的国企性质和单位属性，大型国企社会资本仍具有明显的体制边界，表现为企业与政府的纵向联系要多于与其他企业部门的横向联系、企业员工的社会资本积累多集中于体制内部和同质性群体之中以及对体制内外个体和组织的制度性区别对待。因此，大型国企社会资本仍以粘结性功能为基础。与此同时，伴随着市场化元素的引入，大型国企社会资本的桥接性功能也有所体现，具体如大型国企开始重视与其他经济组织和社会个体的联系、企业员工开始跨越体制边界寻求跨体制社会资本的积累并尝试开展跨体制生存、体制内外个人和组织的区别对待局面开始松动等。这既是大型国企直面市场竞争的必然选择，也是国企员工面对大型国企社会资本体制区隔时主观能动性的体现。

（三）大型国企社会资本的内涵建构

由于大型国企社会资本具有多层次、多来源和多功能的特征，如何审视其生成的内在逻辑尤为重要。传统社会学视野中，结构观将个体行动视作结构的附庸，处于无自主选择的牢笼状态，引致"过度社会化"的质疑，行动观又将个体视作彼此无关联的自由原子人，社会对个体的影响不被考虑在内，呈现"低度社会化"的困境。[①] 嵌入观点则强调了社会网络与社会资本在连接结构与行动中的"桥梁"作用，成为沟通微观个体行为与宏观社会现象的中介过程机制。首先，社会资本嵌入于宏观结构，被包含在更大的文化或规范场域之中，受到社会情境的约束和限制，社会资本的构成和作用发挥离不开特定的社会资源情境和场域空间；其次，社会资

---

① [美]格兰诺维特：《镶嵌：社会网与经济行动》，罗家德译，社会科学文献出版社2007年版；罗家德、王竞、张佳音等：《社会网研究的架构——以组织理论与管理研究为例》，《社会》2008年第6期。

本又嵌入于自我和行动之中，个体的能动性动员和社会资源潜力对于社会资本的生成和作用发挥必不可少；最后，社会资本成为宏观制度环境与微观个体间的中介和"桥梁"，在社会资本的沟通下，宏观制度环境得以作用到微观个体行动，微观个体选择也具有集合成为集体行动并最终改变结构的可能。①

大型国企社会资本同样面临结构与行动的二重规制。大型国企深嵌于中国地域社会结构之中，大型国企社会资本的运作是在中国社会整体制度转型和地域社会特性叠加形成的复杂时空场域中进行的，独特的作用场域既影响了大型国企社会资本的构成，又对其作用后果产生了相应的情境性约束。大型国企所包含的个体如国企员工等，既受到所处地域社会的制度条件限制，又受到大型国企传递而来的社会资本影响，两者的合力构成了形塑大型国企员工行为的结构性动力。但与此同时，国企员工仍然能够发挥自身能动性，实现跨越结构限制的社会资本动员与积累，完成对原有国企社会资本结构环境的改造和重塑。正因如此，大型国企社会资本扮演了向上承接传递结构效应和制度影响、向下重塑个体行动和信任机制的"桥梁"角色，成为双向连接宏观环境与微观个体的中介机制。

综合来看，大型国企社会资本是一个多层次、多来源、多功能且面临结构—行动二重约束的概念。首先，大型国企社会资本不仅涵盖作为法人个体的企业社会资本，还包括作为国企员工个人社会资本集合的企业社会资本和作为员工集体的企业社会资本；其次，大型国企社会资本不仅包括外在结构性的客观资源优势，还包括内在认知性的主观信任优势；再次，大型国企社会资本在发挥边界封闭、同质整合粘结性功能的同时，边界开放、异质连接桥接性功能亦有所发挥；最后，对大型国企社会资本的考察，离不开对所处更为宏大社会结构的审视，个体能动性对大型国企社会资本的独特作用亦不可忽视。

因此，本书所指的大型国有企业社会资本是因企业或企业中个

---

① 托马斯·福特·布朗、木子西：《社会资本理论综述》，《马克思主义与现实》2000年第2期。

体社会关系而产生的能为企业或企业中个体发展提供便利的资源集合，这一社会资本为大型国企所特有、嵌入于制度转型—地域社会复杂时空场域且受到结构—行动的二重约束。如图1-1所示，多层次、多来源和多功能的大型国企社会资本产生于东北地域社会赋予的特殊企业、地域长子和情感共同体多重角色，在东北单位制度变迁和东北地域社会共同形塑的"一城一企"作用场域中发挥出信息效用、符号效用、信任效用和整合效用，进而形成国企员工在风险感知、城市归属感、跨体制行动和社会资本衍生等方面的微观作用后果。

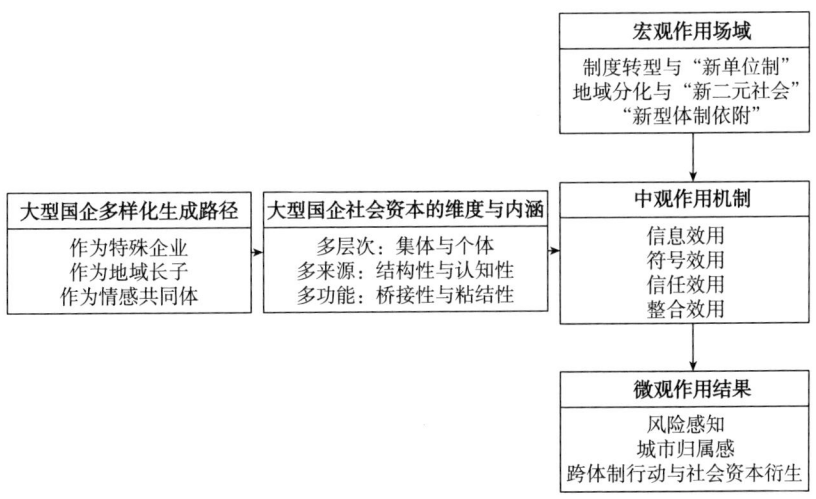

图1-1 大型国企社会资本的认知与作用

第二节 东北大型国企社会资本的多样化生成路径

东北大型国企身处制度变迁和地域社会形成的多重作用场域之中，在地域社会中扮演着多重角色，其社会资本的构建也因这一作用场域的复杂性和扮演角色的多重性而呈现出多样化的生成路径。

（一）作为特殊企业的大型国企

在经历国企改革、剥离社会职能之后，经济职能成为大型国企最为重要的企业职能，大型国企的最本质属性与其他企业一样，变成经济活动的主要参与者。但在历史传统、政策优势和制度限制的影响之下，大型国企仍然呈现出迥异于私营企业的独特企业特征，成为大型国企社会资本的重要生成机制：

大型国企占有的密集资源成为大型国企社会资本的资源基础。大型国企长期处于经济发展的领先位置和政策扶持的优先地位，占据明显的经济资源优势、政策资源优势和社会资源优势。丰富的资源优势帮助大型国企在资源交换方面享有巨大的操作空间，而基于资源生产性交换形成的持续存在的社会关系被认为是一种可产生社会资本的关系资源。[①] 具体而言，大型国企的丰富资源刺激其他经济主体谋求建立与大型国企的持续性资源交换关系，进一步丰富大型国企的社会网络以及其中蕴藏的生产性资源，从而促进大型国企资本的生成。

大型国企的规范性企业运作形成制度优势催生相应大型国企社会资本。在给予大型国企政策倾斜的同时，行政监管部门对大型国企生产、经营和运作的全过程做出了严格的规范限制并保持高强度、长时间的细化监管。因此，大型国企的外部合作和内部管理呈现出高于其他类型企业的规范性和严格性，在经历国企改革之后，这一规范性得到更为突出的呈现并演化成大型国企社会资本生成中的制度优势。一方面，严谨的制度规则能够最大化降低外部合作中的道德风险，促进稳定合作关系的建立，为外部社会资本的产生创造条件；另一方面，内部的规范管理也能够促进企业各部门间的互惠合作、互信互助，引导内部社会资本的生成。

（二）作为地域长子的大型国企

大型国企在所在城市空间中享有绝无仅有的特殊地位。大型国企之于所在城市的重要意义，正如长子之于一个传统家族的重要意

[①] ［美］詹姆斯·科尔曼：《社会理论的基础》，邓方译，社会科学文献出版社1992年版，第330页。

义。大型国企在自身社会资本的生成机制上也呈现出突出的地域长子特征。

地域长子身份促使大型国企社会资本更多地由纵向联系生成而非横向、社会联系。大型国企凭借其资源优势和特殊地位能够有效服务于地域社会发展，也能借此与地方各级政府建立起良好的合作共赢关系，密切的政企联系是大型国企社会网络的独特构成部分。大型国企不仅可以依托这一独特优势获取相应的稀缺资源，而且可以凭借深度合作关系将地方政府部门的部分资源化为己用，为自身的生产经营服务。基于绝对优势的市场竞争地位和市场化偏低的地域社会基础，大型国企社会网络的横向延展不足，既缺乏延展的动力又缺乏延展的对象。[1] 因此，相较于私营企业，大型国企与其他市场主体和社会组织的联系相对较少，其社会资本生成机制中纵向联系的重要性高于横向联系和社会联系。

地域长子身份造就大型国企社会资本通过地域居民的高度认同和信任生成。首先，得益于大型国企对地域社会的独特影响，地域居民对所在城市和大型国企产生高度一体化的认知，大型国企与所在城市密不可分成为地域居民的普遍共识，大型国企的价值理念得以广泛传播成为地域居民的主流文化惯习；其次，大型国企在较长历史阶段承担的社会职能让地域居民充分感受到大型国企为所在城市和自身生活做出的重要贡献，大型国企在地域居民中建构起良好的企业形象；最后，大型国企在东北地域社会居民之中仍存有单位制时期的传统印象，牢固的单位制记忆进一步加强了地域居民对大型国企的高度认可和信赖，并最终转化为企业生存和经营上的便利。例如：大型国企是本地居民找寻就业机会的首选，有其人才招募优势；城市居民将大型国企视作自己城市的骄傲，有其大型国企的企业形象优势；城市居民与外人谈论自己城市时优先谈到大型国企，成为大型国企的知名度优势；等等。

（三）作为情感共同体的大型国企

虽然依附内容与形式有所转变，但整体上大型国企员工对所在

---

[1] 卜长莉、张江龙：《国企改革中社会资本的缺失与重建——对吉林省某国有企业的访谈调查及分析》，《长春理工大学学报》2004 第 4 期。

企业的体制依附关系确实得到了延续,大型国企近似于内部劳动力市场的稳定人事关系便是这一依附关系得以延续的明确例证[1]。大型国企劳动市场保持长期的相对稳定,人员流动相对较少,相对封闭且稳定的大型国企内部劳动力市场成为塑造国企员工情感共同体的环境基础。作为情感共同体的大型国企特性进一步催生作为国企员工个人社会资本集合的企业社会资本和作为员工集体的企业社会资本两个层次社会资本。

"共同体"概念来源于滕尼斯对社会和共同体的区分,共同体主要是建立在自然基础之上的群体(家族、宗族)里实现的,另外,它也有可能在小的、历史形成的联合体(村庄、城市)以及在思想的联合体(友谊、师徒关系)里实现。[2] 区别于社会机械化的连接形式,共同体是以情感为基础的有机连接。虽然大型国企员工群体的最初形成并非遵循自下而上的情感汇聚逻辑,而是来源于自上而下的制度安排,但是得益于大型国企劳动力市场的相对稳定和一系列集中式、情感性的统一安排(集中居住、师徒关系和车间班组等),大型国企员工得以在长期共同工作和生活的过程中完成情感的升华,结成牢固的熟人社会和情感共同体。即便在市场化发达地区,这一情感共同体面临空间上的解体,但仍然发挥出强大的整合功效,成为车间政治不可忽视的情感性要素。[3] 因此,作为情感共同体的大型国企既是国企个人社会资本形成的体制边界,又是统辖员工集体社会资本生成的情感空间。

对于作为员工集体的企业社会资本,情感共同体的贡献在于塑造国企员工稳定感。这一稳定感体现在两个层面:一是物质保障上的稳定感,即工作稳定感;二是社会网络稳定感,即人际关系稳定感。工作稳定感来源于对企业的高度信任,即对企业不采取裁员行动和不会面临倒闭风险的高度信心。这一信心的产生不仅源于企业

---

[1] 王彦军:《中国劳动力市场发展对人力资本投资的影响分析》,《人口学刊》2009年第3期。

[2] [德]滕尼斯:《共同体与社会》,林荣远译,商务印书馆1999年版。

[3] 贾文娟:《选择性放任:车间政治与国有企业劳动治理逻辑的形成》,中国社会科学出版社2016年版。

的规范化运作和资源优势,更来源于国企员工对情感共同体的高度认可。人际关系稳定感来源于国企员工对情感共同体内部互动模式的熟悉和了解,以及由熟练运用情感共同体中互动方式带来的稳定收益。[①] 稳定感的生成不仅有利于国企员工在体制内更好地生存与发展,而且能够充分发挥整合功效,促成国企员工价值观念和思维方式的统一,最终形成强大的群体凝聚力。

对于作为员工个人社会资本集合的企业社会资本,情感共同体呈现出塑造社会资本体制边界的作用。具体可呈现在三个层面:首先,更多地产生粘结性社会资本而非桥接性社会资本。长期处于相对封闭的国企空间之内,国企员工社会交往的主要对象是同样身处国企内部的同质性个体,与国企外部异质性个体的社会交往有限,社会资本构成具有封闭性特征,产生更多的粘结性社会资本;其次,更多地产生强纽带而非弱纽带。在长期频繁的人际互动中,国企员工的社会关系构成更多呈现为情感性、复用性和拟亲属化的强纽带连接而非工具性的弱纽带连接,[②] 社会关系搭建中的情感性特征相较于工具性特征更为突出;最后,更多地传递同质性资源而非异质性资源。身处类似的体制内制度场域,不管是信息还是其他资源的占有上,大型国企员工都呈现出同质性。因此,在大型国企员工个人社会资本的构成之中,同质性信息和资源较为常见,而异质性信息和资源更为稀缺。情感共同体对大型国企员工个人社会资本的影响呈现为对内整合和对外区隔的特征,对内促进其个人社会资本在国企或体制边界内的生成并充分发挥粘结性社会资本的整合功效,对外成为其拓展社会资本边界和获取异质性资源的区隔,在国企员工个人层面形成了大型国企社会资本的体制边界。

综合看来,大型国企社会资本的生成遵循多样化的生成路径,源于大型国企在制度变迁和地域社会共同形塑的复杂场域空间中扮演的多重角色。特殊企业的角色定位赋予其丰富的社会资源和规范

[①] 王文彬、孙雯:《国企员工体制依附的新演进——基于"一城一企"区域社会网络的分析》,《社会科学战线》2020年第2期。

[②] 边燕杰:《城市居民社会资本的来源及作用:网络观点与调查发现》,《中国社会科学》2004年第3期。

化的运作制度，促进外部稳定交换关系和内部良性互动机制的形成；地域长子的角色定位赋予其密切的政企联系和高尚化的地域认可，促进纵向社会网络的构建和良好社会声誉的确立；情感共同体的角色定位则从国企员工层面催生了国企员工稳定感和国企员工社会资本的体制边界。

第三节　东北大型国企社会资本的"一城一企"作用场域

社会资本的产生依赖于其所处的制度空间，而大型国企社会资本的建构和作用发挥同样依赖于独特的作用场域。场域是一种具有相对独立性的社会空间，不仅包括事实上的物理环境，更包括内部相互竞争的诸多社会要素。场域内竞争的逻辑就是资本的逻辑，不管是经济资本、文化资本还是社会资本，不与场域联系在一起就难以存在和发挥功能。[1] 在东北地域社会之中，"一城一企"区域社会特性场域成为大型国企社会资本发挥作用的特定场域。

（一）作为理想化类型的"一城一企"场域

"一城一企"概念是对东北地域社会特征的一种理想型提炼概括，指代东北地域社会中大型国企扮演的重要角色、对属地城市经济社会发展的特殊经济社会意义，以及大型国企与属地社会的紧密融合联结情况。作为东北区域社会特性的概括和分析概念，其含义具体可呈现为城企依赖性、城企同构性和城企互联性。

城企依赖性是指城市的发展高度依赖于某一个（或几个）在地大型国企的发展。这一在地大型国企发展的好坏与否对于城市的发展具有至关重要的影响，因而相较于其他企业在所在城市享有绝无仅有的特殊地位。特殊地位的产生既来自自身资源优势和

---

[1] ［法］皮埃尔·布迪厄、［美］华康德：《实践与反思——反思社会学导引》，李猛、李康译，中央编译出版社1998年版。

行政部门扶持，又来自所在城市地域居民的高度认可和推崇。

城企同构性是指大型国企的社会烙印深深嵌入所在城市的社会结构之中。虽然国企的社会职能已经基本剥离，但之前"国企办社会"留下的国企烙印仍然对于所在城市社会结构产生持续性的影响。城市的社会结构中处处可见大型国企的社会烙印，如企业集体住宿区、企业医院、企业食堂和企业班车以及由此衍生、拓展或变形而出的各种城市社会属性等。

城企互联性是指大型国企与在地各级政府部门的紧密联系和互动。由于在国民经济中占据关键地位，大型国企在行政隶属上直接归属于中央相关部门统辖，其与属地城市行政部门的关系不是上下级的隶属关系，而是相对独立的平行关系。两者的紧密互联源于双方在共同利益基础上的自愿合作与相互支持，譬如两者高层的频繁互访、对彼此工作的积极配合与默契支持、遭遇困难处境时的特殊扶持倾斜政策等。

因此，"一城一企"区域社会特性是东北大型国企社会资本生成和作用发挥的关键场域。正是因为"一城一企"场域的存在，大型国企在东北地域社会中的特殊地位才得以彰显、作用才得以凸显。

需要特别说明的是，"一城一企"场域并非绝对意义上的一个城市只能有一个大型国企，有的是数个大型国企，所呈现表达的是一种理想化类型的概念，以突出体现大型国企与所在地域社会的特殊作用情境、紧密联系的城企关系以及大型国企对地域社会发展所具有的远超于普通经济组织的重要意义。应当承认，在东北地域空间内的各个城市之间，"一城一企"场域特性的特征呈现也存在一定的程度差异，如大庆市与大庆油田就极为典型地体现了"一城一企"场域特征，而在长春市与一汽集团之间、吉林市与吉林化工之间，这一场域特征虽然同样得以表现，但程度已经分别有所减弱。因此，"一城一企"场域概念，在本书中更多的是作为一种理想型的认识工具，从高度的特性提炼角度为理论分析与经验材料解读提供切入视野。

当然，"一城一企"场域并非凭空产生，而是以东北地域社会的三个特性作为基础而凝练形成的,分别为时间维度上制度转型形成的"新单位制"、空间维度上地域分化形成的"新二元社会"以及个体在时空复杂场域中的能动行为形成的"新型体制依附",三者既是"一城一企"场域形成的制度基础,又是影响大型国企社会资本作用发挥的结构情境和行动要素。

(二)制度转型与"新单位制"

关于中国社会整体制度转型方向,曾在较长时间内成为学界关注热点问题。市场转型理论认为中国社会的整体制度转型遵循由体制向市场的线性过渡,社会资源的主要分配机制将由政府主导的再分配机制转向由市场主导的效率机制。[①] 这一观点虽然对社会市场化转型过程的总体趋势给出了极具启发意义的概括,但后续的研究从体制格局、变迁方向和中国实际三个层面挑战了这一市场转型的理想模式。首先,再分配体制下的优势资源占有者在市场化体制中能够实现自身优势转置和延续,用以支持再分配机制的政治权力的作用是持续的而非消亡;[②] 其次,各国市场转型的终点和最终形态不被认为是统一的完全市场化模式,而更被认为是再分配机制和市场机制不同程度共生的混合经济模式。[③] 最后,体制与市场在转型中的复杂二元共生被认为是中国相当长历史时期内的稳定阶段特征,其原因解释既有制度演变中的路径依赖和资源约束机制[④],又有历史文化层面的组织印记[⑤]和行动逻辑[⑥]。市场转型、权力延续

[①] Victor Nee, "A Theory of Market Transition: From Redistribution to Markets in State Socialism". *American Sociological Review*, Vol. 54, No. 5, October 1989.

[②] Yanjie, B., Logan, JR., "Market transition and the persistence of power: the changing stratification system in urban china". *American Sociological Review*, Vol. 61, No. 5, October 1996.;刘欣:《当前中国社会阶层分化的制度基础》,《社会学研究》2005年第5期。

[③] Stark D., "Recombinant Property in East European Capitalism". *American Journal of Sociology*, Vol. 101, No. 4, January 1996.

[④] 李路路、苗大雷、王修晓:《市场转型与"单位"变迁:再论"单位"研究》,《社会》2009年第4期。

[⑤] 韩亦、郑恩营:《组织印记与中国国有企业的福利实践》,《社会学研究》2018年第3期。

[⑥] 汪和建:《自我行动的逻辑理解"新传统主义"与中国单位组织的真实的社会建构》,《社会》2006年第3期。

虽然在理想模式营造上争议巨大，但从两个不同侧面展示了大型国企面对中国社会整体制度转型时的结构变迁，即市场化渗入与体制孤岛并存的"新单位制"特征。

市场化渗入是指大型国企运作中市场元素的增加和市场机制作用的增强，体现在三个方面：其一，大型国企剥离社会职能，回归经济职能。在"典型单位制"时期，大型国企不仅是具有生产功能的经济经营实体，也是具有管理和服务功能的社会控制实体，[①]"企业办社会"成为这一时期大型国企的普遍现象。在制度转型过程中，大型国企的社会职能逐渐转移给地方政府和社区，经济职能回归成为大型国企主要的企业职能。其二，大型国企由外部化控制转向内部化管理，经营自主权上升。[②] 企业管理者承担起更多的经营责任，也拥有更多的经营自主权，对企业占有资源的支配能力显著上升。其三，大型国企所占有的优势资源由社会化占有转变为单位化占有。大型国企利用优势资源更多地为企业自身发展和企业内部员工服务，由开放普惠性福利转向封闭单位性福利。

体制孤岛是指大型国企运作相较于中型国企和私营企业仍呈现出浓郁的体制色彩，体现在三个方面：其一，大型国企的资源获得和企业运作仍然受到再分配机制的节制。虽然制度转型赋予大型国企相对较大的经营自主权，但在企业管理者任免、企业重大决策和企业行动目标制定等重要事项方面，大型国企依旧受到主要资源支持者——中央或地方政府部门的强烈影响。其二，大型国企面临的市场竞争压力和市场机制冲击相对最小。大型国企所处行业大多属于事关国计民生的基础性关键性领域，往往具有限制介入的行业特征，私营企业难以进入，也难以形成对大型国企的市场竞争压力和市场机制冲击。其三，大型国企的优质资源和组织印记帮助其延续自身的体制特征。依托自身的优势资源和长期形成的组织印记，在自身运作过程中，大型国企仍然可以选择保留自身的部分体制特征

[①] 田毅鹏：《"典型单位制"的起源和形成》，《吉林大学社会科学学报》2007年第4期。

[②] 刘平、王汉生、张笑会：《变动的单位制与体制内的分化——以限制介入性大型国有企业为例》，《社会学研究》2008年第3期。

或衍生出新的体制特征。

体制与市场的二元共生特征贯穿大型国企转型、运作、经济生产和社会影响的全过程，发挥相对独立且不可替代的重要作用。在"一城一企"作用场域中，二者的共生和博弈成为大型国企社会资本运作不可忽视的制度变迁基础。一方面，市场化的渗入激励国有企业和国企员工积极跨越社会资本的体制边界，国有企业寻求横向联系和社会联系的补充，国企员工寻求跨体制社会资本的积累；另一方面，体制孤岛又为大型国企社会资本塑造国企员工的信任感和稳定感保留了空间，大型国企社会资本依旧对国企内部成员呈现出良好的整合效用。

（三）地域分化与"新二元社会"

在呈现广泛差异的各地域社会之中，体制与市场的共生关系会因地域社会的分化产生明显的差异。因此，在探讨制度变迁这一纵向时间演变的同时，还应将地域分化这一横向空间分割考虑在内。体制与市场的复杂共生关系不仅纵向分布在制度变迁各个过程之中，也横向分化于各个差异性地域社会之中，之前的研究将这一复杂共生关系的横向地域分化模式总结为"新二元社会"。[①] 在"新二元社会"的框架之下，国家限制介入的大型国有企业被视为延续计划和体制传统的一元，而国家不直接干预的民营化经济关系形式被视为市场化的一元。前者遵循自上而下的、有组织有选择有限制的发展方式，而后者遵循自下而上的、市场化的均衡的发展方式，两者的共生不仅仅是简单的贴合，而是相互渗透、博弈和互动。大型国企集中、老工业基地传统深厚的东北地域社会无疑是"新二元社会"中更为接近传统的一端，在市场与体制的共生关系中，传统体制作用的领域更宽、作用程度更强。因此，东北地域社会在经济上，表现为依托大型国企、市场力量薄弱；在政治上，表现为政府主导、历史责任沉重；在习惯上，表现为单位制生活方式和价值观念依旧浓厚。[②]

[①] 刘平：《新二元社会与中国社会转型研究》，《中国社会科学》2007年第1期。
[②] 刘平：《新二元社会与中国社会转型研究》，《中国社会科学》2007年第1期。

"一城一企"场域进一步强化了东北地域社会新体制二元社会色彩,进而影响了大型国企社会资本的作用方式。首先,经济上倚重大型国企和城企依赖性的存在,造就地域社会中资源的有向集聚,成为大型国企社会资本作用的资源基础;其次,政府主导的社会格局和城企互联性的存在,造就了紧密的政企联系以及大型国企在政企联系中所能获得的丰富关系资源,成为大型国企社会资本作用的关系基础;最后,单位制惯习与城企同构性的存在,使得大型国企和大型国企社会资本的作用得到地域社会内居民的广泛认可,形成大型国企社会资本作用的社会认知基础。

(四)"新传统主义"、"利益吸引"与"新型体制依附"

在制度变迁和地域社会构成的复杂时空场域中,大型国企员工与企业的依附关系也演化出新的特征,呈现为"新传统主义"、"利益依附"和"新型体制依附"的渐次演进。

在计划经济时代,国有企业不仅是重要的生产组织部门,也是重要的社会管理机构。在市场缺位的背景下,单位成为国企员工唯一的生存场域,国企员工必须高度依存于单位来展开自己的全部个人生存行动。这一时期的国企员工在经济和社会上高度依附于企业,需要依托企业满足自己的经济和社会需要;在政治上高度依附于工厂党政领导,主动加入相应政治组织并谋求成为积极分子,服从企业领导开展的制度性管控;在个人关系上高度依附于车间直接领导,谋求建立实用性的互惠关系,以获得相应的分配和奖惩优先,这一高度依附性结构又被称为"新传统主义"[1]。

市场元素的渗入和外部私营企业的发展为国企员工提供了更为广阔的行动空间,使得其具有摆脱和反抗体制依附的行动选择机会。"集体懈怠"便是这一时期国企员工摆脱体制依附的重要行为表现之一,[2] 但值得注意的是,摆脱和反抗体制依附的行动是以中

---

[1] [美]魏昂德:《共产党社会的新传统主义》,龚小夏译,牛津大学出版社1996年版。

[2] 刘爱玉:《国有企业制度变革过程中工人的行动选择——一项关于无集体行动的经验研究》,《社会学研究》2003年第6期;游正林:《也谈国有企业工人的行动选择——兼评刘爱玉〈选择:国企变革与工人生存行动〉》,《社会学研究》2005年第4期。

小国企和激烈市场竞争为制度基础而出现的。① 大型国企能够凭借自身的资源优势维持原有依附关系，只是国企的权力结构不再是以政治忠诚为基础的庇护关系，而是转变为以效率优先为基础的多级层化结构。② 依附关系的生成也不再是自上而下的制度性吸纳方式，而是代之以自下而上的利益吸引方式。大型国企通过与员工结成利益共同体来实现国企员工对自身的认同和归属，在这一时期大型国企提供的一系列优厚福利如住房保障、子女教育便利和医疗关照等是大型国企吸引员工结成利益共同体的重要手段。

在东北"一城一企"场域约束之下，大型国企员工的传统依附仍然得以延续，同时又衍生出"新型体制依附"。③ 在偏向传统的制度变迁推动下，体制力量在市场作用下依旧保有活力，大型国企依旧能够在经济收入、住房保障和医疗关照等传统依附领域为国企员工提供便利；同时，大型国企员工对企业依附的内容又衍生出相应的"稳定感"和"保障感"，大型国企成为国企员工面对市场转型压力和风险时的避风港。

具体而言，大型国企员工对"一城一企"场域中制度变迁及地域分化的能动适应造就了新型体制依附，这一依附类型既是东北大型国企社会资本作用的现实体现，又为东北大型国企社会资本作用的进一步发挥创造了条件。大型国企社会资本既是国企员工谋求自身发展和经济福利的重要依托，又是其"稳定感"和"保障感"的重要来源。在"一城一企"场域中，大型国企社会资本对于国企员工的生存发展具有至关重要的关键意义。

综合看来，在体现城企依赖、城企同构和城企互联特性的东北"一城一企"场域中，制度变迁的"新单位制"特性同时激活大型国企社会资本的对外桥接和对内粘结功效，在体制—市场二元共生

---

① Lee, Ching Kwan, "The labor politics of market socialism: collective inaction and class experiences among state workers in Guangzhou". Modern China, Vol. 24, No. 1, January 1998.

② 刘平、王汉生、张笑会：《变动的单位制与体制内的分化——以限制介入性大型国有企业为例》，《社会学研究》2008年第3期。

③ 王文彬、孙雯：《国企职工体制依附的新演进：基于"一城一企"区域社会网络的分析》，《社会科学战线》2020年第2期。

机制影响下，推动国有企业及其员工社会资本积累跨越体制边界，呈现出促成组织内部信任和互惠道德建立的整合粘结功效；地域分化的新体制二元社会特性在"一城一企"场域中为大型国企社会资本作用的发挥提供了资源基础、关系基础和认知基础，成为大型国企社会资本得以发挥作用的地域社会根源；国企员工能动适应制度变迁和地域分化复杂时空场域形成的新型体制依附，既是大型国企社会资本重要的作用后果之一，又进一步增强了大型国企社会资本在社会资源分配、社会稳定感塑造等方面的独特作用。

第四节 东北大型国企社会资本的多元作用机制

社会资本之所以能称其为资本，就在于社会联系的生产性内涵，而企业社会资本的生产性内涵体现为能够为企业和企业中个人生存和发展提供基于关系的多种便利。理论上，社会资本的可能作用机制有如下几种：信息机制，帮助个体以最低的成本获得最优信息，进而实现生产便利，例如弱关系理论[1]；影响机制，因所处结构和地位的不同获得更有价值的资源和实际权力，例如结构洞理论[2]；信任机制，个体因其社会联系特性而收获良好的个人信用和声誉，建立起良好的信任关系，促进共同利益的达成[3]；认同机制，个体因其独特的社会资本构成，与其他个体区别开来形成独特的优势。[4] 大型国企社会资本在上述多元机制牵引之下相应发挥了"一城一企"场域基础之上的信息效用、符号效用、信任效用和整

---

[1] [美]格兰诺维特：《镶嵌：社会网与经济行动》，罗家德译，社会科学文献出版社2007年版。

[2] Burt R S., *Structural Holes: the Social Structure of Competition*, Massachusetts: Harvard University Press, 1993.

[3] Fukuyama, F., *Trust: the social virtues and the creation of prosperity*, New York: Free Press, 1995.

[4] Lin Nan., *Social capital: A theory of social structure and action*, Cambridge: Cambridge University Press, 2003.

合效用。

（一）信息效用

异质性信息的传递被视作社会资本功能发挥的信息基础，这也是弱关系假设的重要前提之一。[1] 基于中国情境的考察则在信息同质性—异质性的框架之外进一步提出，在纷繁复杂的海量信息之中，社会资本为信息的真实性、有效性提供的印证同样极为重要，[2] 而这正是大型国企社会资本优势之所在。与此同时，大型国企的体制—市场二分属性也以类结构洞的方式为大型国企社会资本的信息效用提供了支持。

通过与在地政府部门的紧密联系与合作，对企业发展意义重大、价值高的信息通过大型国企社会资本路径向大型国企汇聚。在政府主导、体制色彩浓厚的东北地域社会情境之中，政府往往是优质信息的最初提供者和最先知晓者，在提供信息的准确性和有效性方面也远优于其他信息渠道。通过与政府紧密联系和长期合作建立的纵向联系，大型国企能够第一时间获得来自政府部门提供的优质信息服务于自身的生存与发展。例如，在对国家大政方针的捕捉和未来发展思路的预判上，大型国企相较于其他类型企业呈现出的明显优势就是这一信息效用的集中体现。

大型国企社会资本信息效用还体现于信息传递中的类结构洞位置。结构洞是指社会网络中出现的关系间断和空隙，即部分个体彼此存在直接联系，而与另外一部分相互联系的个体不存在直接联系，此时当第三者出现在两者之间的空隙时便会因这一结构洞位置享有相应的资源和信息优势[3]。在"一城一企"场域之中，大型国企就处于政府部门与其他企业、体制与市场的类结构洞位置之上：一方面，政府部门乐于同所在城市大型国企共享相应的体制资源和信息；另一方面，其他企业也积极在大型国企处交换自身所需的市

---

[1] ［美］格兰诺维特：《镶嵌：社会网与经济行动》，罗家德译，社会科学文献出版社 2007 年版。

[2] 翟学伟：《人情、面子与权力的再生产》，北京大学出版社 2005 年版。

[3] Burt R S., *Structural Holes: the Social Structure of Competition*, Massachusetts: Harvard University Press, 1993.

场资源和信息，处于体制与市场中介的类结构洞位置进一步增强了大型国企社会资本的信息效用。

(二) 符号效用

"一个行动者通过他的社会网络连接的资源代表了自我资源的全集，即使自己不能使用或动用这些资源，他们也有很大的符号效用，让别人知道自己的社会资本，可以很好地改善自己的社会地位。"[1] 这是关于社会资本符号效用的表达，即个体通过自身潜在的可动员的资源而获得他人认可的符号性便利。这一效用因其基础不同可分为国有企业的符号效用和国企员工的符号效用。

国有企业社会资本的符号效用来源于大型国企的资源优势及规范运作。国有企业因市场优势地位和制度倾斜分配而获得的资源优势使之具备丰厚的互惠交换基础，不管是行政体制中的政府部门还是市场机制中的各类企业，能与大型国企建立长期稳定的互惠性交换关系都对其具有重要积极意义。大型国企社会资本呈现出强大的符号意涵，能够吸引各类合作主体的主动聚集并为其发展提供有利条件。同时，规范化的制度运作最大化规避了大型国企与合作对象在合作过程中面临的道德和规则风险，为大型国企良好合作口碑的建立扫除了障碍。"一城一企"场域进一步增强了大型国企社会资本的符号效用，在同等条件下，大型国企几乎是地域社会中每一类社会主体最优先考虑的合作对象。

国有企业员工的符号效用来源于国有企业在地域社会中建立的良好形象和地域社会对大型国企的高度认可。大型国企长期承担地域社会的关键角色和发展重任，地域长子的企业地位帮助其在地域社会中建立了良好的企业形象，也促成了地域社会对大型国企和国企员工的高度认可。国企员工不仅是大型国企优质资源的占有者，也是地域社会内精英形象的承托者，因而更易得到地域社会内个体的信任和认可。国企员工也会因为大型国企的良好形象而在个人发展和企业贡献方面体现出大型国企社会资本的积极作用，形成国企

---

[1] Lin Nan., *Social capital: A theory of social structure and action*, Cambridge: Cambridge University Press, 2003.

员工的符号效用。

（三）信任效用

一个人是否信任对方，常常取决于这个人是否在自己力所能及的范围内通过其他人或其他途径能去证实对方的可信度，社会网络则为这一验证行为提供了便利。[①] 大型国企社会资本的存在为信任的产生创造了条件：一方面，大型国企社会资本促进了大型国企内部各个员工、各个部门之间的彼此信任；另一方面，大型国企社会资本促进了国企员工对所在国企的信任。

大型国企社会资本塑造了国企内部的信任机制，在长期共同生活的情感共同体中，如果某个员工或部门的失信和错误行为被其他同事和部门知晓，由此造成的声誉损失将以极高的效率在高度同质化和紧密连接的关系网络中传递，进而对这一错误行为的主体造成不可挽回的负面影响。大型国企社会资本的同质性和紧密性形成了对国企员工和国企运作的道德约束机制，国企各个员工、各个部门之间在开展交往和合作时，都可将对道德风险的担忧保持在较低水平，长期的稳定联系使得信任得以在大型国企各个个体、各个部门间广泛产生。

大型国企社会资本塑造了国企员工对企业的信任机制，这一信任效用来源于两个方面：一是来源于大型国企优势资源的庇护作用，在"一城一企"和"新单位制"格局之下，大型国企占有的资源优势在东北地域社会中仍然十分突出，大型国企员工能够充分感受到大型国企的资源优势，因而对大型国企更为信赖；二是来源于大型国企塑造的工作稳定感和人际关系稳定感，以情感性强纽带和稳定劳动力市场为基础形成的稳定感进一步催生了国企员工对所在企业的高度信任。

（四）整合效用

社会资本的作用机制还包括强化识别与认同的功能，将占据某一特殊社会资本的个体与其他个体区别开来并显示出独特的社会资

[①] [美]格兰诺维特：《镶嵌：社会网与经济行动》，罗家德译，社会科学文献出版社2007年版。

本优势。① 社会资本使得一个组织或者一个群体看起来更像一个整体，而不仅仅是一些各自为政的个体的拼凑，从而为整个组织带来效用。② 大型国企社会资本的粘结性功能显现出良好的整合功效，成为整合国企员工乃至地域社会个体重要的"黏合剂"。

大型国企社会资本造就了国企员工的高度团结和体制边界，大型国企通过规范化的制度运作和高认可的企业形象将各个国企员工整合进统一的大型国企社群之内，并通过内部的情感性连接使之成为一个高度统一、深度凝聚的整体。同时，大型国企社会资本还赋予国企员工高度的同质性并形成较为明显的体制界限。在"一城一企"场域之内，大型国企社会资本的运作长期集中于体制内部，形成了明显区别于一般企业社会资本的体制界限，大型国企员工也因此形成了高度区别于一般企业员工的社会资本体制界限。

大型国企社会资本还对地域社会个体产生了整合效用，大型国企社会资本通过施加到地域社会中的国企烙印和塑造出的地域社会单位惯习对地域社会个体进行了整合。地域社会个体不仅呈现出对大型国企高度认可的认知后果，在"一城一企"场域内，地域社会个体的价值观念、生活方式和就业选择也受到了大型国企社会资本的高度整合而呈现出一定的相似性和同质性。

第五节　东北大型国企社会资本的微观作用后果

东北地域社会中，大型国企社会资本在"一城一企"场域情境中的信息效用、符号效用、信任效用和整合效用，在社会实践层面体现为作用的微观后果。"社会资本的后果"是社会资本研究中

---

① 姚福喜、徐尚昆:《国外社会资本理论研究进展》,《理论月刊》2008 年第 5 期。
② Cohen D., Prusak L. In good company: How social capital makes organizations work, Massachusetts: Harvard Business School Press, 2000.

的又一个重要面向。社会资本作为一种带有生产性的社会关系资源，作用于微观个体的诸多主客观领域，如工作获得[1]、地位认同[2]、健康状况[3]、主观幸福感[4]和政府信任[5]等，产生一系列来自社会资本的作用后果。在以往关于企业社会资本的研究当中，更多地关注企业社会资本对企业绩效的影响，企业社会资本一般被简单化处理为企业中个体尤其是企业管理者的个人社会资本。[6] 具备多重内涵的企业社会资本对微观个体的作用后果在一定程度上被忽视，具有能动性的个体与企业社会资本的互动也未能呈现。

事实上，东北地域社会中，个体通过社会资本积累改变企业生存处境的同时，大型国企作为个体重要的中观组织场域，其拥有的社会资本无疑会成为连接宏观结构与微观个体的重要中介机制。大型国企社会资本的生成和运作都会对国企员工的认知和行为产生不可忽视的微观作用后果。

（一）风险感知

大型国企员工的低风险感知是大型国企社会资本微观作用后果的第一个外在体现，具体的作用机制可从大型国企社会资本的符号效用、信任效用和整合效用来加以推演。

首先，符号效用帮助大型国企成为国企员工应对风险的避风

---

[1] ［美］格兰诺维特：《镶嵌：社会网与经济行动》，罗家德译，社会科学文献出版社2007年版；赵延东、风笑天：《社会资本、人力资本与下岗职工的再就业》，《上海社会科学院学术季刊》2000年第2期。

[2] 边燕杰：《城市居民社会资本的来源及作用：网络观点与调查发现》，《中国社会科学》2004年第3期。

[3] 周广肃、樊纲、申广军：《收入差距、社会资本与健康水平——基于中国家庭追踪调查（CFPS）的实证分析》，《管理世界》2014年第7期。

[4] Chang W C., "Social capital and subjective happiness in Taiwan". *International Journal of Social Economics*, Vol. 24, No. 1, January 2009.

[5] 胡荣、胡康、温莹莹：《社会资本、政府绩效与城市居民对政府的信任》，《社会学研究》2011年第1期。

[6] 李路路：《社会资本与私营企业家——中国社会结构转型的特殊动力》，《社会学研究》1995年第6期；边燕杰、丘海雄：《企业的社会资本及其功效》，《中国社会科学》2000年第2期；蒋瑞、林新奇：《社会资本能够帮助企业家提升绩效吗？——基于中国房地产上市公司的实证研究》，《兰州学刊》2020第3期。

港。在不确定性日益增强、日益呈现出风险社会①特征的中国社会之中，大型国企的资源优势能够提升国企员工应对风险的信心，规范化制度则会降低国企员工对人为性风险的担忧，国企员工对不确定性风险的担忧在大型国企社会资本的符号效用下得以缓解。

其次，国企通过大型国企社会资本收获的广泛信任帮助其凝聚起应对风险的强大合力。在信任效用的影响下，大型国企员工普遍确信所在企业拥有应对风险的能力和决心，而且当自身遭遇风险时，将能获得来自其他部门和个体的帮助和支持。面对随时可能出现的风险，国企员工确信自身并非孤立无援的，而是存在着应对风险的强大合力，能过依托自身企业和内部支持以集团化、组织化的方式应对风险。

最后，国企员工的低风险感知还来源于大型国企社会资本的整合效应。相对优越的物质条件和相对稳定的人员结构帮助国企员工形成了较为强烈的稳定感和保障感，情感共同体提供的稳定情感支撑也能在一定程度上降低国企员工对未知风险的担忧，从而形成大型国企造就员工低风险感知的整合效用。

（二）归属感

与大型国企紧密相关的归属感营造是大型国企社会资本微观作用后果的第二个外在表现。在"一城一企"高度互嵌的城企格局之中，归属于大型国企与归属于所在城市，在较长的历史时期中具有一体化的含义。伴随着制度转型和国企社会职能的剥离，城市归属感演变出"职工"角色和"市民"角色的分化②，单位归属感与城市归属感也在大型国企社会资本的作用之下呈现出有同构、有冲突的复杂差异性。具体而言，密切的政企联系和地域内的高度认可会增进"职工"角色下的城市归属感而不利于"市民"角色下城市归属感的生成；大型国企内部社会资本的生成则对"职工"角色下的城市归属感和"市民"角色下的城市归属感均有显著促

---

① Beck, Ulrich, Beck, U, Beck, M Ritter, "Risk society: towards a new moderniy". *Social Forces*, Vol. 73, No. 1, September 1992.

② 王文彬、王佳珩：《从全面促进到分而视之：单位依附对国企成员城市归属感的作用变迁》，《福建论坛》2020 年第 1 期。

进作用。

大型国企社会资本的符号效用和信任效用催生"职工"角色而非"市民"角色下的城市归属感。在"一城一企"场域之下,城市依然与大型国企牢牢绑定,对大型国企的高度信任与对所在城市的高度信任具有一体化的含义。在这一格局之下,"职工"角色就是城市居民的主要角色形态,"市民"角色既没有产生的空间,也没有产生的必要。因此,大型国企社会资本中的密切政企联系和地域内高度认可促进"职工"角色城市归属感的形成而不利于"市民"角色城市归属感的形成。

大型国企社会资本的整合效用则对城市归属感的产生具有广泛的促进作用。整合效用的产生来源于长期共同生活形成的"情感共同体",因而在一定程度上具有超越制度变迁的稳定性,在"职工"向"市民"的角色演变过程中,大型国企社会资本仍然发挥着较为强大的整合效力。因此不论是"职工"角色还是"市民"角色,大型国企社会资本的整合效用都能够有效增进其城市归属感的形成。

(三) 跨体制行动及社会资本衍生

跨体制行动及跨体制社会资本的衍生是大型国企社会资本微观作用后果的第三个外在表现。跨体制行动指大型国企员工在保留自身体制身份的同时积极开展体制外生存的行动倾向,跨体制社会资本是指个体建立起跨越体制内国有部门和体制外非国有部门的个人关系网络,以实现自身的生产性目标[1]。催生跨体制行动和跨体制社会资本根源在于大型国企社会资本的体制边界效应,包括信息效用下的异质性交往逻辑、符号效用下的异质性资源获取逻辑和整合效用下的情感性纽带逻辑。

大型国企在信息流中的类结构洞位置使得大型国企员工获取异质性交往成为必然,国企员工社会资本构成以粘结性社会资本为主,社会交往对象主要为同样身处大型国企内部的同质性群体。但

---

[1] 边燕杰、王文彬、张磊等:《跨体制社会资本及其收入回报》,《中国社会科学》2012年第2期。

在制度变迁的带动之下,大型国企社会资本的桥接性特征不断显现,需要国企员工更多地参与异质性群体的交往,构建桥接性社会资本。大型国企在信息流中的类结构洞位置进一步增强了这一异质性交往的信息优势,促进了跨体制行动和跨体制社会资本的产生。

大型国企社会资本符号效用下的异质性资源获取是大型国企员工开展跨体制行动和建构跨体制社会资本的动力所在。高度同质性的信息和资源是大型国企员工社会资本建构的常态,而在渐进式市场转型形成体制内外两个差异巨大的资源场域之后,利用大型国企社会资本的符号效用到体制外获取异质性资源便成为国企员工基于利益考量的理性行为。正是在这一异质性资源获取逻辑的驱动下,国企员工尝试建构跨越体制边界的跨体制社会资本,并在此基础之上开展跨体制行动,以同时获得来自体制内国有部门和体制外非国有部门的双重资源,进而形成自身在信息获取、资源占有、选择空间和经济回报上的优势。

大型国企整合效用带来的情感性纽带逻辑则是约束大型国企员工保留体制身份的社会资本作用逻辑。如果没有情感共同体的牵制和稳定感的约束,离开体制另求生存将是更多国企员工利益最大化的理性选择。正是由于大型国企社会资本赋予的稳定感和对企业的高度信任,成为吸引部分跨体制行动者和跨体制社会资本的占有者继续留在大型国企的情感性根源,大型国企社会资本整合效用则更多发挥了挽留和黏结的作用。

第二章 何以成为"灯塔":比较视野中的大型国企社会资本

东北大型国企社会资本"灯塔"意义的呈现依托于独特的资本类型、生成机制和运作逻辑,嵌入于差异化的东北老工业基地制度场域,彰显于非常态的社会危机应对之中。因此,本章试图引入比较视野,在与私企社会资本的比较中理解大型国企社会资本的独特意涵,在与同样面临衰退危机的国外"工业锈带"对比中理解大型国企社会资本的社会基础,在非常态化的新冠疫情背景下理解大型国企社会资本的危机应对意义,以此突出大型国企社会资本在东北区域社会特性下对地域发展呈现的独特作用和积极意义。

第一节 社会资本的差异性运作:国企与私企的比较

即便经历市场化改革和现代企业制度的确立,大型国企因其独特资源优势和关键地位角色,仍然呈现出迥异于私企的运作机制。[①] 大型国企独特的组织目标、体制区隔以及社会联系方向形塑了大型国企社会资本独特的资本类型、生成机制和运作逻辑。

(一)组织目标与社会资本类型

近十年来,特别是 2008 年国资委出台《关于中央企业履行社

---

① 刘平、王汉生、张笑会:《变动的单位制与体制内的分化——以限制介入性大型国有企业为例》,《社会学研究》2008 年第 3 期。

会责任的指导意见》[1] 以来，国有企业的社会责任的重要作用越发凸显，社会效益成为国有企业的应有之义。尽管近年来民营企业响应政府和社会号召，正积极承担社会责任并在社会事业的发展上贡献很大，但总体来看，其社会责任的贡献远不如国有企业[2]（陈佳贵等，2011）。上述差异的产生，不仅源自占有资源总量的差异，更源自二者组织目标的分化。

过去40多年的改革开放历程，"全民所有制的国有企业从计划经济的单位转变为市场导向的企业主体，是社会主义国家经济转型的关键举措"[3]。但时至今日，学界对于国企性质认识仍有所争议，一种观点认为，国企已成为一种经济组织，其核心目标是利润最大化[4]（傅育宁，2003）；另一种与之相对的观点则认为，国企仍是一种行政组织，政治效益最大化是其核心目标；更为普遍的观点则综合理论与实际，认为国企是一种"半企业、半政府"[5]（白永秀、严汉平，2004）的组织，既具有企业职能，还具有政府职能，通过企业的组织形式行使部分政府的职能[6]（边燕杰、雷鸣，2015），社会属性仍是大型国企重要的组织之一。

组织目标的差异无疑也会作用于两者社会资本的获取和生成过程，决定了企业各自需要的社会资本类型差异。对经济效益的单一追求驱使私企社会资本建构以市场机会逻辑为主。首先，注重与市场其他主体的横向联系，重视对外部市场机会的及时把握；其次，注重与外部其他社会主体的社会联系，重视对外部信息的及时获取与反馈，建立起良好的外部互动；最后，注重具有异质性的桥接性

---

[1] 关于印发《关于中央企业履行社会责任的指导意见》的通知 [N]. 国务院国有资产监督管理委员会. http://www.sasac.gov.cn/n2588035/n2588320/n2588335/c4260666/content.html.

[2] 陈佳贵、黄群慧、彭华岗等：《企业社会责任蓝皮书：中国企业社会责任研究报告（2011）》，社会科学文献出版社2011年版。

[3] 边燕杰、雷鸣：《国有企业管理者的双重角色》，《浙江学刊》2015年第4期。

[4] 傅育宁：《效率：国企改革清晰和单一的目标——新形势下国企改革思路框架的几点思考》，《经济社会体制比较》2003年第1期。

[5] 白永秀、严汉平：《试论国有企业定位与国企改革实质》，《经济学家》2004年第3期。

[6] 边燕杰、雷鸣：《国有企业管理者的双重角色》，《浙江学刊》2015年第4期。

社会资本构建，重视具有异质性信息和资源传递功能的桥接性社会资本构建。

对经济效益和社会效益的双重追求则驱使国企社会资本建构以综合功能逻辑为主。首先，更为重视与政府部门纵向连接的建立，注重与行政部门良性互动的建立和对行政部门资源的获取；其次，更为重视内部各部门和人员的层级互动，更积极地促进内部各部门间的彼此互信和协作沟通，保持组织运转效率；最后，更为重视具有同质性的粘结性社会资本构建，维持内部稳定本就是大型国企社会资本的目标之一，具有内部整合功能的粘结性社会资本在此目标导向下重要性得以凸显。

（二）体制区隔与社会资本生成

经济结构不仅规范了企业的运转范围[1]，还从宏观上表现着每个企业的结构位置。同时，除开产业结构和体制区隔，企业管理者在社会中的结构性位置，也影响着他们对社会资本重要性的认识[2]。

如果将社会资本的中国特质提炼出来，除了社会文化等特性外，体制应为其中一种独特的制度性因素[3]。过去的单位制是一种基于工作单位对职工及其家人生产生活资料全方位的分配管理，由此产生了一种依附结构：对于工人来说，需要在经济上依附于企业，在政治上依附于工厂党政领导，在个人关系上依附于车间直接领导[4]，形成了庇护关系。以"放权让利"和"政企分开"方式启动的国有企业持续性改革，让国企在生产资料的使用权、收益

---

[1] 边燕杰、丘海雄：《企业的社会资本及其功效》，《中国社会科学》2000年第2期。

[2] Guthrie, Gouglas, *Information Asymmetries and the Problem of Perception: The Significance of Structural Position in Assessing the Importance of Guanxi in China*. In Thomas Gold, Douglas Guthrie & David Wank, eds., *Social Connections in China: Institutions, Cultures, and the Changing Nature of Guanxi*. New York: Cambridge University Press. 2002.

[3] 王文彬、肖阳：《跨体制社会资本与关系认同》，《西安交通大学学报》2019年第3期。

[4] Walder, Andrew G., *Communist Neo-traditionalism: Work and Authority in Chinese Industry*, Berkeley: University of California Press. 1986.

权、处分权、人事任免和经营决策方面都有了巨大的内部运作空间①。如此一来,国有企业的"软预算"约束似乎已经不存在,国有企业和民营企业处于同等的市场地位,市场作为决定资源配置的"手"似乎已经削减了体制区隔的作用②。事实上,国家对于重要资源的持续垄断,体制隐形区隔继续催生跨越国家与社会边界的新型庇护关系网络。③④⑤

国企与私企间体制区隔的存在造就了大型国企社会资本独特的生成机制。

首先,这一社会资本基于体制区隔形成的优势资源基础。体制区隔的存在为大型国企优势市场地位和垄断资源优势提供了保障,大型国企在信息获取、资源保障和行政支持等方面相较于私企都具有明显优势,这也成为其社会资本独特生成机制的资源基础。

其次,这一社会资本基于体制区隔造就的良性政企互动。与私有企业充分暴露在市场风险中不同,体制区隔促进了大型国企与同属体制内部行政部门的良性互动,促进了互信互惠的政企关系产生和延续。增强企业自身生存能力的同时又帮助其市场竞争优势进一步凸显。

最后,这一社会资本基于体制区隔提供的独特符号效用。虽然国有企业的生产自主性相较于私企有所减弱,受到国家行政部门的调控。但基于体制区隔提供的核心竞争力和资源优势,大型国企在地域空间内和市场竞争中都享有良好的声誉和可信度,这也成为有助于大型国企社会资本生成的重要符号机制。

---

① 刘平、王汉生、张笑会:《变动的单位制与体制内的分化——以限制介入性大型国有企业为例》,《社会学研究》2008年第3期。

② 党的十九大党章修正案中首次明确"要发挥市场在资源配置中的决定性作用",共产党员网. http://news.12371.cn/2018/02/14/ARTI1518560322356268.shtml.

③ Wank, David. *Business-State Clientelism in China: Decline or Evolution?* In Thomas Gold, Douglas Guthrie & David Wank, eds., *Social Connections in China: Institutions, Cultures and the Changing Nature of Guanxi*. New York: Cambridge University Press. 2002.

④ 边燕杰、王文彬、张磊等:《跨体制社会资本及其收入回报》,《中国社会科学》2012年第2期。

⑤ 王文彬、肖阳:《跨体制社会资本与关系认同》,《西安交通大学学报》2019年第3期。

（三）社会联系方向与社会资本运作

1. 纵向差异

大型国企较多地保留了单位制时期的社会奉献传统，且具有政治体制、企业规模和资产投入上的诸多优势，与行政部门间有着广泛的合作潜力。社会资本是社会网络关系的总和，包括网络本身与通过网络动员的资产[1]。

近几年国企进入分类改革时期[2]，国家开始逐步放开某些领域的管控，允许民间资本进入，形成了国企与民间资本的交叉持股，大力发展混合所有制，促进了国有企业和私营企业的利益共同体形成。但相比较而言，国有企业比私营企业仍保有体制结构的天然优势，所以纵向企业社会资本比私有企业更高。

国企的纵向社会资本体现于社会公共产品的服务层面，比如自然资源垄断型的企业，体制内的纵向社会资本直接作用于其产能安排，可以为企业带来经济优势并为社会生产提供基础服务。国企的纵向社会资本差异性很小，企业生产直接服务于国家战略需要，侧重于满足消费者群体的基础需要而不需要面对消费者个人层次的差异化需求。

因此，大型国企的纵向社会资本与私企呈现出类型化的差异。国企能够从制度层面获得翔实可靠的政策信息，保质保量地完成生产计划，这决定了国企对于纵向社会资本的结构性依附。而私企的纵向社会资本主要是为了在市场竞争中获得最大利润和资本积累，通过获取更多具有市场时效性的政策法规以规避市场消息滞后和信息失真带来的经营损失。体制的区隔在很多的隐形层面对于国企和私企的发展影响深刻。私营企业需要更多的面向市场为消费者提供差异化服务，辅以适度的企业纵向社会资本，实现跨体制边界的经营收益。

---

[1] Pierre Bourdieu, *The Forms of Capital*. In John G. Richardson, ed., *Handbook of Theory and Research for the Sociology of Education*, Westport, CT.: Greenwood Press, 1986.

[2] 黄群慧:《新国企是怎样炼成的：中国国有企业改革40年回顾》,《中国经济学人》（英文版）2018年第1期。

2. 横向差异

国有企业处于行业的基础性或者垄断性地位，对于整个市场的走向有着重大的影响力，是市场信任关系网的"焦点企业"[1]。经历了国企改革保留下来的大型国企，在土地使用、融资贷款、人才和技术积累上都有着很大的优势。与作为市场经济"弄潮儿"的私营企业积极鼓励人员流动以拓展横向社会联系不同，国企形成了近似于"内部劳动力"市场的稳定人员格局，更为注重内部结构的稳定。这些特性促使国有企业成为私营企业争相合作的对象，这为国有企业横向社会联系拓展提供了便利，但一定程度也削弱了大型国企向外积极拓展横向联系的内生动力。

国有企业在资金、规模和技术储备等方面有着一般私营企业没有的优势，因此在产业协同和合作上多处于领头羊的位置。从横向社会联系来看，国企在社会产业结构中发挥着公共产品的供应功能，具有很强的潜在市场号召力，与产业上下游供应商有着深度且相对固定的合作关系。因此，国有企业的横向社会联系由于相对比较固定、聚焦性很强，所以企业横向社会资本相对较弱。

相较而言，私企处在变动不居的市场竞争中，业务层面的选择性拓展和雇员的流动性很高，因此在一定程度上成为企业横向社会资本积累的一个重要基础。已有研究认为，社会资本能够对功利行为起提升作用[2][3][4]。私企的组织目标在于最小的成本而利润最大化和资本的高回报，在产业链的上下游选择范围更宽，也在客观程度上增加了企业的横向社会联系。

3. 社会联系差异

企业社会资本占有量大小主要从企业的法人或者管理者的社会

---

[1] 吴宝：《从个体社会资本到集体社会资本——基于融资信任网络的经验证据》，《社会学研究》2017 第 1 期。

[2] Granovetter M S., "The Strength of Weak Ties". *American Journal of Sociology*, Vol. 78, No. 6, 1973.

[3] Yanjie Bian. "Bringing Strong Ties Back in: Indirect Ties, Network Bridges, and Job Searches in China". *American Sociological Review*. Vol. 62, No. 3, June 1997.

[4] 边燕杰：《城市居民社会资本的来源及作用：网络观点与调查发现》，《中国社会科学》2004 年第 3 期。

网络维度进行测量①。有研究者认为类似表述和测量不合理，企业法人代表的社会联系不能等同于企业的社会资本，只有有效用于企业生产经营活动的法人社会网络才能视作企业的社会资本②。而根据企业家能动论的观点，企业法人需要在研判市场形势、策划和调整商业决策过程中，将发展社会资本的欲望变为现实。

　　国有企业需要兼顾市场效益和社会效益，而私营企业主要精力放在市场效益的争取上，这是二者根本的组织目标差异，从而直接决定了国有企业需要时刻跟着国家和社会的利益诉求走，需要接受上级行政部门的指令干预。国有企业管理者是代理人制度，受国家委托代为管理国有资产，因此经营管理活动的独立性不如私营企业，个人社会网络用于转化为企业社会资本的能动性不高。而私营企业追逐的是市场利润最大化，公司法人或者管理者为了更好地留住人才并激励人才，因此私营企业法人和管理者的社会关系网络与企业社会资本具有很高的重合性。因此，国有企业管理者的社会网络关系与企业社会资本的重合度不如私营企业高。

　　大型国企社会资本的同质性特征大于其异质性特征。国企职工交往具有较高的同质性，关系网络的体制区隔现象突出。从现实情况来看，国企的员工和高层管理者更多的是走政府行政系统，与市场关联较弱，所以基于市场的非正式关系对于他们的生活和职业晋升影响不大。国企的运作更多的是基于正式的企业关系和流程，如项目竞标等，所以非正式关系对于处在市场竞争中的私营企业有着更大现实意义。

　　博特认为低密度的网络可以为占据网络桥的个人带来信息和控制优势，有利于在竞争的环境中求生和先赢③，而国企职工囿于主

---

① 边燕杰、丘海雄：《企业的社会资本及其功效》，《中国社会科学》2000年第2期。
② 刘林平：《企业的社会资本：概念反思和测量途径——兼评边燕杰、丘海雄的〈企业的社会资本及其功效〉》，《社会学研究》2006年第2期。
③ Burt R S., *Structural Holes: the Social Structure of Competition*, Massachusetts: Harvard University Press, 1993.

导的高密度的单位工作网络,更多地选择遵从团体规范[1]使得生活关系网络与工作单位人事关系高度黏合。因此,由处于次级地位的低密度体制外非正式关系带来的信息和控制优势不明显。所以,国企职工的非正式人际交往的圈子具有网络关系的结构性限制,没有私营企业的从业者广泛。相对而言,国企的职工在非正式关系的积累和使用频率上没有私营企业广泛,企业社会资本的社会联系广泛度对于国企发展的影响力不如私企。

第二节 社会资本的建构基础:与国外"锈带"的比较

国有企业在全世界所有国家都曾以不同形式存在或保留至今[2],其兴衰发展的变化并非中国独有,也并非中国政治制度的独特产物。从社会资本角度审视美国"锈带"等老工业区的发展历程,有利于拓展理解中国东北地区大型国企社会资本的国际视野,对于当前东北老工业基地的振兴发展和区域社会特性优势建立有着一定的借鉴意义。

以重型工业衰退为主要特征的"锈带"现象成为世界各国曾普遍面临的地域发展难题。东北社会的发展危机与"锈带"现象有诸多相似之处,但仍呈现出地域性、体制性、集体性和组织性的独特特征,折射出支撑大型国企社会资本生成和运作的独特社会建构基础。

(一)地域性:大型国企社会资本的资源基础

美国"锈带"的出现与中国东北现象差异较大,面临的主要问题是仅有的人口密集型的产业转移而出现的是当地产业"空心化",伴随着大量的失业人口、社会秩序的动荡等生产生活秩序的

---

[1] Coleman JS, "Social Capital in the Creation of Human Capital", *American Journal of Sociology*, Vol. 94, 1988.

[2] 陈平:《中国国企太多?那就来和美国比比看》,2018年08月31日,观察者网,http://www.globalview.cn/html/economic/info_26712.html.

紊乱现象。美国的"锈带"产业在转型升级以前更多地偏劳动力的密集型,本地职工更多的是在工厂的流水线上。加之许多的企业管理人员来自企业外聘,组织内部的关系仅仅局限于工作内容的交集,无法达成良好的组织协同关系。值得注意的是,以"中镇"为缩影的"锈带"在企业内部的社会关系上,无法达到国企这样广泛的社会认同和归属感。

从地域社会资本来看,企业与工会之间的矛盾更多的是职工个人社会资本的获取与建构和公司相悖,在新的利益诉求下使得雇佣关系变得很脆弱。地域性的社会资本呈现出企业与职工的隔阂或分裂,分属于不同的利益阵营。企业与职工之间的利益无法达成有效共识,最终影响了职工社会资本与企业社会资本的整合,使得企业的技术革新和新设备的引进受阻,陷入了内耗之中。而个人和组织社会资本的急剧萎缩导致了亟待解决的"中年危机"群体再就业问题,以及社会信任危机。

中国东北区域现阶段仍然有着较为完整的工业和农业产业链,有着生物和制药等第三产业崛起。东北地区的衰落更多的是原有的经济产业结构增殖的速度下降了,落后于东中部地区,面临着产业结构的调整和比较优势资源的激活问题。从社会资本的角度来看,"新东北现象"的出现是企业与个人的社会资本的固化和活力下降的结果。国企的发轫阶段具有十分突出的地域特征,即建厂作为国家战略的考虑,需要充分考虑到当地的基础设施、人力成本和素质、资源环境等因素。以人力资本为例,从每万人常住居民对应的大学本专科在校生数字来看东北地区与其他地区相比都占有优势,只是从企业研发人员占比和企业研发活动频率看,东北地区排在最后[1]。

现阶段,东北地区依旧有着十分突出的地域社会资本优势,有着复兴的强大社会资本基础。根据实际的经验研究,可以发现东北地区的国企员工具有本地化培养和本地化融入的特点,而部门通过

---

[1] 蔡昉:《从比较优势到规模经济——重新认识东北经济》,《学习与探索》2019年第9期。

招聘进入的外地员工在进入国企之后也呈现出明显的本地化融入趋势和意愿。同时，在"一城一企"城企融合发展背景中，大型国企有着体制内资源和诸多国家政策倾斜支持，对于职工发展和人力资本维护有着更加完善具体的保障。国企职工的社会关系使用的内卷程度较高，其劳动收入、福利待遇、发展机遇、晋升空间以及风险规避等方面对于国企的依附程度很高。同时，国企注重对于人才的本地化培养，从基层做起的晋升模式使得企业职工的社会资本建构有着很高的趋同性和内卷化，这样既能选拔出优秀的人才，同时也能增强部门内部的人心凝聚力。

在社会声望和社会认同上，人们对于大型国企的评价很高，而国企职工对于自己的工作单位也有着更高的认同度。可以说，国企的体制保障措施使得职工与企业形成了强制协作联合体，职工对于企业的组织目标和自我工作价值的体现有着更高的成就动机和更高的归属感。国企的组织情境影响远高于非国企，对成员具有更为一致的行为价值观的影响。这对组织目标的达成和生产的有序进行起着十分重要的作用。同时，大型国企有着深厚的技术积淀，在其发展过程中与高校的合作贯穿始终。如大庆油田与哈尔滨工业大学有着产学研的协作，长春一汽与吉林大学有着战略合作，这充分显示了高校作为科研平台为国企的发展提供了极大的人才保障和智力支持。这显示着国企与所在城市的发展不仅仅在经济领域有着关联，而且在高等教育、社会发展、基层治理等方方面面有着深度联系。

（二）体制性：大型国企社会资本的制度基础

从美国中镇的再工业化努力来看，主要是依靠培育民间社会资本来吸引新型产业的进入，政府出台相关的扶持政策和税收优惠。政府搭台，民间唱戏的做法让当地的产业空心化有了一定程度的改善，当地的经济得到了一定程度的恢复。比较遗憾的是，在市场化的资源配置下，由于没有像中国大型国企这样的体制性企业的主导，仅存的低端制造业不具有产业的拉动效应，最终地方产业同质化严重且无法拉动高新技术的发展。前期的"去工业化"浪潮的冲击，导致失去企业资金支持的社区自组织和社会组织的萎缩。同时，人们愁于生计，人际关系网开始收缩，参加社会组织的活动的频率大幅缩减，致使了个人社会资本的衰减。整个社会的集体社会资本衰减，这是中镇工业衰退的一个明显附带效应。去工业化对社区造成一定的负面影响，所以再工业化必须在经济层面和社区层面复兴[1]，大力培育民间社会组织。

很多的"锈带"城市都将工业旅游业作为一种重要的产业复兴方式。面对产业过渡带来的众多社会问题，工业旅游提供了一个很好的出路。一方面，可以利用已有的工业遗迹作为参观主题，成为城市历史化进程的写照，积淀城市文化内涵；另一方面，下岗工人可以在简单的培训之后为旅游者提供服务，包括导游、博物馆讲解员、保管员以及相关衣食住行领域的提供者。这在最大程度上保持了下岗工人的人力资本和社会资本的效力。将过往工业作为标本保存起来，成为城市风貌的重要组成部分，会增加市民的归属感和认同感。

如前所述，东北国企有着体制内的优势，国企员工也享受着多种的制度保护优势。"东北振兴战略实施以来，在解决老工业基地和资源枯竭地区的职工安置、企业办社会职能的剥离、发育产品市场和要素市场等诸多方面取得了重要的进展，一系列民生指标得到了有效的改善，在一段时间里也实现了合理的经济增长"[2]。职工的收入回报往往具有更加稳定的提升，社会认可度很高。当下的国有企业有着深深的组织印记和体制特征，国企职工仍然享受着多样化的激励和福利。在国企改革进程中，大型国企承担着社会公共产品的供给职能，需要兼顾市场效益和社会效益，政府也一直强调国企应该承担更大的社会责任，服务于国家战略。东北地区一直有着良好的工业基础、基础设施、人力资本等条件，因此需要另辟蹊径，通过技术改进和产业升级，提升市场价值链位置。

基于单位体制的特性，国企是中国经济和社会发展中多层面的支持平台，承载着国家制度设计与民众日常生活中相对富国强民、

---

[1] 梁文静、彭祎飞：《去工业化与再工业化——对美国中镇的个案研究》，《美国研究》2020年第2期。

[2] 蔡昉：《从比较优势到规模经济——重新认识东北经济》，《学习与探索》2019年第9期。

经济发展、社会治理和稳定生活的多维度预期。因此，国企依然或多或少地承担着部分政治和经济等方面的社会责任。在东北这一市场发育不够充分的地区，大型国企需要通过与市场接轨努力促进地区性的产业协同发展，对于区域社会正向市场培育有着十分重要的社会意义。同时，产业协同效应的形成，将会更大地促进大型国企在企业层面社会资本的积累，带来更高的产业效益，而市民有了更多的就业选择，个人层面社会资本的总量也将得到提升。

（三）集体性和组织性：大型国企社会资本的结构基础

从全球来看，转型成功的"锈带"城市依旧发挥着地域特色的支柱产业作用，重视相关产业和配套产业的更新和引进，充分发挥了比较优势。传统的工业城市匹兹堡、伯明翰和鲁尔区是转型的成功案例。目前，伯明翰依然是英国制造业的中心城市，而服务业已成为城市经济的主要支柱。匹兹堡在"二战"后通过三次经济复兴计划，使经济转向教育、旅游、贸易等服务业和以医疗、电子、智能机器、电子技术为代表的高新技术产业。德国的鲁尔区也在德国政府的主导下，大力进行传统产业的改造，发展以技术密集型工业为重点的新产业，逐步建立起以石化、汽车、电子、仪表和精密机械为代表的新工业部门，其间所体现出的传统制造业与大学的科研优势的结合，扩大了企业社会资本的社会联系，为产业的转型升级提供了内在驱动力。以上案例对于市场培育不够完善的东北地区，就实现企业横向社会资本和社会联系的拓展提供了可供借鉴的路径。

集团性仍然是东北大型国企社会资本的重要特征之一。东北地域社会的"一城一企"特性使得国企职工在身份地位、经济稳定、生活福利、政治晋升以及社会资本等方面与企业关系紧密，形成了新的单位依附[1]，国企职工有着深深的组织印记和体制特征[2]。国企对员工呈现高度整合，国企员工也对企业呈现出高度的信任和依

---

[1] 王文彬、王佳珩：《从全面促进到分而视之：单位依附对国企成员城市归属感的作用变迁》，《福建论坛》2020年第1期。

[2] 韩亦、郑恩营：《组织印记与中国国有企业的福利实践》，《社会学研究》2018年第3期。

附，这一高度整合、紧密连接的社会资本集团性特征是促进大型国企内部保持团结协作，维持自身人员稳定的重要资源。

同时，国企员工的社会资本具有显著的科层等级制的差异，呈现出高度的组织化。即个人关系网络更多的依附于工作关系，与工作关系有所重叠，个人关系的建立受工作关系影响颇深的特点。严密的制度控制和规范的制度运作能够最大化降低企业中个人面临的工作风险，也能够促进企业运行效率的提升，但由于大型国企社会网络的横向延展不足（既缺乏延展的动力也缺乏延展的对象），因此同样需要更加注重多元的组织集体性社会资本发展。

第三节 非常态下的社会资本意义：以新冠肺炎疫情危机应对为例

在不确定性、突发性和复杂性不断显现的风险社会，对风险的及时应对和消解也是大型国企社会资本积极功能显现的重要赛道。大型国企社会资本的独特效用不仅体现于常态化下的经济建设和社会发展，也显露于非常态下的突发危机应对之中，具体可从大型国企社会资本的组织性、体制性和融合性予以呈现。

（一）社会资本的组织性与危机应对

相较于私有企业，国有企业背靠政府，在财税、融资、借贷、生产资料等方面有着更大的优势。新冠肺炎疫情对市场经济的冲击很大，国家要保障经济的稳定，国有企业复工复产是重中之重。类似的社会危机之下，民营企业需要克服严重的资金周转问题，将生存目标作为阶段性的优先项。同时银行和民间资本也都收紧，这会导致民营企业融资难、融资贵的困境。国有企业有着国家背景，属于优质资产，得益于国家所有权、政府担保等特殊庇护，同时，国企与相关银行都属国家所有，具有体制内的互补性，因而国有企业的资金需求会得到优先满足。这种体制内生性的企业纵向社会资本，可以让国有企业有更多的主动权规避市场供需结构失调带来的运行风险，同时提供系统的劳动保护、社会福利以及其他社会支持功能。

大型国企管理者承担着经济和政治的双重角色,受到双重制约的同时也享受着经济和政治的交叉回报[①]。因此,大型国企的社会资本是面向市场和政治体制的双重集合,为企业生产经营提供了便利条件。结构性的体制资源优势以及权力延续下的社会信任保障,良好的企业形象和福利待遇使得员工对于大型国有企业有着事实上的单位依附。"大而不能倒、国家的不会倒"这样的社会共识也使得国企在人才招聘和引进上有着一般企业不能及的吸引力。一方面,近几年来,高校过半数应届大学毕业生的就业首选目标为国企。另一方面,公务员考录比例逐年升高,体制内公务员成为社会最受欢迎的职业之一,党政机关事业单位对于人才的吸引力可见一斑。

在类似于新冠肺炎疫情的社会公共危机情况下,市场和社会的双重逻辑驱使大型国企社会资本发挥效用。以市场逻辑运作的私营企业因为短时间内无法聚集员工且无法保证复工复产的安全性而不得不停工停产,无法为社会提供急需的公共服务。而东北大型国企中,由于综合性的组织目标,安全复工复产已经上升到了体制内个人工作应有之义和政治觉悟,这在组织文化氛围上形成了非正式关系网络的情境约束,使得安全的复工复产成为可能,在文化情境和组织氛围上激发了国企的智力支持和制度保障优势,为政府和社会应对公共危机提供了可靠的公共支持。

在社会公共危机中,大型国企成为中央政府实施社会发展、经济增长与社会基础治理的政策依托和制度保障的平台。与南方沿海地区开放的社会格局相比,东北区域的单位社会色彩依然浓厚,单位制对于社会管理、社会福利以及社会认同等依然具有显著影响,大型国企与城市发展关联密切、社区发展与社会建设较多依赖单位组织资源。实际上,国有工业企业社区进行全面"去单位化"以来,仍对职工住房和子女的教育有所保障,体现着企业"去单位

[①] 边燕杰、雷鸣:《国有企业管理者的双重角色》,《浙江学刊》2015年第4期。

化"改革的边界①（甘满堂，2019）。值得注意的是，而近十年，特别是2008年国资委发布《关于中央企业履行社会责任的指导意见》②，动员国有企业将社会责任纳入工作实践中，以企业社会责任为代表的全球范围内的反思某种意义上是"企业办社会"思路的回归③（韩亦、郑恩营，2018）。

东北国企国企职工实现了对单位从经济收入、医疗保险和住房保障等基础层级的体制性依附向生活稳定感、抵御社会风险等高层级的体制依附演进，呈现出既保留传统的基础层级依附内容，又并存高层级依附内容的新型依附模式④。东北地区分布着许多大型国企，需要巩固人力资源，与基层社区开展合作提供配套的居住环境成为应有之义。基于业缘关系形成的单位社区，居民有着更强烈的社区认同感和信任感，自发成立了很多业余兴趣组织，许多人也愿意参与到社区活动中与其他人进行互动，形成了丰富的结构性社会资本。这克服了"行政型社区的制度目标与实际能力之间的偏离很难激发各阶层居民对它产生真正的认同"⑤的阶层隔阂。在面对类似新冠肺炎疫情的公共危机的情况下，大型国企的工作权威的拓展会在现实生活中将无序的基层社区自治进行有序的组织起来。

大型国企社会资本具有很强的垂直型社会资本的特点⑥，在疫情危机下成为紧密团结个人的"黏合剂"。个人因单位属性聚集的社区在组织活动或者自我服务的过程中，会形成类似于原有工作中

---

① 甘满堂：《"去单位化"与"类单位化"的交集——改革开放以来两类工业企业社区建设研究》，《求索》2019年第5期。

② 《关于印发〈关于中央企业履行社会责任的指导意见〉的通知》，国务院国有资产监督管理委员会. http://www.sasac.gov.cn/n2588035/n2588320/n2588335/c4260666/content.html.

③ 韩亦、郑恩营：《组织印记与中国国有企业的福利实践》，《社会学研究》2018年第3期。

④ 王文彬、孙雯：《国企职工体制依附的新演进：基于"一城一企"区域社会网络的分析》，《社会科学战线》2020年第2期。

⑤ 杨敏：《作为国家治理单元的社区——对城市社区建设运动过程中居民社区参与和社区认知的个案研究》，《社会学研究》2007年第4期。

⑥ 垂直型社会资本相对于横向型社会资本，意指社会资本源于纵向的联系纽带，以及由上至下的社会资本构建行为。参见黄荣贵、桂勇《集体性社会资本对社区参与的影响：基于多层次数据的分析》，《社会》2011年第6期。

的上下属的权威依附关系，老党员和干部对于非正式组织的运作同样具有号召力和权威性。在新冠肺炎疫情防控阶段，原本公务缠身的基层社区自治组织在封闭式隔离需要而引起的居民日常生活物资需求的压力下，处于超负荷运转的状态，以往的基层社区治理能效会显得捉襟见肘。现实情况是很多的单位社区运转良好，很多的党员干部居民挺身而出，参与到了自组织中。这成为大型国企社会资本在非正式组织中凝聚共识、助力社区治理的现实写照，拓展了国企社会资本的作用范围和效应场景。

(二) 社会资本的体制性与危机应对

国企成员的劳动收入、福利待遇、发展机遇、晋升空间以及风险规避等方面都更多依赖国有企业本身。体制内单位的员工技能培训的参与率和回报率都高于体制外单位员工，同时体制内的员工对于内部培训有着更高的成就动机和积极性[1]。因此，国企员工的内部关系网络会具有更高的活跃度和结构的稳定性，职工社会资本更加受到国企特性的积极影响。比如，疫情期间的复工复产具有很大的健康风险，需要组织系统和个人密切配合来保持个人与组织的目标一致性。国企员工有着稳定的岗位设置，员工的职业规划与企业的发展更加契合，因此对于企业的制度安排具有更高的认同度和配合度，这就意味着国企职工的社会资本能够更有效助力危机应对。

从关系结构来看，国企员工的高度依附性报名与企业本身有着高度的黏合性，绝大部分的社会关系都基于自身扮演的工作角色展开，从正式组织和非正式网络中能获取到的社会资本有着很强的制度特性。国企成员的社会关系构建同质化程度较高、社会关系内卷化程度较高，跨体制社会资本的作用空间有限。国企职工个人社会关系的体制化，会将体制要求映射到自己的生活和工作中去，形成结构性的行为选择趋同性。结构性社会资本会进而带来认知性社会资本的提升，从个人到组织到系统会形成高度的社会信任，以及互

---

[1] 乌尼日其其格、陈伟、刘玉照：《单位体制与员工参加技能培训的收入回报差异——基于上海都市社区调查数据 (SUNS) 的实证研究》，《教育与经济》2020 年第 1 期。

惠共赢的理念，实现行为规范以及价值观的共享等，显著地提升了疫情期间员工复工复产的热情和组织行动的动员力，实现了国企在疫情期间的复工复产安全要求的顺利实施。

（三）企业的融合性与社会危机应对

囿于社会结构的体制优势，国企与当地政府、当地社会的频繁互动中建立起紧密的联系，能够帮助国企和当地社会在一定程度上实现互利共赢，成为推动企业发展的"纵向社会资本"。"国企高管不断成为政府领导人，既强化了国有企业在全社会的政治和社会优势，更凸显了其主流和正统地位，也增强了政府及领导人的经济地位。"[1] 因此，体制并存不仅意味着体制内和体制外是两种资源体系，前者具有体制内资源和政策等多方面的倾斜支持，其成员则享受多重体制内优势，而后者则意味着高度市场竞争与多方面不确定性，而且也意味着一定的关系融合与联结互补。在疫情期间，由于隔离的需要，许多市面公司被迫歇业，工厂生产因为员工不足和生产风险不得不停止。面对疫情生活的需要，有着制度合法性的国有企业社会责任和社会效益得到凸显，可以得到国家、政府、银行等多方面的支持，加之人力资源的储备充足，使得整个国家的生产物资需求得到满足。在其过程中，很多任务的及时完成都是有着体制内外的关系融合性和联结互补性予以保障支撑的。

国有企业在各自行业领域基本上处于龙头或垄断位置，能够在市场的协调配置下实现公共产品的上下游合理配置，带动特定产业链的恢复和发展，可谓牵一发而动全身的核心位置。在疫情期间，大型国企中粮集团快速组建技术小组攻关，连夜起草方案，以最快速度改装熔喷布生产线，为下游医疗器械生产行业提供了亟须的基础公共产品，为疫情防控做出了突出贡献。可见，尽管国有企业的最大组织目标不是追逐市场效益最大化，但是在市场运作的过程中，可以在内外联结的社会资本支持中实现更有价值的市场深度融合。

---

[1] 李明峰:《非市场行为的国进民退是帕累托改进吗？——基于民营经济的视角》,《经济体制改》2013 年第 3 期。

第二章 何以成为"灯塔":比较视野中的大型国企社会资本

值得注意的是,国企社会资本的社会联系有着广泛深度参与的社会效益,对于更好地发挥国企的社会稳定器作用提供了可能。在公共危机的情况下,国企的社会责任凸显,社会效益被摆在了优先位置,成为政府处置公共危机工具链条的重要一环。此时,社会组织和与社会服务有关的力量都会凝聚在政府和国企的周围,达成了阶段性的利益共同体而使最广泛的协作联合成为可能。具有强烈现实意义的关系网络或者结构洞,将在这一刻围绕国企或类似的纵向社会资本的关键节点而形成,形成最为广泛的社会联系供国企调用。这充分体现了大型国企的等级特性和社会资本与开放市场和社会资本在应对社会公共危机时,在组织架构和多元化运作路径方面的融合性优势。

第三章 东北大型国企社会资本作用的体制关联与社会特性

大型国企在东北社会中的特殊地位和经济社会作用使其成为研究东北危机不可忽视的重要因素。在"推动东北全面振兴"的战略背景下,挖掘大型国企社会资本的积极作用将对东北地区的优势发展发挥重要作用。由于社会资本作用的发挥有其特定的作用场域,因此,大型国企社会资本的建构和影响与东北社会的独特地域特性密不可分。在中国社会整体制度转型的背景之下,东北地域社会在纵向单位制变迁和横向地域分化中都形成了自身独特的地域社会特性,共同形成了大型国企占据优势资源、发挥突出作用、与地域社会联系密切的"一城一企"区域社会特性场域,进而为大型国企社会资本的基础生成和作用发挥创造了社会条件。

从纵向来看,大型国企经历了再分配计划经济模式向社会主义市场经济模式的演变,国企的地位、角色和职能都在市场化改革的不同时期有所转变。[1] 国有企业不仅是简单的经济生产实体,同时也是中国社会单位体制最为重要和主流的组织形式之一,但以往研究大多将注意力集中于国企的经济身份,对其社会属性变迁关注不足。与受市场剧烈冲击的中小型国企相比,大型国企依托自身的优势市场地位和部分政策倾斜得以在激烈的市场竞争中保留一席之地,维持自身国企社会资本的运作基础,进而形成独具特色的大型国企社会资本样态。

---

[1] 孙立平、王汉生、王思斌等:《改革以来中国社会结构的变迁》,《中国社会科学》1994年第2期;李汉林:《变迁中的中国单位制度——回顾中的思考》,《社会》2008年第3期。

第三章 东北大型国企社会资本作用的体制关联与社会特性

从横向来看,东北社会至今仍是一个大型国企在各方面占据绝对优势地位的地域社会。大型国企在东北地区不仅是重要的经济发展带动者,而且深嵌于地域社会,通过与当地各社会主体的紧密联系和频繁互动对地域社会发展产生了深远影响。在长期的大型国企主导格局影响下,东北地域社会在经济结构、社会生活、文化惯习等方面都呈现出牢固的国企烙印,成为大型国企社会资本得以形成的社会基础。

本章基于调查团队对大庆——大庆油田、吉林——吉林化工、长春——一汽集团三组城企对象的实地调研数据(需要说明的是,三组城企融合对象的"一城一企"典型特性程度并不相同,在前述章节概念建构中和后面章节实证分析解读时,我们均做了对应的限定性说明),尝试从"一城一企"典型性视角出发,审视东北社会有利于大型国企社会资本生成和发挥作用的独特地域社会特性。本调查面向特定企业的企业领导和普通员工展开,并尽量考虑较为合理的性别比例和领导职工比例,以获得更具代表性和说服力的样本数据,在经过问卷回收和数据清理之后,最终共收集到有效问卷769份。需要特别说明的是,由于样本总数并不多,为了更好地使用有效的样本,分析数据时我们依照原始变量填答情况进行使用,不做变量缺省值的统一删除清理,所以在部分表格中,由于不同变量填答和缺失情况不同,样本数据显示并不一致。

第一节 单位体制变迁中的资源富矿

中国社会的整体制度转型遵循由体制向市场的总体方向,但在各个社会实体间存在进程和程度的明显差异。体制与市场的复杂二元共生被认为是中国相当长历史时期内的稳定阶段特征,其原因解释既有制度演变中的路径依赖和资源约束机制[1],又有历史文化层

---

[1] 李路路、苗大雷、王修晓:《市场转型与"单位"变迁再论"单位"研究》,《社会》2009年第4期。

面的组织印记①和行动逻辑②。体制色彩浓厚、战略地位突出的大型国企，在面临日益壮大的外部市场和日益激烈的商业竞争之时，仍然通过自身的特殊政策地位和限制介入型行业特征葆有明显的资源优势，成为市场化浪潮中的"新单位制孤岛"③。在这一背景下，普通国企面临的严峻形势和资源压力并未成为限制大型国企生存的关键制约，大型国企仍是东北地域社会中明显的资源富矿，具体可从人力资本、劳动关系以及企业福利与职能三个方面体现。

（一）人力资本

如表3-1所示，调查总体人口中，31~40岁年龄在被调查的国企员工中占据最高比例，所占比例为33.84%；其次为21~30岁年龄组和41~50岁年龄组，占比依次为29.59%和27.67%。上述三个年龄组为国企员工的主要构成，说明"一城一企"调查中的大型国企员工以青壮年劳动力为主。这表明，与中小型国企劳动力日益显露出老化的特征不同，大型国企依旧对青壮年群体具有较强的吸引力，能够保证自身劳动力的合理年龄构成。

表3-1　　　　　大型国企员工年龄构成　　　单位：%

年龄（岁）	大庆	长春	吉林	总体④
20岁以下	0.00	0.56	2.00	0.55
21~30	19.57	34.75	39.00	29.59
31~40	34.78	35.03	27.00	33.84
41~50	31.88	25.14	25.00	27.67

---

① 韩亦、郑恩营：《组织印记与中国国有企业的福利实践》，《社会学研究》2018年第3期。

② 汪和建：《自我行动的逻辑理解"新传统主义"与中国单位组织的真实的社会建构》，《社会》2006年第3期。

③ 刘平、王汉生、张笑会：《变动的单位制与体制内的分化——以限制介入性大型国有企业为例》，《社会学研究》2008年第3期。

④ 以表3-1为例，表格中所有数据均为保留小数点后两位的百分比占比。如年龄21~30组别中，大庆样本中21~30组别占比为19.57%（54人/276人），长春样本中21~30组别占比为34.75%（123人/354人），吉林样本中39.00%（39人/100人）。最后为总样本中该年龄组别的占比，计算方式应该为前三组数据中相应组别人数汇总相加后相除。具体为：（54人+123人+39人=216人）/（276人+354人+100人=730人）=29.59%。以此方法计算，则表格中总体一栏数据均可匹配。

续表

年龄（岁）	大庆	长春	吉林	总体
51~60	13.41	4.24	7.00	8.08
60岁以上	0.36	0.28	0.00	0.27
总计（人）	276	354	100	730

如表3-2所示，调查数据中国企员工受教育程度显著高于全国平均受教育程度。总体看来，接近50%的国企员工接受过大学本科及以上的教育，呈现出良好的教育背景，同时，大庆地区的国企员工的受教育程度要显著优于长春和吉林地区。

表3-2　　　　大型国企员工教育程度与政治面貌

	大庆	长春	吉林	总体
总样本（人）	298	371	100	769
教育程度（%）				
大学专科及以下	44.30	53.37	59.00	50.59
大学本科	48.32	36.93	35.00	41.09
硕士	7.38	9.16	6.00	8.06
博士	0.00	0.54	0.00	0.26
政治面貌（%）				
中共党员或民主党派	38.93	23.99	26.00	30.04
群众	61.07	76.01	74.00	69.96

政治面貌的调查结果与受教育程度类似，中共党员或民主党派总体占比达到30.04%，明显高于全国平均水平。大庆地区中共党员或民主党派占比达到38.93%，显著高于长春和吉林地区。企业员工是企业劳动力素质和人力资本的主要构成部分，大型国企员工在教育程度和党员占比上的显著领先反映出大型国企具备明显的人力资本和劳动力素质优势。

如表3-3所示，大型国企员工曾获得自我提升机会的总体占比为17.49%，且伴随年龄下降依次提升；提升机会来源中，单位内部给予的占比为67.46%，随年龄下降而依次下降，但在21～30年龄组中仍旧达到56.25%，表明大型国企推动进行的人力资本投资仍旧是大型国企员工自我提升机会获得最为重要的途径。

表3-3　　　　　大型国企员工自我提升机会获得

	年龄组（单位：岁）					总计
	20岁以下	21～30	31～40	41～50	51～60	60岁以上	
获得自我提升机会(%)	25	22.86	18.78	13.43	6.78	0	17.49
人数	4	216	247	202	59	2	730
提升机会来源（%）							
单位内部给予	0	56.25	78.26	70.37	75	0	67.46
家庭资源提供	0	8.33	2.17	11.11	25	0	7.14
自己争取的社会机会	100	35.42	19.57	18.52	0	0	25.4
总数（人）	1	48	46	27	4	0	126

（二）劳动关系

如表3-4和图3-1所示，大型国企员工工作年限总体均值为13.59年且各地区均在10年以上，随年龄分组增长呈现线性递增的整体趋势。表明大型国企员工群体保持良好的稳定性，未出现大规模的群体流动和跳槽，长期留在企业效力。

表3-4　　　　　大型国企员工工作年限及收入

	大庆	长春	吉林	总体
工作年限（年）	16.61	11.84	11.19	13.59
月总收入（元）	4101.6	4826.24	4041.5	4445.03
工资单月总收入（元）	4174.79	4970.24	4104.84	4549.25
年终奖奖金（元）	8966.96	7081.44	5648.88	6464.62
收入来自现单位的比例（%）	96.97	88.57	91.49	92.18
总数（人）	298	371	100	769

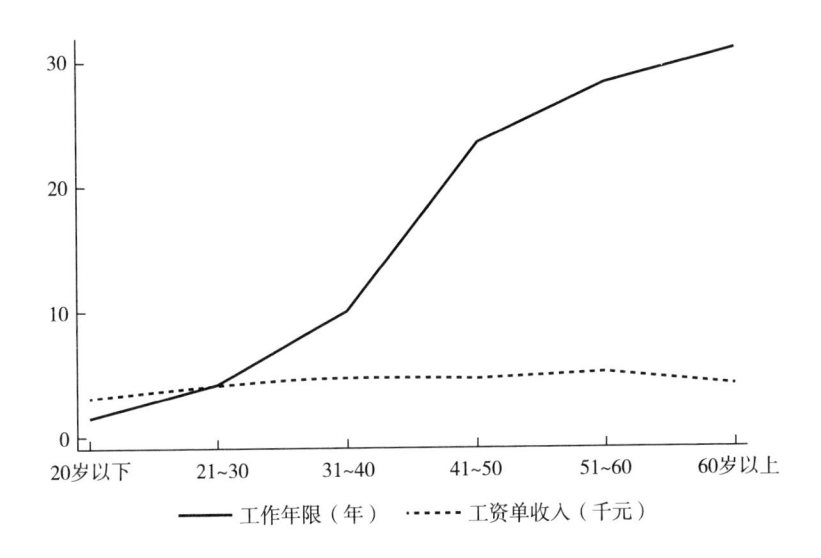

第三章 东北大型国企社会资本作用的体制关联与社会特性 / 53

图 3-1 大型国企员工工作年限及收入

从收入状况来看，样本中大型国企员工收入均值均在 4000 元以上，高于地区平均工作收入且年终奖金额均超过一个月工资单收入，而来自单位的收入占国企员工收入的总体平均比例为 92%。大型国企员工的收入水平要优于地域社会平均水平，主要收入来源为工资和奖金收入，工作收入相对稳定且优厚。

临时工（或协议外包工）是国企市场体制改革中涌现的代表性问题，也是国企市场化进程的重要标志。总体看来，东北地域社会中的大型国企员工主要身份待遇是正式员工和管理人员身份，分别为 67.60% 和 19.12%，临时工比例占比相对较少且存在较大地区差异。大庆地区国企临时工比例最低，为 3.75%，长春地区国企临时工比例最高，为 21.49%。在一定程度上体现出不同地区和大型国企中劳动力市场的差异。

表 3-5　　　　　大型国企员工工作身份地区差异

身份待遇（%）	地区			总计
	大庆	长春	吉林	
正式员工	76.11	60.06	70.10	67.60

续表

身份待遇（%）	地区			总计
	大庆	长春	吉林	
管理人员	20.14	18.46	18.56	19.12
临时工	3.75	21.49	11.34	13.28
总数	293	363	97	753

如表3-6所示，以校园招聘和社会招聘为主的市场渠道已经成为国企员工进入国企的主要渠道，分别占据30.97%和30.58%，由于历史原因的存在，仍然有25.33%和4.33%的国企员工是通过国家分配和接替父母等传统计划渠道进入国企。

表3-6　　　　大型国企员工进入企业方式

	进入企业的方式（%）	大庆	长春	吉林	总计
计划渠道	国家分配	42.66	13.75	17.35	25.33
	接替父母	6.83	1.35	8.16	4.33
关系渠道	经人介绍	1.37	12.40	17.35	8.79
市场渠道	校园招聘	21.50	40.43	23.47	30.97
	社会招聘	27.65	32.08	33.67	30.58
	总数（人）	293	371	98	762

为了进一步探索大型国企员工进入企业的渠道变化，将上述进入企业的方式按照计划渠道（国家分配、接替父母）、关系渠道（经人介绍）和市场渠道（校园招聘、社会招聘）分类汇总，并得到一个计划（1）、关系（2）和市场（3）的市场化程度依次递增的序次变量，进行序次logistic回归分析，结果如表3-7。

表3-7　　　　进入企业方式的序次logistic回归模型

	模型一	模型二	模型三
男性	0.227	0.0856	0.121
	(0.150)	(0.162)	(0.167)

续表

	模型一	模型二	模型三
党员	-0.728***	-0.391**	-0.303
	(0.178)	(0.192)	(0.196)
本科以上教育程度	1.000***	0.621***	0.766***
	(0.166)	(0.179)	(0.187)
年龄		-0.0825***	-0.0737***
		(0.00946)	(0.00969)
大庆（参照）			
长春			1.069***
			(0.184)
吉林			0.392
			(0.254)
Constant cut1	-0.519***	-3.797***	-2.798***
	(0.132)	(0.409)	(0.450)
Constant cut2	-0.105	-3.316***	-2.294***
	(0.131)	(0.402)	(0.445)
Observations	762	724	724

***p<0.01, **p<0.05, *p<0.1

从模型结果看来，在控制变量中，性别、党员均对进入方式没有显著影响，而教育程度对进入企业的方式具有显著影响，本科及以上学历的国企员工相对于大专及以下学历的国企员工更多地通过市场化的渠道进入国企；年龄和地区对于进入国企渠道的显著影响都得到了统计模型的支撑，年龄越大的国企员工，通过传统计划渠道或非市场化的渠道进入国企更为常见，长春相对于大庆，拥有更多通过市场化渠道进入国企的员工。

(三) 企业福利与职能

由于"企业办社会"的历史传统和国有企业的复杂定位，东北地区大型国企在相当长时期承担了相应的社会职能。但在国企市场化转型和现代企业制度建立之后，企业的社会职能和企业福利发展状况变迁成为学界关注的问题之一。资源约束的观点认为国企会根据自身掌握的资源性质和多少来决定是否维持企业福利和原有社会职能的发挥,而大型国企利用自身的特殊地位和优势资源能让传统的国企社会职能和企业福利得以延续,形成单位制的"孤岛"[①];制度依赖的观点则认为,虽然体制因素由于路径依赖的原因还会继续存在,但已发生较为明显的转变,原有的社会职能和企业福利作为传统单位制制度环境的产物,会伴随着制度环境的转变而衰退;[②] 与上述观点将国企福利和企业社会职能视作企业发展负担的观点不同,组织印记的视角对企业福利和社会职能的积极作用给予了更多的关注,将企业福利和社会职能的适当运用视作具有中国特色的企业管理经验之一,[③] 企业福利和社会职能也在一定意义上成为大型国企的重要制度优势所在。

如表3-8所示,单位提供的配套设施中,最为常见的是食堂和上下班交通,覆盖率达到80%以上。传统意义上国企意味更为浓厚的学校、住房、商场等专属福利形式在"一城一企"国企中的存在比例虽然显著低于其他福利形式,但仍然维持在较高水平。这表明东北地区大型国企企业福利形式相较于传统"企业办社会"时代已经发生一定转变,尤其是传统单位制意味浓厚的社会福利有所衰减,但整体仍然维持相对较高的企业福利水平。

表3-8　　　　　　　　大型国企配套设施状况

单位提供的配套设施（%）	大庆	长春	吉林	总计
食堂	94.77	96.38	98.96	96.09
上下班交通	84.67	87.47	51.04	81.67
体育馆	64.81	26.74	23.96	41.11
医院	37.28	32.31	30.21	33.96
住房	19.86	15.04	16.67	17.12
学校	13.59	12.26	12.50	12.80

① 刘平、王汉生、张笑会:《变动的单位制与体制内的分化——以限制介入性大型国有企业为例》,《社会学研究》2008年第3期。
② 李汉林:《变迁中的中国单位制度——回顾中的思考》,《社会》2008年第3期。
③ 韩亦、郑恩营:《组织印记与中国国有企业的福利实践》,《社会学研究》2018年第3期。

续表

单位提供的配套设施（%）	大庆	长春	吉林	总计
商场	8.01	10.58	9.38	9.43
总数	298	371	100	769

同时，国企的福利形式在各个地区间也呈现出一定的差异。总体看来，大庆地区的单位配套设施状况尤其是住房、医院、体育馆等国企色彩浓厚的单位配套设施要明显好于长春和吉林地区，显然大庆地区保留了更多的传统单位制福利形式。

如表3-9和图3-2所示，除退休养老、失业保险、医疗卫生、住房公积金等法律规定的企业职能之外，技术培训（85.05%）、文体活动（79.76%）、文化补习（75.53%）、调解纠纷（75.00%）等职能为企业主要承担的社会职能。可以看出，国企的社会职能已经出现明显的变化。在目前提供的企业社会职能当中，相比子女就业、择偶问题等员工个人问题，国企更倾向于在有利于提高员工素质和本企业发展竞争力的领域发挥自己的社会职能，例如技术培训、文化补习等方面，通过帮助员工提高自身人力资本，提高本企业的劳动力素质和水平，以促进自身企业的人力资本积累和企业竞争力提升。

表3-9　　　　不同地区国企社会职能发挥状况　　　　单位：%

企业高度负责职能（多选）	大庆	长春	吉林	总计
退休养老	98.31	95.32	94.90	96.43
失业保险	96.95	93.11	89.80	94.18
住房公积金	98.64	95.59	94.90	96.69
医疗卫生	98.64	96.14	94.90	96.96
因公致残	96.27	94.77	92.86	95.11
文化补习	77.63	74.66	72.45	75.53
技术培训	89.15	81.82	84.69	85.05
调解纠纷	75.59	74.93	73.47	75.00
子女上学	56.27	47.38	50.00	51.19
子女就业	48.47	41.87	47.96	45.24

续表

企业高度负责职能（多选）	大庆	长春	吉林	总计
择偶问题	52.88	57.02	50.00	54.50
家庭矛盾	59.32	50.41	56.12	54.63
文体活动	81.02	82.64	65.31	79.76
总数	295	363	98	756

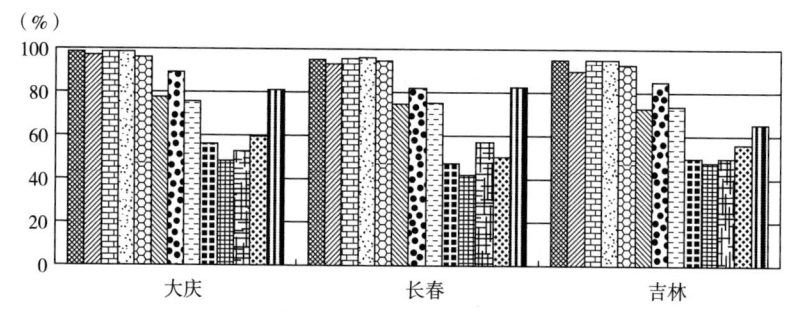

图 3-2 不同地区国企社会职能发挥状况

总体看来，虽然大型国企已在社会整体制度转型和市场化改革浪潮中做出了诸多转变，但仍然呈现出迥异于完全市场化机制下私营企业的独特运作逻辑，进而衍生出独特的资源优势。包括高素质、年轻化和重投入的人力资本构成；稳定化、优厚化、正式化和规范化的劳动关系建构以及新型化、高水平、重产出的企业福利和职能形式。这些成为东北大型国企社会资本建构和作用发挥的社会基础，也成为东北区域社会特性的经验支撑。

第二节　地域分化中的国企烙印

在大型国企长期主导地域社会发展的格局下，东北区域社会被打上了牢固的大型国企烙印。在长期的地域分化中，相较于历史包袱更轻、受市场冲击更为剧烈的珠三角地区国有企业[1]，处于单位制时间更长、受市场冲击相对较小的东北社会大型国企，呈现出更为明显的体制嵌入倾向。这一倾向也外溢为整个社会的区域特性，造就了体制特性依旧突出的东北"新二元社会特性"[2]，具体可从体制偏好与认同、社会网络的单位界限、风险感知和组织观念四个方面加以呈现：

（一）体制偏好与认同

如表3-10所示，吸引大型国企员工留在本单位的主要原因依次为：1. 稳定的生活保障（96.06%）；2. 相对轻松的工作环境（91.85%）；3. 可观的经济收入（90.54%）；4. 融洽的同事关系（90.01%）。结合统计结果，可将东北大型国企对员工的吸引因素归为三类：1. 优越的经济收入和较好的工作环境；2. 稳定的劳动关系和生活保障，失业风险低；3. 良好的单位关系网络。与完全市场化条件下经济收入成为企业吸引员工的主要甚至唯一手段不同，稳定的劳动关系和良好的单位关系网络等东北国企体制特性，同样成为国企吸引员工和维持员工群体稳定的重要手段，而这些恰恰成为东北大型国企社会资本建构和作用特性的基础性影响因素。

表3-10　　　　大型国企员工留在单位原因　　　　单位:%

留在单位的原因（多选）	大庆	长春	吉林	总计
稳定的生活保障	95.95	95.36	98.99	96.06
相对轻松的工作环境	93.92	90.44	90.91	91.85
可观的经济收入	85.81	93.72	92.93	90.54
融洽的同事关系	86.82	92.35	90.91	90.01
解聘流程正规，不会轻易失业	90.88	87.43	86.87	88.70
因家庭所在地的制约	89.53	84.70	82.83	86.33
难得进入该企业，十分珍惜，不愿离开	88.51	83.61	85.86	85.81

---

[1] 贾文娟：《选择性放任：车间政治与国有企业劳动治理逻辑的形成》，中国社会科学出版社2016年版。

[2] 刘平：《新二元社会与中国社会转型研究》，《中国社会科学》2007年第1期。

续表

留在单位的原因（多选）	大庆	长春	吉林	总计
自己在本企业已建立个人威信	80.74	84.43	87.88	83.44
管理者有良好的生产经营能力	78.72	85.25	83.84	82.52
管理者不会任人唯亲	78.04	81.97	82.83	80.55
在本企业工作获得的社会地位	78.72	80.60	75.76	79.24
管理者关心下属生活困难	77.03	80.60	77.78	78.84
潜在的升职空间	68.24	78.42	78.79	74.51
总数	296	366	99	761

如表3-11，总体上69.57%的大型国企员工展现出显著的体制偏好，理想的工作单位性质仍是体制内的工作。大庆地区国企员工的体制偏好特征最为明显，占比为82.89%，长春地区理想工作单位性质中体制内占比相对最低，为59.03%，吉林地区介于两者之间为69.00%。

表3-11　　大型国企员工理想工作单位性质

理想单位性质（%）	大庆	吉林	长春	总计
体制外	17.11	31.00	40.97	30.43
体制内	82.89	69.00	59.03	69.57

为了对员工体制偏好和认同的影响因素进行进一步验证，我们将体制偏好处理为二分变量（1=体制内）并作为因变量，将性别、党员、教育程度作为控制变量，年龄、地区和对国企福利满意度作为自变量，建立如表3-12所示的二元Logistic模型。

表3-12　　大型国企员工体制偏好的二元Logistic模型

	模型一	模型二	模型三
男性	-0.264	-0.262	-0.258
	(0.167)	(0.172)	(0.174)

续表

	模型一	模型二	模型三
党员	0.276 (0.197)	0.165 (0.202)	0.0865 (0.205)
本科及以上教育程度	-0.252 (0.180)	-0.366** (0.185)	-0.396** (0.189)
年龄	0.0338*** (0.00967)	0.0233** (0.0101)	0.0216** (0.0102)
大庆（参照）			
长春		-1.139*** (0.201)	-1.187*** (0.204)
吉林		-0.676** (0.279)	-0.673** (0.285)
福利满意（参照组）			
福利一般			-0.684*** (0.229)
福利不满意			-0.999*** (0.243)
Constant	-0.214 (0.400)	0.966** (0.464)	1.715*** (0.513)
Observations	730	730	730

***p<0.01，**p<0.05，*p<0.1

模型结果显示，在控制变量中，教育程度对于体制偏好产生负向影响且在0.05的置信水平上显著，表明本科以上的国企员工相较于大专以下学历的国企员工对体制外工作更为偏好。产生这一现象的原因可能是因为在国企员工的认知中，高人力资本在体制外工作能通过市场化机制获得更高的回报，因此更倾向于体制外工作。年龄与体制偏好显著关联，中老年员工相较于青壮年员工显示出更强的体制偏好，在一定程度上表明体制内工作对青壮年员工的吸引力不及中老年员工。地区间的显著差异也得到了支撑，以大庆为参照组，长春与吉林的体制偏好均明显弱于大庆地区，且分别在

0.01 和 0.05 的置信水平上显著，表明就地区差异而言，大庆地区国企员工显示出最强的体制内偏好。对企业福利的满意度也会显著影响国企员工的体制偏好，且在 0.01 的置信水平上显著，结果显示，对企业福利较为满意的员工更倾向于体制内工作，而对企业福利满意度一般或不满意的员工更倾向于认为体制外工作为理想工作。

如表 3-13 所示，大型国企员工对自身工作单位展现出较好的地位认同，33.94% 的员工认为自身工作单位社会地位很高，51.89% 的员工认为工作单位社会地位一般，而认为自身工作单位很低的员工占比为 14.17%。吉林地区国企员工对于自己单位的社会地位认同相较而言更趋于分化，长春地区更为集中且表现出较高的地位认同，大庆地区介于两者之间。

表 3-13　　　　大型国企员工单位认同　　　　单位:%

工作单位社会地位如何	大庆	长春	吉林	总计
很高	31.88	33.96	40.00	33.94
一般	51.68	54.45	43.00	51.89
很低	16.44	11.59	17.00	14.17
总数	298	371	100	769

如表 3-14 所示，各个地区的国企员工都对自身企业展现出强烈好感，62.16% 的员工认为对企业有归属感，71.26% 的员工会参加单位组织的公益活动，71.65% 的员工会积极维护企业的声誉，70.48% 会在企业遭遇难关时，主动无报酬加班工作。总体看来，东北地区大型国企员工对自身企业保持较高的地位认同，并呈现出较高的企业忠诚度和单位归属感。

表 3-14　　　　大型国企员工归属感　　　　单位:%

	大庆	长春	吉林	总计
您是否对您的企业有归属感	66.44	59.30	60.00	62.16
您是否会参加您单位组织的公益活动	72.48	71.43	67.00	71.26

续表

	大庆	长春	吉林	总计
当有人说您的企业不好时,您是否会感到不高兴	70.47	71.70	75.00	71.65
如果企业遭遇难关,您是否愿意主动无报酬加班工作	70.81	71.43	66.00	70.48
总数	298	371	100	769

（二）社会网络与边界

餐饮活动是反映被调查者社会网络和社会资本的重要衡量标准之一，如表3-15所示，各地区间餐饮网发达的大型国企员工占比均不超过15%，表明大型国企员工的餐饮网建构整体趋于保守和封闭。在请朋友吃饭、被请在外面吃饭以及陪朋友在外吃饭三个指标上，吉林地区国企员工占比最高，大庆居中，长春最低。表明吉林地区国企员工餐饮交往活动最为活跃，社会网络联系更为紧密；长春地区国企员工餐饮交往活动相对较少，社会网络联系较为松散。

表3-15　　　　　大型国企员工餐饮网状况

餐饮网（%）	大庆	长春	吉林	总计
经常请人在外就餐	11.74	9.97	15	11.31
经常被请在外就餐	10.74	8.09	13	9.75
经常陪朋友在外就餐	13.76	12.40	19	13.78
经常能在餐饮场合结识新朋友	4.70	7.01	16	7.28
总数	298	371	100	769

在"经常能在餐饮场合结识新朋友"这一指标上，吉林地区"经常能在餐饮场合结识新朋友"的国企员工占比最高为16%，长春地区为7.01%，大庆地区最低为4.70%。表明吉林地区国企员工具备更强的社会资本获取能力和更为丰富的社会网络异质性，而大庆地区获取社会资本的难度更大，社会网络同质性更高。

如表3-16所示，"一城一企"员工日常联系人数平均约为10人，紧急情况的借钱人数约为7人，春节期间通过手机拜年的人数约为 82 人。大型国企员工的日常联系人数随年龄增长而有所增大，拜年网中来自同一单位的比例也渐次提升且均占比较大，表明单位内部网络是大型国企员工最为主要的社会网络来源。

表 3-16　大型国企员工拜年网、单位网状况

拜年网单位网（%）	20 岁以下	21~30	31~40	41~50	51~60	60 岁以上	总计
日常联系人数	12.5	8.52	9.43	10.77	11.83	60	9.96
借钱人数	3	7.72	7.14	6.85	6.87	13.5	7.12
手机拜年人数	20	84.89	91.62	75.79	67.5	100	82.25
拜年网中同一单位比例	11.75	36.25	43.03	43.04	47.85	50	41.55
总数	4	216	247	202	59	2	769

表 3-17　不同年龄组国企员工拜年网、单位网状况　　　　单位：%

	20 岁以下	21~30	31~40	41~50	51~60	60 岁以上	总计
去往单位领导家拜年	0.00	17.13	10.93	8.42	11.86	0.00	12.05
去往单位同事家拜年	50.00	12.96	18.62	23.27	27.12	50.00	19.18
去往客户和合作伙伴家拜年	0.00	5.56	4.86	2.48	3.39	50.00	4.38
去往家人亲戚家拜年	75.00	95.37	94.33	96.53	94.92	50.00	95.07
总数	4	216	247	202	59	2	769

从拜年对象的选择上可以看出，青壮年国企员工群体与中老年国企员工群体存在显著差异。与中老年员工相比，青壮年国企员工更倾向于去往单位领导家拜年和去往客户和合作伙伴家拜年，而中老年员工去往单位同事家拜年的比例相对更高。可见，青壮年国企员工更重视发展与单位领导和客户伙伴等的社会关系，而中老年国企员工更看重与单位同事良好社会关系的建立与维护。

为了进一步展示拜年网中，国企员工的单位内部网络构成差异，将调查问卷中的"给您拜年的人当中，与您同一单位的比例"作为单位内部网络占比的因变量，形成关于国企员工内部网络占比的 OLS 模型，模型结果如表 3-18 所示。

表3-18 国企员工拜年网中单位内部网络占比的OLS模型

	模型一	模型二	模型三
男性	-1.788 (2.013)	-1.297 (2.018)	-1.523 (2.033)
党员	2.881 (2.350)	2.934 (2.353)	2.613 (2.367)
本科以上教育程度	-1.053 (2.200)	-1.386 (2.211)	0.0440 (2.270)
年龄	0.346*** (0.114)	0.330*** (0.117)	-0.262 (0.222)
大庆（参照组）			
长春		0.913 (2.224)	1.380 (2.244)
吉林		-6.578** (3.206)	-6.845** (3.237)
工作年限			0.620*** (0.201)
Constant	29.04*** (4.870)	29.98*** (5.446)	42.90*** (6.770)
Observations	728	728	714
R-squared	0.019	0.028	0.042

***p<0.01，**p<0.05，*p<0.1

从模型结果可以看出，在控制性别、党员和教育程度的情况下，地区之间单位内部网络占比仍然存在显著差异。吉林地区国企员工的单位网络占比显著低于参照组大庆地区国企员工的网络占比，平均低6.85个百分点，且这一差异在0.05的置信水平上显著；而年龄变量在工作年限加入之后不再显著，说明工作年限相对于年龄对于国企员工单位网络占比更具解释力；工作年限的增加会显著提高国企员工单位内部网络占比，这一差异在0.01的置信水平上显著。

(三) 风险感知与组织观念

如表 3-19 所示，大型国企员工大多对自身所在企业的风险抵御能力保持高度认可。总体看来，70.71% 的国企员工从未考虑过企业倒闭问题，63.01% 的国企员工认为自己会在这家企业工作一辈子，54.14% 的国企员工认同只要在这儿工作我就不担心生活保障。52.02% 的国企员工想要或已经在单位厂区内安家，50.67% 的员工认为我的工作和生活都离不开单位，且这一结果并不存在显著的地区差异。

表 3-19　　大型国企员工风险感知的地区差异　　单位:%

符合您想法的说法	长春	大庆	吉林	总计
我从未想过企业会倒闭	64.73	74.58	75.00	70.71
我会在这家企业工作一辈子	71.01	54.17	69.44	63.01
只要在这儿工作我就不担心生活保障	57.49	48.75	62.50	54.14
我想要/已经在我的单位厂区内安家	55.56	50.42	47.22	52.02
我的工作和我的生活都离不开我的单位	55.56	45.00	55.56	50.67
不管业绩怎样，我的企业都不会裁员	36.23	32.50	43.06	35.45
我希望我的子女/亲戚也能在这儿工作	33.82	30.00	34.72	32.18
总数	204	240	72	519

总体看来，得到大型国企员工普遍认同的组织观念包括：1. 管理者个人有权奖惩下级员工（62.98%）；2. 临时聘用员工可以凭借工作表现得到"转正机会"（61.70%）；3. 普通员工由于良好道德品质而得到提升（60.99%）；4. 管理干部的产生不经过员工选举而是上层直接任命（57.59%）。

各个地区在组织观念上呈现一定的差异，大庆地区国企员工对临时工的认同度较低，仅 42.91% 员工认同临时聘用员工可以凭借工作表现得到"转正机会"，显著低于长春地区和吉林地区；同时，36.94% 的员工认可临时聘用员工不享受"五险一金"待遇这一观点，在三个地区中占比最高；长春地区国企员工对管理者权力和员工地位下降的认可度较高，并且对管理干部的产生不经过员工选举而是上层直接任命、普通员工不能参与分配制度的制定、普通员工不能参与生产与经营管理、管理者个人有解聘、聘用的权力、管理者因为照顾部分员工而违反经营制度导致收益减少、管理层收入没有最高界限等观点均表现出三地区中最高的认可程度；吉林地区国企员工则较为看重职工地位和对临时工的认同，对临时聘用员工可以凭借工作表现得到"转正机会"、普通员工由于良好道德品质而得到提升等观点展现出三城市中最高的认可度。

表 3-20　　大型国企员工组织观念（多选）　　单位:%

您认为合理的现象（多选）	大庆	长春	吉林	总计
管理者个人有权奖惩下级员工	63.81	61.16	67.39	62.98
临时聘用员工可以凭借工作表现得到"转正机会"	42.91	71.01	81.52	61.70
普通员工由于良好道德品质而得到提升	59.33	59.13	72.83	60.99
管理干部的产生不经过员工选举而是上层直接任命	57.09	59.42	52.17	57.59
普通员工不能参与分配制度的制定	45.52	50.72	42.39	47.66
普通员工不能参与生产与经营管理	38.06	39.13	30.43	37.59
管理者个人有解聘、聘用的权力	30.22	40.00	33.70	35.46
临时聘用员工不享受"五险一金"待遇	36.94	33.91	35.87	35.32
管理者因为照顾部分员工而违反经营制度导致收益减少	34.70	35.07	29.35	34.18
管理层收入没有最高界限	30.97	34.78	30.43	32.77
总计	268	345	92	705

数据分析表明，东北区域社会中大型国企长期主导地域社会发展和自身特殊地位带来的资源优势，能够帮助其在地域社会空间中收获的广泛的社会认可和社会支持。这一特性在地域分化中为东北社会打下了牢固的国企烙印，使得大型国企员工呈现出体制内选择偏好、忠诚化单位认同、单位化社会网络、信任化风险感知和服从化组织观念，从而深度影响了大型国企社会资本的建构特性、作用机制和结果。

第三节 "一城一企"中国企与社会的多维联系

深嵌于东北地域社会的大型国企不仅是一个组织生产的经济实体，更与当地城市、地域社会、政府部门和私营企业产生诸多互动与联系。国企与地域社会中各个社会主体的紧密联系和互动，不仅对地域社会的结构和形态产生了深远影响，也形成了大型国企社会资本独特的作用场域，同时，"一城一企"区域特性又进一步凸显了这些联系的必要性和重要性，具体可从"城企联系""社企联系""政企联系""公私联系"呈现东北大型国企与地域社会的复杂多维联系：

（一）城企联系

如表3-21所示，国企与城市间显示出紧密的城企联系，是本地人（82.00%）、因为工作在这个城市安家（78.82%）、毕业于当地学校（63.99%）等现象都得到了广泛认知。从国企员工来源方式来看，吉林地区国企员工是本地人的现象最为常见，大庆地区国企员工因为工作在此城市安家最为常见，长春地区国企员工毕业于当地学校的占比最高。从企业与城市的互动来看，大庆成为城企互嵌最为明显的地区，这一地区将子女或父母接到本地居住和父母也在企业工作或退休的占比在三城市中均占比最高，显示出大庆地区国企与地域社会以及员工家庭的紧密联系。

表3-21　　　大型国企与属地城市的城企联系　　　单位:%

员工经常出现的状况（多选）	大庆	长春	吉林	总计
您是本地人	86.26	76.45	88.76	82.00
因为工作在这个城市安家	85.11	77.42	65.17	78.82
毕业于当地学校	61.07	66.13	65.17	63.99
依据技术学校就业合同进入企业	55.73	58.39	42.70	55.22
将父母或子女接到本地居住	59.92	53.55	41.57	54.46

续表

员工经常出现的状况（多选）	大庆	长春	吉林	总计
父母也在您企业工作或退休	68.70	35.16	42.70	49.47
总数	262	310	89	661

如表3-22所示，国有企业与城市的紧密联系也得到国企员工的首肯，69.7%的国企员工会在别人提到自己所在城市时，想到自己的工作单位。从具体城市来看，大庆地区员工对城市与自身单位的紧密联系认知占比最高，而吉林地区员工占比相对较低。

表3-22　　　　　　　大型国企员工城企认知

当他人提及所在城市时，您是否会想到您的工作单位	大庆	长春	吉林	总计
马上想到，认为息息相关	39.26	29.11	24.00	32.38
基本会想到，毕竟是本地知名企业	35.91	43.13	20.00	37.32
不会想到，会首先想到其他方面	24.83	27.76	56.00	30.30
总数	298	371	100	769

东北地区大型国企虽然大多为高级别央企，但呈现出明显的地域化倾向，深嵌于所在城市社会之中：1. 劳动力的本地化来源、本地化培养和国企员工的本地化融入，国企员工大多是本地人或因为工作在本地安家，呈现出明显的本地化特征；2. 大型国有企业与城市紧密结合，甚至在一定意义上成为城市形象的代名词，国企与城市间存在息息相关的紧密联系。

（二）社企联系

如表3-23和图3-3所示，大型国有企业承担社会职能的总体占比达到69.96%，从地区来看，大庆地区国企承担社会职能比例最高为73.15%，高于吉林地区（68.00%）和长春地区国企（67.92%）。从承担的具体社会职能形式来看，较多的社会职能为：与当地学校签订劳务合同（48.81%）、公益慈善活动（46.20%）、向社会大众科普专业知识（30.59%）。除此之外，大庆地区国企还较多地承担了投资所在社区基本建设（42.29%）的社会职能，吉林地区国企还较多地承担了吸纳下岗再就业工人的社会职能（44.26%）。

表 3-23　　　　　　　　　大型国企社会职责

您的企业是否承担一定社会职能（%）	大庆	长春	吉林	总计
是	73.15	67.92	68.00	69.96
否	26.85	32.08	32.00	30.04
总数	298	371	100	769

这表明，虽然"国企办社会"的家长制职能出现明显的弱化，但"一城一企"场域中的东北大型国企依旧承担了较多的社会职能，具体表现为：1. 提供较多的企业社会服务以追求社会效益的提升，如向社会大众科普专业知识等；2. 积极尝试将部分社会职能与自身企业经营特征相结合，如与当地学校签订劳务合同等；3. 承担部分公益性社会活动和社区建设的社会职能等。可见，虽然大型国企在市场化改革中其社会职能出现一定变化，但仍积极参与当地社会互动并承担着较为丰富的社会职能。

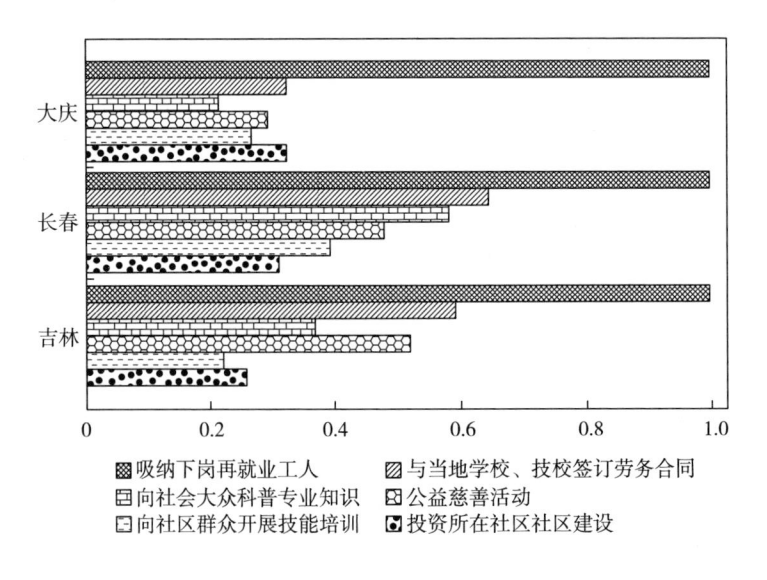

图 3-3　大型国企社会职能类型

(三) 政企联系

如表3-24所示，大型国企联系紧密的政府机构部门依次为市级政府部门（83.95%）、区级政府部门（78.09%）和省级政府部门（76.85%）。各地区虽有一定差异，但并未出现部门位次的改变，市政府、区政府和省政府是大型国企联系最为紧密、互动最为频繁的政府部门，表明大型国企的政企联系具有在地化属性，注重与在地政府的紧密联系和频繁互动。

表3-24　　　　　大型国企与政府联系层级　　　　　单位:%

紧密联系的政府机构	大庆	长春	吉林	总计
市级政府部门	86.13	79.86	89.58	83.95
区级政府部门	81.02	76.98	72.92	78.09
省级政府部门	75.18	76.98	81.25	76.85
中央政府	70.07	68.35	60.42	67.90
社区	54.01	40.29	58.33	48.77
街道办事处	51.82	39.57	60.42	47.84
总数	137	139	48	324

如表3-25所示，大型国企与政府部门的联系形式中较为常见的为：企业从财政上支持和参与政府组织的各项活动（73.22%），企业成为政府骄傲和依赖的企业（61.61%），企业的重要场合会请有关政府官员出席（60.66%），企业的领导人在行业协会中任职（53.08%），企业的领导人是人大代表或政协委员（52.37%）。上述现象表明，大型国企因为自身的资源优势和特殊地位而在当地享有政治优待，包括本企业领导的政治身份、本企业重要场合的政府官员出席等。同时，大型国企也通过积极行动支持当地政府部门工作，包括从财政上支持和参与政府部门的各项活动等。

表 3-25　　　　大型国企与政府联系种类　　　　单位：%

本企业中经常出现的现象（多选）	大庆	长春	吉林	总计
本企业从财政上支持和参与政府组织的各项活动	75.68	68.25	83.33	73.22
本企业成为政府骄傲和依赖的企业	58.92	62.43	68.75	61.61
本企业的重要场合会请有关政府官员出席	51.89	64.02	81.25	60.66
本企业的领导人在行业协会中任职	52.97	50.26	64.58	53.08
本企业的领导人是人大代表或政协委员	57.84	43.39	66.67	52.37
本企业重要经营事项请示有关官员或请其出席	47.57	47.62	60.42	49.05
本企业对政府政绩工程投资	47.57	35.45	68.75	44.55
本企业能找到熟悉的政府官员，会为企业说话	38.92	42.33	54.17	42.18
本企业获得了重要的政府合同	42.70	36.51	58.33	41.71
本企业领导人是政府部门的咨询顾问	34.05	26.46	41.67	31.52
本行业聘请了退休的政府官员担任职务或顾问	25.41	22.22	35.42	25.12
总数	185	189	48	422

综合看来，企业与政府尤其是本地地方政府间存在广泛且紧密的联系，这种联系也形成了东北地区大型国企政企联系的显著特征：1. 与在地政府的紧密联系，东北地区大型国企大多为行政级别较高的中央直属企业，但仍然与地域社会的市、区两级政府保持较为紧密的联系；2. 在本地政府中的特殊地位，东北地区大型国企在地方政府视野中占据重要地位，这一重要地位不仅体现在国有企业是政府的骄傲和依赖，也体现在国企领导人较为杰出的政治地位和行业地位；3. 国企与本地政府的良好关系，包括国企对本地政府各项活动的积极支持，以及在本企业的重要场合邀请有关政府官员的出席等，都显示出东北大型国企与本地政府良好合作关系的存在。

（四）公私联系

如表 3-26 所示，与私企相比，国企的主要竞争优势在于政策信息的掌握、政府间合作的获取、与政府相关部门的联系、当地银行贷款等与政府联系紧密的领域。这既是大型国企纵向联系丰富、大型国企社会资本独特优势的呈现，也是后续大型国企开展企业横向合作、占据信息交换类结构洞优势地位的基础。

表3-26　　　　大型国企与私企相比的优势（多选）　　　　单位：%

与私企相比的优势	大庆	长春	吉林	总计
政策信息的掌握	76.35	68.13	80.56	73.00
政府间合作的获取	76.85	65.74	73.61	71.10
与政府相关部门的联系	75.86	61.75	73.61	68.82
当地银行贷款	69.95	66.14	75.00	68.82
争取合作企业的信任	62.07	70.12	77.78	68.06
土地、工厂租用的优先获得	67.98	67.73	62.50	67.11
消费者的认可	62.56	64.54	87.50	66.92
市场机会的争取	60.59	64.94	73.61	64.45
客户的挖掘	52.71	63.35	70.83	60.27
税务的减免	49.26	58.17	51.39	53.80
总数	203	251	72	526

如表3-27所示，国企员工对同行业私企的发展持开放态度，超过50%的国企员工认为同行业私企的发展对国企的发展有较大积极影响，但不同地区对于私企的开放态度存在一定差异。总体看来，长春地区国企员工对同行业私企的发展态度最为包容，大庆地区国企员工对同行业私企的发展态度最为抵制，吉林地区居于两者之间。

表3-27　　　　同行业私企发展对国企影响　　　　单位：%

同行业私企发展的影响	大庆	长春	吉林	总计
很大积极影响	9.06	13.21	12.00	11.44
较大积极影响	36.24	46.63	38.00	41.48
积极影响一般	24.83	21.02	21.00	22.50
一些消极影响	4.36	4.85	4.00	4.55
有很大消极影响	25.50	14.29	25.00	20.03
总数	298	371	100	769

如表 3-28 所示，42.39% 的国企员工认为去私企之后，社会经济地位会有所提升，但不大；33.16% 的国企员工认为会有较大提升；24.45% 的国企员工认为基本没有提升。总体看来，国企员工对去私企后的社会经济地位提升呈现理性的积极态度，认为虽然会有所提升，但提升幅度并不大。从地区差异来看，吉林地区国企员工对去私企的社会经济地位提升相较于其他两个地区趋于保守，认为会有较大提升的国企员工占比最低。

表 3-28　　大型国企员工对假如去私企经济地位判断

去私企后的社会经济地位提升（%）	大庆	长春	吉林	总计
有较大提升	34.90	33.69	26.00	33.16
有提升，但不大	38.93	44.74	44.00	42.39
基本没有提升	26.17	21.56	30.00	24.45
总数	298	371	100	769

东北地区大型国企的公私联系呈现出两大特征：1. 国企相较于私企具有重要的政策性竞争优势，因而为后续国企社会资本的发挥创造条件；2. 国企员工对私企发展的态度相对开放，但对于实际去私企的行动选择较为保守。

上述实证分析显示，在"一城一企"的独特场域空间中，大型国企深嵌于东北地域社会并积极与各个社会实体建立紧密联系，大型国企社会资本由此形成并得以发挥作用。本土化的城企联系帮助大型国企在地域社会中收获良好的声誉并促进信任机制的产生，积极化的社企联系推动社会联系的形成并建立起稳定有效的合作机制，在地化的政企联系帮助大型国企通过纵向联系获取准确的信息和政策支持，开放化的公私联系为大型国企开展与私营企业的横向合作创造了空间。在以东北区域社会独特地域特性为背景、以时空演化而成的资源富矿和国企烙印为基础构成的"一城一企"作用场域中，大型国企社会资本得以生成并最大化释放其功效，成为大型国企及员工谋求更好发展不可忽视的关系资源。

第四章 东北大型国企社会资本作用的关系特性与情境形塑

本章试图通过访谈资料来呈现东北大型国企社会资本作用的国企关系特性，以及城企融合对其作用的结构性和情境性形塑。访谈资料来自调查团队深入实地，通过与国企员工进行半结构式访谈方式获取的文字材料，受访者来源于大庆、长春和吉林市内大型国企在职员工，涵盖不同性别、不同职位和年龄段，集中反映了国企中的主观关系网络支撑的稳定感和保障感等关系特性、基于国企工作形式的关系认知以及城企融合特性对大型国企社会资本的情境形塑。相关访谈资料合计七万余字，并全部做了系统的梳理和编码，呈现出田野调查的实际所得。

第一节 国企中的稳定感、保障感与关系衍生特性

（一）国企作为就业的"避险岛"

改革开放以来，随着市场经济的高速发展和国有经济的运行调整，大型国有企业的生产、经营方式都发生了深刻变化。国务院、国家发展和改革委员会发布的《关于深入推进实施新一轮东北振兴战略加快推动东北地区经济企稳向好若干重要举措的意见》[①]、

[①] 2016年11月国务院发布《关于深入推进实施新一轮东北振兴战略加快推动东北地区经济企稳向好若干重要举措的意见》。

《东北振兴"十三五"规划》①等一系列专项文件,表现了对东北大型国企改革、东北地区经济社会发展等问题高度关注。

在东北,尤其是不同程度呈现"一城一企"特性的区域中,大型国企的社会资本不仅仅与国企自身的经济发展相关联,而且深刻地影响了所在城市居民和企业员工的社会心态、就业取向以及关系网络建构方式等。通过关注大型国企员工群体的工作、生活和社会认知等方面的状况,反映国企组织的相关社会属性和关系特性,在每一个微小的个体行动者上来见微知著地反映东北大型国企的内外部社会环境,从而深入了解其社会资本建构基础和特性以及作用机制和结果。

在田野调查期间,笔者围绕"国有企业的工作特性、为何选择进入国企工作"等问题对东北国企员工进行提问时,得到了一个高度一致的答案——追求生活稳定性。

访谈员:您觉得企业最吸引您的工作特质是什么?

受访者:稳定。

访谈员:和私营企业相比,您企业最突出的优势是什么呢?

受访者:还是稳定,就是非常稳定。而且相对来说,不会像私企压力那么大。

访谈资料 DQ07,DQSH 总公司,工程部员工,X 某。

受访者:稳定。方方面面,几乎都不需要你操心。你只需要把你的本职工作干好就行了,累心的地方不是特别多。生活方式不需要改变,同事也相处得很融洽。领导关系这方面也不用操心,只要做好自己的本职工作就行。工资待遇现阶段也是可以接受的。

访谈员:相比私营企业,您企业拥有的最突出的优势是什么?

受访者:稳定,还是稳定。

访谈资料 DQ13,DQHG 一厂,裂解车间操作工,Z 某。

诚如社会学家乌尔里希·贝克所言,"在发达的现代性中,财富的社会化生产与风险的社会化生产系统相伴。人们可以占有财

---

① 2016 年 11 月国家发展和改革委员会发布《东北振兴"十三五"规划》,国务院批准(国函〔2016〕177 号)印发。

第四章 东北大型国企社会资本作用的关系特性与情境形塑

富，却只能忍受风险"。[①] 人们固然对财富的追求依然热情，但却同样注重对生活风险的规避。有稳定的工作、按期获得稳定的收入，这种持久并带有着乐观预期的工作状态和经济来源，对于国有企业员工而言，是具有安逸性质的理想生活，也是内心保障感、安全感的来源。

访谈员：您觉得企业最吸引您的工作特质是什么？

受访者：最吸引我的特质可能就是工作压力没有那么大吧，你的工作是看你个人的想法，由努力程度来定。如果你想努力多干一些的话，公司就可能分派给你更多的工作或者让你承担更重要的职务。如果你个人比较消极怠工的话，可能给你分配一个比较闲置的岗位，或者是工作量给你安排小一些，这样的生活稳定、安逸。

访谈资料 DQ10，DQSH 总公司，工程部员工，Z 某。

访谈员：那您觉得企业最吸引您的工作特质是什么呢？

受访者：说心里话，还是说比较稳定、安逸。

访谈员：是啊，我们采访了这么多员工，大家都在说稳定、安逸。

受访者：没有太大的压力，压力小。不像私企那么感觉有压力。

访谈资料 DQ11，DQSH 公司，炼油厂副科长，X 某。

访谈资料显示，工作的稳定性是国企员工择业的首要考虑因素。国有企业对员工的保障制度，从以往的对员工负有无限责任的单位制度改革为兼具市场竞争性的聘任合同制度，然而相较于"高风险、自负盈亏"的私营企业、外资企业和非国有控股的混合所有制企业员工等，国企员工仍具有工作稳定性的优势。

以"辞退员工"现象为例。在私营企业中，如遇企业经营状况不佳、资金短缺等问题，企业管理者是有权力遣散、辞退员工的，但是在大型国企中则鲜有发生。

访谈员：要是辞退一个员工是怎么做呢？是队长就有权力辞退

[①] [德] 乌尔里希·贝克：《风险社会——新的现代性之路》，张文杰、何博闻译，译林出版社 2018 年版。

一个工人吗？

受访者：嗯，这个辞退，跟辞职还不一样。辞职肯定是有，这是人家个人意愿，但是辞退这个事，没听说过谁被辞退了，除非你有一些违法乱纪的现象。

访谈员：只要没有违法乱纪的就都不会被辞退吗？

受访者：对，只要你是这个企业进来的签了合同的工人。

访谈资料 DQ01，DQYT 技术员，S 某。

当然，国企员工稳定生活保障的背后也一定程度地意味着收入限制。

受访者：稳定就是稳定，但是没有私企那个待遇高。

访谈员：您觉得私企的待遇更好？

受访者：但是私企也是说的，你干不好，你就走人。在国企就咋说呢，你干得好不好吧，就是比较稳定。

访谈资料 DQ01，DQYT，技术员，S 某。

访谈员：您觉得在咱单位工作和在私企还有个人灵活就业者相比，有什么区别？

受访者：最大的区别就是，我们这边可能赚钱赚得少一些，然后相对比较稳定一些。

访谈资料 DQ07，DQSH 总公司，工程部，X 某。

访谈员：那您觉得在国企工作和在私营企业工作相比有什么优点，或者有些什么缺点？

受访者：国企就是压力比较小，相对稳定，私企不稳定。虽然说今年可能年收入 20 万元，但是明年你也不一定能保证，对不对。

访谈员：您觉得咱企业最吸引您的就是稳定吗？

受访者：说白了就是安逸，在未来安逸一点。

访谈资料 DQ09，DQSH 炼油车间，车间主任，L 某。

对东北"一城一企"区域中的成员而言，能拥有稳定收入来源的"细水长流"式收入，远比个人进入市场打拼的"自负盈亏"式生活状态可取得多。出于工作稳定的考虑，国企职工对于现有的工作状态有着较为广泛的认同感。因此，在东北"正式工作"的重要性对于大部分就业者而言远远超过了经济收入的重要性。

第四章　东北大型国企社会资本作用的关系特性与情境形塑 / 79

访谈员：那您觉得国企和私企员工相比的话，有没有觉得有什么区别？

受访者：国企员工更加安逸一些。尤其是我们单位，比如你就拿我和我弟相比吧。我弟在私企，我在国企，我每天正常点儿（时间）就下班了，除非说晚上有一些岗位特别忙加班。但是我弟，他们的加班就是经常性的，几乎每天都加班，有时候到晚上十点半。一段时间总是晚上十点半才回去，干得特别辛苦。这个就是我感觉最明显的一点，当然他发的（工资）会比我多一些。

受访者：还有就是，你在岗位上你可能想的会没有那么多。不像私企，就像类似讨好领导这些方面可能会更弱一些，我们这头只要你把自己的岗位干好了，你的风险是很小的。

访谈员：然后按年头一步步晋升？

受访者：对，基本上没有什么太大的波动。

访谈资料DQ02，DQSH总公司，文职员工，L某。

受访者：就是有保障嘛，最起码这饭碗是比较可靠的。不像私企，你今天干可能明天就被解雇了，国企这个情况不存在。

访谈资料DQ12，DQSH总公司，操作工人，B某。

从现实情况来看，东北"一城一企"地区国企员工虽面临着适应新型契约聘用关系制度的压力，但是依旧保持着体制内单位的就业偏好。这一典型现象的存在与当地社会经济发展状况、制度文化传统和个人行为选择密切相关。东北"一城一企"区域人们对于工作单位"体制性"的依赖，实质上是对于体制性社会资本的依赖。所谓"体制性"是指改革开放后，特别是市场经济逐渐建立和完善之后，国有机关、国有集体企事业单位被称为属于体制内，其余的被统称为处于体制外。[1]

"这种体制性的单位组织是以国家行政制为基础的普遍行政等级制度，每一个单位组织都被组织到国家的行政等级制度中，获得一个相应的行政等级位置。而且在国家行政权力越来越'升值'

---

[1] 边燕杰、王文彬、张磊等：《跨体制社会资本及其收入回报》，《中国社会科学》2012年第2期。

的背景下，这些组织的行政化倾向还有发展的趋势。"[1] 处在行政等级序列之内的国有企业员工对"工作、生活稳定感"的价值认同，主要来自国有企业社会资本的体制性优势。换言之，只有体制内社会网络中的成员才可以动用体制性的国企社会资本，获得经济与社会生活的稳定性。

（二）编制、无限期合同及关系认同

早在改革初期，劳动力雇佣政策开始消解"铁饭碗"机制和终身雇佣制。1994年颁布的《劳动法》明确规定，所有工业企业必须实施劳动合同制。"但由于'软预算'约束问题，城市国有企业并不愿意采用劳动力市场作为资源分配机制。"[2] 随着经济产业结构的迅速变化和人口社会流动性的增强，对于国企而言市场经济的机遇和挑战并存。于是，国有企业开始根据劳动力供求规律调整雇佣政策，按照市场聘任制度重新梳理与员工的关系。其中，国有企业员工"取消编制"是典型表现，是改变国企员工终身制身份的标志性举措，工人以往强烈的"主人翁"身份为新型雇员身份所取代，依托市场性契约的劳动关系逐渐成为基础的劳动关系。

笔者选取了国企员工"编制"问题对在职员工展开访谈以深入分析员工与国有企业劳动关系的转变过程。调研发现，在东北"一城一企"区域中，大型国企员工对于劳动关系转变的主观感知及关系认同并没有发生较大的实质性变化。

访谈员：你怎么看待现在企业许多单位逐渐取消编制？

受访者：感觉没什么区别。只是说法和做法都不同，本质是相同的。只不过是签了五年合同，过了期限还要续签。主要的区别是现在的合同是可以界定的，如果是干得不好就可以解雇你。就是人家可以这么做，只是这种做法很少，几乎没有。

访谈资料 DQ15，DQSH 总公司，员工，J 某。

---

[1] 李路路：《"单位制"的变迁与研究》，《吉林大学社会科学学报》2013年第1期。

[2] 黄先碧：《关系网效力的边界——来自新兴劳动力市场的实证分析》，《社会》2008年第6期。

第四章　东北大型国企社会资本作用的关系特性与情境形塑

访谈员：您如何看待现在很多单位取消编制这一做法？

受访者：这个没听说国企有变成这样的，都有编制啊，每年都需要签合同，不太注重这个。

访谈资料 DA07，DQSH 总公司，工程部技术员，X 某。

从上述资料来看，劳动关系从"编制"转向"合同"的形式虽然有着员工身份和劳动关系性质的根本转变，却并不意味着现实意义的改变。在国企员工意识里"进入国企，就是终身制、终身保障"的劳动契约观念仍然呈现较强的认知惯性。

受访者：取消"编制"那是什么意思呢？

访谈员：就是大家全都变成合同工，没有固定的编制，大家全都变成三年一签，五年一签。

受访者：就是属于聘用了是吧？

访谈员：对，聘用制。

受访者：我觉得像我们现在，基本也就属于这种形式。因为你工作年限都在这儿呢，没有那么长，现在都是到三年了，我跟你签一下，到五年了，我跟你签一下。

访谈员：那你会担心就是三年五年以后他不签你了吗？

受访者：没有，一般都不会。

访谈资料 DQ01，DQYT 技术员，S 某。

受访者：对国企来说，反正对我自己来说，你跟我五年五年地签和跟我终身签，我自己感觉区别不大。假如说我想跳槽，那你这个合同对我来说约束力也不是很大，假如我想在这儿长期干，五年五年地签也没什么不可以。

访谈员：你们就不会担心它五年后不再签？

受访者：不再签？就没有这个担心。

访谈资料 DQ02，DQSH 公司，文职员工，L 某。

根据 2008 年修改的《中华人民共和国劳动法》[①]，聘用合同制

[①] 《中华人民共和国劳动法》是为了保护劳动者的合法权益，调整劳动关系，建立和维护适应社会主义市场经济的劳动制度，促进经济发展和社会进步，根据宪法制定的法律。1994 年 7 月 5 日第八届全国人民代表大会常务委员会第八次会议通过，自 1995 年 1 月 1 日起施行。

度是基本劳动关系。然而，国有企业在劳动关系的人事制度安排上有着自己独特而巧妙的处理方式，很大程度上表现为保留了传统单位制色彩的"无期限合同"制度。

  访谈员：那最长久的就是那种无期限合同吗？

  受访者：这个有。就是得在单位工作达到了一定年限，这个我认为也是单位给的待遇，是优势。多少年以后，这些合同工自动就变成这种（无期限合同）。

访谈资料 DQ01，DQYT 技术员，S 某。

  受访者：现在已经是合同制了，以前我们属于无期限合同工，新员工是有期限合同，基本没区别。

  访谈员：就是不会出现单位辞退员工的现象了？

  受访访：假如单位黄了可能就会，但好像不可能。

访谈资料 DQ05，DQSH 总公司，员工，Z 某。

  访谈员：就是像你们长期合同工和短期合同工，有一天都变成了短期合同工，对这种现象你怎么看呢，是好还是不好？

  受访者：都变短期了？

  访谈员：对。

  受访者：那肯定不好啊，干了这么多年了，跟短期的一样待遇，那谁干（同意）呀，起码工龄啥的得给个说法呀。

  访谈员：还是觉得这种长期合同工对你们更有吸引力？

  受访者：对。

访谈资料 DQ12，DQSH 总公司，操作工，B 某。

  笔者通过此次调研将接触到的国有企业员工大致分为以下三类。

  第一类，拥有正式编制或无期限合同的国企员工。一方面，拥有正式编制的员工大部分进入企业较早，有着很长的工龄或即将退休。作为国有企业的老员工，他们经历了传统单位制国企到新型国企的转变，他们对于单位制时期的国企有着深深的眷念之情。另一方面，拥有无期限合同的国企员工更年轻，多数在进入国企就业时由于"编制"已经取消，因此签署了无期限劳动合同。具体是在工作初期先签署正式员工三年合同、五年合同后，作为一种晋升形式转签"无期限劳动合同"。

第二类,签署有期限劳动合同的国企员工。合同期限大致为三年到五年,并在合同到期后续签。这一部分员工的开始用工制度与劳动市场合同制度相同,但中后期他们可以通过企业内部晋升机制,在有限期合同期间表现良好或工作年限达到标准以后,转签"无期限劳动合同"。

第三类,外雇员工,签署临时劳动合同。此类国企员工多为国有企业外雇的临时用工人员,从事临时性的工作,人员流动性较强。如临时聘用的装卸工人、公司保洁员、食堂厨师等。

访谈员:据我们了解,在国企中有固定员工,还有一些合同工?

受访者:嗯,我们现在是在慢慢地转向。

访谈员:转向合同工?

受访者:嗯,在转向合同工。我们是分为合同化(固定工)和市场化(临时聘用工),现在是属于冗员比较多,所以市场化的合同工慢慢地被取消掉了。市场化以前就说我会向外头去雇一些人,比如说有一些活儿(工作),不给合同工干的。比如说像做饭啊这样的事,有可能从外面雇人,这叫市场化。其他的就是不在岗位上的单位的固定员工,因为签了合同过来的,都是单位的固定员工。就像大学生毕业过来的基本上不犯什么错误,是不会被开除掉的,这个也属于固定员工。

访谈资料 DQ02,DQSH 公司,文职员工,L 某。

访谈员:对于不续签合同这种情况您担心过吗?

受访者:没有过。据我所知,这个合同、档案也是分的。如果人事档案都有的话,基本上不会担心这个问题。但总厂后来招的这些子弟工,我估计他们的档案就不可能在公司这一片,他们属于我们总厂自己内部招的人,他们应该是有这方面的担心的。我们的档案是总公司承认的档案,是有正规编制的,他们有记录的。现在就后勤这部分人是属于总厂自己内部的。其实就是一个正式职工和合同工的区别。就像我们都是正式员工,就算改成合同制的,对我们(来说)也没有什么区别。但是后面后招进来的,就像总厂内部合同制的，就是要是有什么裁员他们会压力很大。

访谈员：那后招的这批人是以什么方式招进咱们厂的呢？

受访者：他们大部分都是本厂的子弟，他们通过考试招进来的。厂里更新换代、职工退休了，或者职工有这方面的要求，就招一批子弟。

访谈资料DQ13，HG一厂裂解车间，普通操作工，Z某。

在提起传统国企存在的"子弟工"问题时，被访者的讲述让我们清晰地感受到了子弟工身份的转变。作为国企子弟，他们进入国企已经没有了传统的"子承父业"待遇，国有企业所给予他们的待遇等同于合同工，这些家属工、子弟工已经不具有传统人事待遇上的优势。总的来看，国企员工对合同制雇佣关系表现出了乐观的态度并选择主动接纳。

访谈员：那想问问您如何看待很多单位逐渐取消了编制这个事？

受访者：我认为这个应该就是国企改革和社会改革的一个良性方向。这个打破了原有的一些体制，把这些体制打破了，人才的流动性和积极性可能更好一些，别让这个条条框框限制住年轻人和更有能力的人的进步和发展。

访谈资料DQ10，DQSH总公司，工程部员工，X某。

国有企业工人群体的变化是中国社会变迁的缩影，也是影响中国社会结构变化的重要部分。在东北"一城一企"地区，国有企业在市场转型的新形势下保留了一定的单位制色彩，也进入了契约劳动关系模式。但是，实际执行的"无期限合同"的劳动关系制度，可视为市场转型过程中东北大型国有企业在传统与现实情境下为员工寻找到的工作保障平衡点。这可能也就是国企员工对于劳动关系转变的感知及关系认同并没有发生实质性变化的基础性缘由。

第二节　国企就业合同认知中的社会关系

（一）体制藩篱中的稳定就业与创业风险

在"大众创业，万众创新"的今天，感受到国企相对"待遇低"且"晋升慢"的员工对于个人创业又持何种观点？围绕"国企员工创业意愿（辞职创业，离开体制内）"的访谈，从对比角度反映了国企员工对稳定就业和创业风险的认知。

访谈员：那为什么后来又没有创业呢？是觉得太劳心费神了还是其他什么原因？

受访者：也不容易，真是创业也不容易。毕竟还是说稳定的保障收入（最重要），创业吧，风险很大。

访谈资料 DQ01，DQSH 总公司，油田技术员，S 某。

访谈员：想问问您是否考虑过创业？

受访者：我们国企里所有员工，包括中层员工，兼职的话还有可能，让他们创业，不太可能，没有人愿意。

访谈员：没有人会考虑辞职创业吗？

受访者：很少很少，基本上没听说呀。我知道的现在国企这些所谓领导，他们都是不会辞，很少，很少的。

访谈员：您认为不会辞职创业就是比较喜欢国企的稳定？

受访者：当然还是国企，旱涝保收，有五险一金。辞职了这些东西都得自己交去。

访谈资料 DQ11，DQSH 公司，炼油厂副科长，X 某。

访谈资料再次表明，国企体制内的"保障感"是国有企业员工不愿独自创业的重要原因。当然，此处所探讨的国企员工是否具有创业意愿，本质上应归属于"体制内"人员是否具有走出体制进入"体制外"行业的意愿，而对于此问题的讨论，不能脱离于中国市场经济改革的历史背景与当前东北区域社会发展现状。

中国市场化改革起始于经济特区，后扩展到沿海地区，内陆及东北地区等改革步伐相对滞后。在国有企业改革阶段的初期，改革并未触碰核心公有制经济部门,而是利用"计划外的增长",即通过扩大非计划经济部门,使传统经济的比重和重要性不断下降。[1] 这种经济发展战略使得传统国有企业中的劳动者依然享有单位体制下的各种优势,而进入民营经济的劳动者则会丧失较好的福利保障[2],面临着激烈的市场竞争,就业的稳定性和能获取的资源层级也会产生差异。体制内单位,即使在市场化程度较高的国有企业也依然保留着再分配体制的特征,以大型国有企业为代表(特别是限制介入性大型国有企业),即使参与市场竞争,依然可以在避免市场冲击的同时与市场接轨,运用经营管理国有资产的权限把优势资源的效率转化成内部福利。[3] 所以,尽管国有企业不断深入改革,对员工的聘用方式也从传统的"终身制"向"聘用制"改变,但在东北这样市场经济发展相对不充分且不同程度具有"一城一企"社会特性的地区,相对体制外单位而言,国有企业仍然是很多就业者的理想选择。

访谈员:在您眼里咱国企跟私企相比,或者是个人就业、创业相比有什么区别吗?

受访者:国企上班比你个人创业更安逸一点,只要你上一天班,都是那些钱。你要是个人创业辛苦啊,然后还是觉得国企的钱好挣点,但是你想发财的话是不可能的。

访谈员:因为它比较固定?

受访者:对,对,就是那些钱了。你要是自己创业那就不一定了。

访谈资料 DQ12,DQSH 总公司,操作工,B 某。

访谈员:您是否考虑过独自创业?

受访者:没有。比较懒,不想操那份心。

访谈资料 DQ13,HG 一厂,裂解车间普通操作工,Z 某。

---

[1] Nauhton, Barry, *Growing Out of the Plan*, New York: Cambridge University Press, 1995, p. 23.

[2] 陆学艺:《当代中国社会阶层研究报告》,社会科学文献出版社 2003 年版。

[3] BianYanjie, *Work and Inequality in Urban China*, Albany: State University of New York Press, 1994.

访谈员：如果离开现在的工作单位，您会选择何种类型的单位任职？

受访者：没想过这么多，因为马上就要退休了。

访谈员：如果说您退休了，还想继续工作，您会选择去一家私企吗？

受访者：就想在家歇着，工作一辈子了，就想歇歇。

访谈员：那就是您也没有想过要创业？

受访者：没有考虑过创业，公司给开多少钱就照多少钱花。

访谈资料 DQ03，YT 勘探队，操作工人，S 某。

与大型国企员工相比，在市场经济中创业的私营经济相关者的队伍不断壮大，其群体的获得感也在整体上逐步上升。然而，就东北区域而言，尽管中央出台了一系列提振东北经济的文件，但私营经济发展还是相对较慢较弱。① 加之东北区域社会经济发展现状，与其去尚不成熟的市场打拼，大部分国企员工更愿意选择安稳、长久的体制内工作单位。总结来说，东北"一城一企"区域国企员工创业意愿的低下主要有以下三方面原因。

第一，地域社会经济因素。东北地区受中华人民共和国成立初期发展大型国有企业的历史影响，至今国有企业仍是区域经济发展的主要动力。并且在城市与企业的不断融合发展过程中"一城一企"社会特性程度不一地凸显，当地大型国企在影响力上仍具有相当的实力。相当比例城市中规模最大的企业就是当地的大型国企，而私营与民营企业数量少、市场发育程度不足，人们只有在当地的大型国企工作才能相对容易获得生活保障感和稳定感等，这些是个体在私营企业工作难以获得的。因此，对于东北地区国有企业员工而言，走出体制内单位进入尚不成熟的市场打拼，其风险性要远远高于东部沿海等市场经济发展较为成熟地区的体制内单位从业者。

第二，职业地位因素。社会地位不仅仅取决于金钱和权力，人

---

① 李培林：《当代中国阶级阶层变动（1978~2018）》，社会科学文献出版社 2019 年版。

们的主观评价也是决定社会地位的重要因素。陆学艺在对中国社会阶层分化现象所做的基本判断中指出，中国社会的分层分化越发表现为职业的分化。[①] 在关于中国社会地位的研究中，林南和边燕杰提出的"单位地位模型"[②] 对中国国有企业员工的职业地位具有较高的适用性和解释力。尽管职业与单位的分化同中国市场经济转型具有同步性，但传统单位身份观念仍然发挥作用。以"国"字开头的单位和企业，在众多就业者和社会大众心中，始终占据单位地位的榜首，使得国企员工并不愿意放弃原有单位进行个人创业。

　　第三，社会关系网络因素。"由于社会分工协作的要求，职位和职业的分化永远无法避免，身份的意义因而也就成了一个需要我们解读的、与人类社会同始共终的客观对象。从表现形式上来看，身份恰恰是人的'一切社会关系总和'的体现和直接表征。"[③] 依据这一衡量标准，国企员工由于工作单位的体制性会收获更多有价值的人际交往。具体而言，人与人之间的相互交往与资源回馈，尤其是社会关系的建构和社会资源的互换，双方都希望保持长期有效的交换。这种人情交往般的社会交换，必须要靠交换双方的感情或者信任维系和推动，作为提供便利的一方，并没有任何明确的制度保障确定对方给予善意回报，只能期待对方在以后的某个时刻能同样为自己提供便利、进行偿还。然而，随着社会人口流动的加快，人们已经没有足够长的时间去了解一个人的品行、能力来判断其是否值得建立社会交往。因此，更习惯于通过一个人的职业和工作单位对他进行判断。而国有企业员工作为体制内单位就业者，在东北"一城一企"区域的社会交往中更容易收获信任，利于其个人建立社会关系网络，联结社会资本。

　　因此，国企员工对创业意愿的考虑就主要集中在是否愿意脱离"体制"而独自承担市场风险问题上。在国企员工的工作和生活过

[①] 陆学艺：《当代中国社会阶层研究报告》，社会科学文献出版社 2003 年版。
[②] LinNan, Bian Yanjie, *Getting Ahead in Urban China*, American Journal of Sociology, Vol. 97, No. 3, November 1991.
[③] 苟志效、陈创生：《从符号的观点看——一种关于社会文化现象的符号学阐释》，广东人民出版社 2003 年版。

第四章 东北大型国企社会资本作用的关系特性与情境形塑

程中,作为拥有国企单位身份的一员,其与体制外就业者最为显著的区别在于其所拥有的社会网络、社会资本呈现出的明确的"体制性"边界。在"体制性"边界的社会资本获得过程中,社会资本不仅是一种关系,更是嵌入在特定社会群体之中的关系网络资源和机会集合。在这个网络中,国企成员利用体制内社会网络实现更有经济价值和社会意义的互惠行为,而人们遵从互惠交换模式则源于对网络群体规范的社会认同。在拥有更多选择机会的同时,离开"体制"自行创业,不仅代表着自行承担市场风险,还意味着体制内社会网络的脱离和社会资本的缺失。

那么,社会资本的获取是如何在当地大型国有企业内实现的呢?在王雨磊有关社会资本社会性的研究中,通过徐福敦的故事说明了人离乡贱的事实,只有回到自己的社会网络之中才有安全感和效能感,因为回到自己的社会网络中,自己的网络身份才能发挥信用,才能如鱼得水。[①] 东北"一城一企"区域中的大型国企员工在社会生活中,由于个体的生活与工作的社会网络重叠,因此个体身份合法性的来源更多是通过所在单位连接着一个持久性的社会网络,国企则赋予网络内固定成员社会身份、信用,使其获得社会认同等。同时,区域内的社会网络和社会资本具有一定的地域性、限制性,个体对单位的社会网络依赖只有个体在其工作、生活的地域中才能体现得更加明显。由于体制内的社会关系网络建构和社会资本运作呈现出长期的情感性、强关系纽带和高同质性等特征,所以社会资本获取、维持和作用均呈现出很强的边界效应。因此,对于东北"一城一企"区域国企员工来说,对社会资本维系的考虑最终对其可能的创业行为选择产生了重要的影响。

综上所述,对于国企员工"走出体制"创业意愿的分析,不能仅停留在主观判断和个体层次的分析上。从再分配经济向市场经济的转型,带来了我国经济社会结构的深刻变化,市场转型这一宏观结构变迁加之东北区域社会经济因素与历史传统等现实问题,共

[①] 王雨磊:《论社会资本的社会性——布迪厄社会资本理论的再澄清与再阐释》,《南京师范大学学报》2015年第1期。

同造成了东北国有企业员工创业意愿低下的局面。只有对社会基础和市场经济发展程度一起改观，才能激发国企员工的创业精神。

（二）无限期合同的社会资本转化与关系属性

国企员工在与他人建立社会交往、积累个人社会资本的过程中，往往不自觉地依靠自己国企员工的身份，通过国企体制性社会资本的符号效用来影响社会获得。这一点非常符合科尔曼关于社会资本的理解，即在人与人打交道的过程中所展示个人拥有的、表现为体制内结构资源的资本财产，也就是社会资本，广泛存在于人际关系和社会结构中，并为社会结构内部的个人行动提供便利。[1] 特别地，当某种社会关系能给人们带来好处的时候，人们会有目的地创建和维持这种社会关系。[2]

冗余一个人是否信任对方，常常取决于这个人能否在自己力所能及的范围内通过其他人或其他途径，去证实对方的可信任度。[3]"由于社会分工协作的要求，职位的分化永远无法避免，身份的意义因而也就成了一个需要我们解读的、与人类社会同始共终的客观对象。从表现形式上来看，身份恰恰是人的'一切社会关系总和'的体现和直接表征"。[4] 据此判断，国企员工由于工作单位的体制可靠性会比一般私企员工获得更高的社会信任和更多的社会交往。人们与国企员工交往、合作过程中之所以所产生信任感，是因为国企员工的社会网络存在外在的约束和激励。国企员工在工作单位内，最重要的是对自我声誉的考虑。比如，如果一个国企员工在外的错误行为被其所处的同事群体或单位所知晓，那么将导致其信誉受到损害，并失去其未来在该群体或机构中获得好处的可能。[5]

---

[1] Coleman JS, "Social Capital in the Creation of Human Capital", *American Journal of Sociology*, Vol. 94, 1988.

[2] 崔巍：《社会资本、信任与经济增长》，北京大学出版社2017年版。

[3] Granovetter, M, "Economic Action and Social Structure: The Problem of Embeddedness". *American Journal of Sociology*. Vol. 91, No. 3, 1985.

[4] 苟志效、陈创生：《从符号的观点看——一种关于社会文化现象的符号学阐释》，广东人民出版社2003年版。

[5] 张丙宣、任哲：《数字技术驱动的乡村治理》，《广西师范大学学报》2020年第2期。

第四章　东北大型国企社会资本作用的关系特性与情境形塑 / 91

　　如今，人们的社会活动从封闭的地域中抽离，传统的、稳定的可预见的社会关系逐渐被易变的、短暂的交往模式取代，人们的信任模式受到巨大冲击。[1] 人们意识到在充满不确定性与风险性的市场交易中，与国企打交道"放心""靠得住""信得过"，这些词语在中国人的语境中代表了一种"保障感"，也是国企体制性社会资本形成信任符号并发挥效用的体现。基于社会大众与体制内国企员工建立社会交往放心、靠得住的主观信任感，逐步形成了国企员工个人社会关系网络的来源，提供了国企员工市场合作、获取信息的渠道，促进了国企关系性社会资本的获得。

　　当然，这种关系属性本身也恰恰是对特定现实社会情境中人际社会互动过程的特定解读。调研发现，东北"一城一企"区域大型国企员工在工作过程中更是难以脱离关系与人情的文化情境背景。有学者以国有企业员工求职过程中的关系网络、关系资源使用等研究中指出，在党政机关或国有企业等"国"字头单位里谋职，求职者更容易使用关系网。大体分两种情况：其一，求职者未达到招聘条件，需要动用关系网去说情，搞特殊化，获得工作机会；其二，求职者符合招聘条件，但出于对选拔过程中不确定因素的担忧，找关系去巩固竞争优势，防备他人利用关系"挤"掉自己。[2] 调研资料显示，通过社会关系网络来完成特定目标，不仅会发生在国企员工求职的初期，也会持续伴随在国企员工工作过程中，如完成工作任务、促成项目合作和实现个人晋升等各个方面。

　　受访者：我之前在 H 地区工作，那边都是少数民族人，我必须得请他们喝酒，不然事儿就不好办。他们那边草原都是封闭的，我们之前轧了他们草原，赔给他们好多钱都不愿意。所以说你必须靠别的，给他们人情，给他们买酒给他们买好吃的，他就不和你对着干了，这就是现实。

　　访谈员：没有通过国企建立的关系，就抢不着项目了？

---

[1] 周晓虹：《中国体验——全球化、社会转型与中国人社会心态嬗变》，社会科学文献出版社 2017 年版。

[2] 黄先碧：《关系网效力的边界——来自新兴劳动力市场的实证分析》，《社会》2008 年第 6 期。

受访者：对。然后你还天天挨收拾。

受访者：上下都抱怨你。领导会说你看人家都能抢到你咋抢不到？工人会说我们没活儿奖金都没有了。你说你咋整，所以得有社会关系。

访谈资料DQ05，DQSH总公司，业务员，Z某。

访谈员：你在工作任务完成过程中，是不是需要托关系？走人情对你工作更有帮助，还是说你正常按程序走就行？

受访者：程序肯定有呀，但是也得有人情关系啊，托关系当然有帮助。

受访者：你要是跟他关系好，说话更方便，对你帮助更大。

受访者：这属于一种常态，在工作中，人情社会嘛。

访谈资料DQ12，DQSH总公司，操作工，B某。

除去和国企外人员打交道的"人情"方式以外，在国企内部若想顺利地开展工作同样需要良好的人际关系。从社会关系网络的角度来看，原因在于：其一是国企员工的工作稳定，员工之间相处时间较长，甚至许多员工进入国企就在企业里干了一辈子，长时期的日常互动，难免注重人际关系中的感情因素；其二是东北"一城一企"区域的地域特征，由于城市内大型国企和单位社区紧密相连，一个国企员工在工作中的日常表现也影响着其在生活区域中的"名声"。因此，良好的社会关系和人情交往，对东北大型国企员工具有重要意义。

访谈员：您工作任务完成过程中需要托关系吗？就人情交往这种，对您完成工作任务重要吗？

受访者：一点关系没有也不太可能，多少会有吧。但是你平时跟人相处的话，涉及下面三十来个车间的人员的接触。你熟悉的话，肯定是对工作有些帮助。如果不熟悉单纯的工作交代的话，执行力会差一些。或者说他有困难的时候会"踢皮球"，多多少少会存在，但是你要熟悉的话，也许工作会更顺畅一些。

访谈资料DQ11，DQSH公司，炼油厂副科长，X某。

访谈员：在工作过程中，比如说这工作比较难做，需不需要托关系？

第四章 东北大型国企社会资本作用的关系特性与情境形塑

受访者：这是必须的。我上班这么多年了，感受最深的就是这个关系。私企我不敢说，国企像我们单位工作其实是在处个人感情。你是那个单位我是这个单位的，咱俩是哥们儿，这事肯定好办。个人关系好，事情肯定好办；公事公办，事情一定不好办。

访谈资料 DQ05，DQSH 总公司，勘探技术员，Z 某。

工作中的人情网络，使得"人情与制度""重情轻理"在一定程度上影响了国企场域，并联结着体制内的经济和社会资源，而国企内部的"编制""无期限合同"制度则加剧了这类现象。

受访者：现在这种现象多少都是有点，但是少了不少。打个比方说，你原来办事得有关系有人情，现在肯定少了不少，但是也得是你和领导关系相当铁了才能行。

访谈资料 DQ04，DQSH 总公司，技术员，Z 某。

如果说"关系社会"和"人情主义"是中国社会的基本特征，那么值得思考的是，为何在东北"一城一企"区域的大型国有企业中，人们默许了这种关系主义的存在，甚至在其一定程度影响到正常制度结构的情况下，依然能够保证企业正常运转。结合前述分析，我们认为国企员工中关系建构特性，除中国传统的人情社会因素外，还与编制、无期限合同和人员构成密切关联，三者在国企员工的日常行为互动中相互影响，并形成了一种员工心目中约定俗成的、群体认可的关系模式。

在关于中国的关系文化研究之中，无论是伦理本位或是关系本位研究，还是传统的差序格局，都表明在一个社会的关系网络中，个体或群体将遵从一种关系导向来选择他们的行为。所以，从这个意义上讲，关系代表一个社会中人们的行为组织模式，或者理解为一种价值观或世界观，是人们认识世界的方式。人们在日常的生活或工作中，遇事总是习惯于理出一种亲疏远近，或是主动和被动的关系，追求一种人情、面子、缘分甚至是知恩图报的关系。

东北"一城一企"区域国企员工，在工作中基于关系文化构建社会资本的行为，正是社会资本社会性的体现。非正式的关系运作在企业员工之间逐渐演变成了一种"互惠式""交换式"的关系资源。在国企内部，资源交换的互惠式的关系主义一直是国企内员工关系的重要类型之一。这种互惠关系是指企业内部上下级之间或同事、工友之间兼具工具性和情感性的长远的交换关系。在具体的工作情境下，演变成紧握着资源分配权的人依照特殊主义的原则，对与自己关系密切者给予特别的关照，受惠者也会依照特殊主义的原则以各种方式给予回报。总的来看，在东北区域大型国企中，关系主义倾向的员工交往与规范管理原则，加之城市社区与大型国企的融合性，使得关系主义具有多方向、多维度的复杂色彩，并对员工工作行为与管理者协调管理方式产生较大影响，从而在社会结构和社会情境方面影响了大型国企社会资本的建构特性、运作机制以及作用结果。

第三节 城企互嵌发展与国企社会资本的情境形塑

（一）国企与城市社区的互嵌式发展

东北"一城一企"区域内，大型国企与所在城市社区呈现出的特殊社会模式与依附延续关系，我们可以从以下几个方面来做铺垫加深，以更好地理解这种融合互嵌发展所形成的特定社会结构和社会情境，从而正视大型国企社会资本的宏观形塑过程。

一是东北大型国企与所在城市的高度融合，形成了东北区域典型的"一城一企"模式。当地大型国企对区域社会发展影响力巨大，深深嵌入所在城市的政区和传统的单位社区中，国企中的行动者受单位社区的社会关系网络与传统影响，员工所工作和生活的区域仍没有脱离"熟人社会"模式，区域内部社会仍然一定程度延续着单位制生活方式，其价值体系为各社会群体认同的习惯社会。

二是东北大型国企基于历史惯性而对社会成员形成的社会认同。"区域内多为建国初期兴建的传统大型国有企业，人们对于国有企业仍然具有直接或间接的组织印记，虽然经历了一系列的国企改革，但是组织学习、制度合法性以及利益相关方的要求使得新国企把老国企早期的组织印记学习和承担下来，成为新国企的印记。"[1] 人们对国企的制度、福利和保障等问题很大程度上仍延续着国企建立初期的印象。

我们在调研过程中，对国有企业员工心目中所在城市和企业的关系问题进行访谈，多数员工的表述中都显现出了城市与企业密不可分的嵌入关系，印证了本研究所提出的"一城一企"区域社会嵌入特性。甚至在部分区域特性程度较高城市，如受访者 L 某所言，城市和大型国企存在着等同关系，提起大庆这座城市，就等同于大庆油田这个企业。

访谈员：请您谈谈您自己的工作单位，像咱们中石油和您所在城市的关系。比如说有人一提起大庆有没有让您不由自主地想到您的工作，这种关系是怎么样的？

受访者：大庆，提起来就是油田。

访谈员：基本上，大庆和大庆油田是相等的？

受访者：差不多。应该说大庆油田就是大庆的主力产业，没有大庆油田，大庆也就不知道要朝哪个方向发展了。这就是支撑产业。

访谈资料 DQ02，DQSH 总公司，文职员工，L 某。

大型国企深深嵌入传统的单位社区中，国企中的行动者受单位社区的社会关系网络与传统影响，员工所工作和生活的区域无法脱离"熟人社会"模式。东北"一城一企"区域中的大型国企员工在社会生活中，由于个体的生活与工作的社会网络重叠，因此个体身份合法性的来源更多的是通过所在单位占据了一个持久性的社会网络。如同下面访谈材料中大庆石化公司的员工所言，当地人们一旦脱离中石油、中石化公司，生活便会有种"局外人"的感受。

访谈员：那想让您谈谈您所在的城市和 ZSY、ZSH 的关系，您怎么看？

---

[1] 韩亦、郑恩营：《组织印记与中国国有企业的福利实践》，《社会学研究》2018年第3期。

受访者：别的城市我不知道，就拿大庆来讲，这个大庆企业和社会是相辅相成的。大庆本来是油城，先有的油田后有的城市，先有的企业，后有的城市。所以说这个企业和城市完全是分不开的，大庆的发展离不开现在比较大的石油企业，现在的石油企业发展也离不开政府政策和规划。

访谈员：您觉得不在 ZSY、ZSH 工作，在大庆生活会不会有局外人的感受？

受访者：前几年客观来说应该有。

访谈资料 DQ10，DQSH 总公司，工程部，X 某。

东北区域大型国企与城市社区的相互交融，使得城市的社会发展和社会治理与当地大型国企的经济发展密不可分，成就了独特的"一城一企"区域特性。实地调研发现，"一城一企"区域的大型国企与所在城市单位社区、地方机构的社会关系难以分割，城市中的各类机构同样很大比例依靠于当地的大型国有企业生存。具有最典型意义的为大庆油田，大庆石化公司的全体员工都统一使用大庆本地的昆仑银行进行工资发放等资金往来，起到对当地金融行业的扶持作用，在吉林和长春两地，也不同程度有相关正式或非正式的政策倾斜，反映了城企融合中的区域特性关系。

访谈员：请问员工的工资是通过本地银行发放的吗？

被访者：是通过昆仑银行，ZSY 自己的银行发放的。我们必须使用自己的银行。

访谈资料 DQ08，DQSH 设计院，设计员，X 某。

从城企融合角度来看，国有企业管理体制有多次变动，虽然并不影响国有企业高度集中的经济管理体制、经营方式和调节机制，但其实际经营和发展状况则与当地政府和地方政策密切相关。访谈发现，大型国有企业作为当地重要经济支柱，其经营业务与政府和政策有着不可分割的关系。

受访者：我们对政府的导向还是比较一致，或者说比较依赖的。因为我们的上游，基本也是靠国家投资或者政府投资。因为国家扶植我们这个行业，那我们的前景会好一些。如果政府不支持的话，那我们这个行业可能就是一堆困难。

第四章　东北大型国企社会资本作用的关系特性与情境形塑

访谈资料 DQ11，DQSH 公司，炼油厂副科长，X 某。

受访者：国企最大的问题，可能还是机制跟私企有些出入，国企很多的东西都要受控于政策、国家调控这方面，不像私企那样灵活。

访谈员：就是说我们政策和理念上，还是要和政府相关？

受访者：对，它不像私企灵活性高。

访谈员：那在企业和政府的关系中，您的企业如果失去政府的导向，经营状况会如何？

受访者：这个，咱所说的这个政策，不是说依据国家，主要咱这个是国企，是基于国家投资这一块的，如果国家不投资，那效益肯定会大打折扣。

访谈资料 DA07，DQSH 总公司，工程部员工，X 某。

当然，在这种城企融合发展趋势中，国有企业在享受政府的投资和项目扶持的过程中，同样以互惠性原则回馈当地政府的政策扶持。综合来看，这样的互惠性回馈过程对于国有企业的发展而言，在获得有利条件的同时也受到了"当地政府优先原则"的局限。如同下面这位国企员工所言，国有企业的商业项目进展过程中，只要其所在地政府有业务开展的需求，必须得到优先保障。国有企业提供了对地方政府相关建设项目的优先权限，则利润和效率作为完成本次项目是否成功的标准就会一定程度上受到限制；而国有企业不与当地政府达成此项合作意识，则不容易获得政府的特定政策倾斜和相关支持。在这样合作关系的互惠性循环之下，形成了国企依赖政府扶持的经营局面。

被访者：我们这几年来自外地的项目更多一些，但是我们保障大庆地区，就是它有（业务需求）的话我们优先保障。我们原来属于这个厂子的设计院，后来由于改制分出去了，但是领导说了，不管走到哪儿大庆是根，我们必须服务好。只要大庆需要我们，首先是 DQSH 公司和 DQLH 公司需要我们，我们必须保障人家。如果人家觉得我们不合适，或者不需要我们，我们也不会强求，我们也会去忙自己的一些项目。

访谈资料 DQ08，DQSH 设计院，普通员工，X 某。

访谈员：现在如果失去政府导向，你觉得国企发展怎么样？

受访者：我感觉会一败涂地了，没有中央支撑，你看我们就会亏损特别严重。我们化工板块，整个 ZSY，（以前）可能我们盈利几十个亿一年，（只有）我们化工板块盈利。现在整体油价不是在下降吗，但是整个公司可能亏损个几百亿或者上千亿，所以说整个是入不敷出了，没有国家支撑，估计个人的话早破产了。

访谈资料 DQ12，DQSH 总公司，操作工，B 某。

对于国有企业和地方政府关系问题，从企业社会资本角度来看，国有企业与地方政府的关系属于传统的结构性社会资本范畴。有学者指出，国有企业与政府的关系性质属于国有企业的一种等级制社会资本。[①] 它主要是指企业对比自己社会地位高或低的纵向社会关系资源的利用，如对政治力量的使用、对组织等级制关系的利用、政府提供的资源，等等。这在某种程度上意味着企业获得了重要的关系资源。从宏观角度来看，我们发现影响国有企业决策行为的主要因素，不是来自市场结构的力量，更多来自社会结构的作用。国有企业的等级制社会资本在企业市场经营能力的提升过程中，发挥着近于垄断性的主导地位。

访谈员：您觉得和私营企业相比，国企最突出的优势是什么？

受访者：最突出的优势就是，国企的信誉比较好，然后硬件能力比较强，再一个就是国企占有的社会资源比较多。

访谈员：您指的这个信誉是什么呢？

受访者：比如说我们要投一次标的话动辄都是几亿元。几亿元你交，从投标开始要交投标保证金，然后签合同之前要交履约保证金，（再）然后各种预付款保函、质量保函，都要开（具）。要想干一个十个亿的工程，手里至少要有三四亿的现金在手里。如果没有这些现金呢，就会由上级单位，比如说国企的上级单位，还有当地银行提供担保，或者提供贷款。要私企的话，凭空给你一个十个亿的项目，哪怕你技术很好也中标了，但是没有这些资源的话恐怕

[①] 石军伟：《社会资本与企业行为选择——一个理论框架及其在中国情境中的实证检验》，北京大学出版社 2008 年版。

也做不下来，因为私企无法在短时间内拿到贷款或者资金信誉。而且就算筹到了，这个资金时间成本相当高。

访谈员：也就是说，在贷款的时候国企可能更占优势？

受访者：对。

访谈员：而且是不是在中标的时候也更占优势？

受访者：对，因为它要考察你的实力。石油化工行业之前没有给私企或者个人企业有任何实践机会，一直都是国有企业，ZSY、ZSH和ZHY在搞。所以说至少在我们这个行业，国企是要比私企占很大优势的。

访谈资料DQ10，DQSH总公司，工程部，X某。

需要注意到，国有企业曾经在传统发展战略下聚集了全国优秀的管理、技术人才和高素质员工，其人力资本优势也使得国有企业在竞争中获得的优势地位。在东北区域社会中，国企依赖于政府的政策扶持进行合作性发展和生产，当地政府在相关项目的建设过程中要求国有企业提供优先性的保障服务，在这样相互依赖、互利的关系中，国有企业获得等级制社会资本，政府获得项目服务。因此，国有企业利用自身优势和政府的保护和扶持，依然积累了大量的人力资本和资源优势，只要利用好国有企业自身优势效应，必然会促使国企在市场竞争中更具竞争性，带动所在地区社会发展。

综上所述，东北"一城一企"区域中，国有企业和所在城市发生着经济、文化等各方面的紧密联系。对东北大型国企的研究不能抛开所在城市，城企融合所形成经济结构、社会关系网络成为东北大型国企的独特内涵，必然影响国企社会资本作用的内涵建构与作用发挥。

(二) 城企相融中社会网络的同质性与体制性

在东北"一城一企"区域中，一方面，由于大型国企和所在城区的紧密融合，国企员工的工作、生活深深交织在一起，使其个体的社会网络具有高度同质性；另一方面，大型国企所拥有的单位属性使其体制意义和价值都得以凸显，在社会资本建构过程和作用过程中均呈现出很强的体制性色彩。

国有企业的单位化特征和企业目标、功能的多重化，使企业组织的权力系统更为复杂，并且往往与扩散的人际关系网交织在一起。① 这一特性突出表现在东北"一城一企"区域中：城市社区意味着具有一定地域范围的社会共同体，而社会共同体，是指有彼此具有相互联系、相互依赖并形成某种文化和心理认同的人构成的社会群体。② 东北大型国企中的工人大多集中居住在统一的行政区域，厂区与工人生活区同属于一个行政区划，并构成了国企所在的单位社区。长期的共同生活使这里的人们有着共同的语言、生活习惯、工作方式和教育背景，在"一城一企"模式下，多数大型国企员工的个人生活领域与单位的工作内容嵌套在一起。

生活层面上，受工作单位地点限制，大多数员工选择在单位附近居住，国企员工同在一个社区，彼此熟识。这在情感上有助于工人相互理解、配合、具有同情和支持感产生，使得国企员工才可能在缺乏组织的背景下保持一致。在单位社区以及社会关系网络的作用下，国企员工的行动上的互相配合、情感上的彼此支持、观念上的互相认同以及信息上的共享等特征使得国企员工的工作行为和方式呈现出群体特征。有助于生成具有高度同质性的社会网络，使得在成员获得长期性、稳定的社会资本。

同时，大型国企所具有的单位制特性，体现在其企业内形成一个相对封闭、多元功能、自我供应的整体。③ "市场化改革以后，国企以往对国家的整体依赖发生了分化，在新单位制的基础上，这些大型国企并没有成为纯粹的可流动的开放市场要素的一部分，而是形成了有清晰边界的新社会共同体。"④ 国企仍保留着行政等级和单位制性质，其经营活动的开展嵌入在非经济性的制度和社会结构之中，不仅受市场影响，更依赖于国家工业发展战略布局、能源

---

① 李培丽、姜晓星、张其仔：《转型中的中国企业——国有企业组织创新论》，山东人民出版社1992年版，第100—101页。
② 郑杭生：《中国特色社区建设与社会建设———种社会学的分析》，《中南民族大学学报》2008年第6期。
③ Xiaobo Lu, Elizabeth J. Perry, *Danwei: The Changing Chinese Workplace in Historical and Comparative Perspective*, New York: Routledge, 1997.
④ 刘平、王汉生、张笑会：《变动的单位制与体制内的分化——以限制介入性大型国有企业为例》，《社会学研究》2008年第3期。

政策的调整等，与民营企业具有明显区别。

国企作为体制内单位拥有并非刻意建立的体制性社会资本，其不仅在国企员工个人社会网络的构建上有促进意义，在国企参与市场竞争的过程中同样发挥了重要作用。"信用就是金钱""金钱天生具有孳生繁衍性"[①]等论述表明，信任和金钱在市场中是共生可转化的。国有企业所拥有的"体制性"社会资本，在市场上有利于获得其他企业和单位的信任，使得国企在市场竞争中收获了私营企业无可比拟的机会优势。这就意味着，体制性社会资本在国企的市场参与过程中发挥着重要的影响作用，使得合作机构更信任国企，国企更容易获得银行贷款、信用担保等便利条件，这些优势在国企竞争投标、进行项目合作过程中都有所体现。由于国企是具有行政等级的体制性单位，在实现社会资本市场转化的过程中，国企依靠"体制性"社会资本获得政府的政策支持。

（三）城企融合中人力资本流动与社会资本特性

对于国企员工而言，国企与所在城市密不可分，使得国有企业员工同时具有企业员工和城市居民的双重身份特征。因此，除去企业的经营效益本身，城市的发展和区域经济社会发展状况，也同样是影响国企员工关系网络发展的重要因素之一，并影响其关系取向等特性。在此背景下，城企融合中人力资本的流动情况对社会关系网络的建构和社会资本的特性，也展现了一定程度的宏观影响。调研发现，多数员工都主动提及了当前东北国有企业的人员流失问题。

事实上，不仅仅是东北国有企业的员工流失问题，东北地区人才流失问题早已成为社会热议的焦点。统计资料显示，1980年以来东北地区人口占全国比重呈现下降趋势，从1980年的9.07%下降到2015年的7.96%，2015年东北地区人口总量首次出现了负增长。从人口流动规模上看，东北地区是人口净流出的地区，2011年以来年平均流出人口超过200万，且数量逐年递增，人口外流的

---

① 韦伯：《新教伦理与资本主义精神》，广西师范大学出版社2013年版。

趋势加剧。① 人口流动变化与经济发展速度互为作用，东北地区人口红利消失将不利于东北区域经济振兴。适龄劳动力的净流出直接导致地区劳动力缺乏，加速了东北地区老龄化进程，增加社会保障负担，影响东北区域内企业的均衡发展。

受行业转型和地区经济发展效益影响，尤其是与南方经济发达地区相比，东北国有企业员工工资收益并不占有优势，这也促使了更多国企员工选择"辞职南下"，举家搬迁。

访谈员：您觉得咱们单位最大的问题是什么？

受访者：感觉企业年纪大了，有点跑不动了，缺乏活力。

访谈员：这个活力包括咱们输送人才不足吗？

受访者：人才流失的问题比较严重。虽然引进也多，但流失更多。

访谈员：是因为这与国企的性质有关吗？

受访者：对，一是我们提升空间的问题；二是工资变动也不大，经验积累到一定程度，就会想着要走出去，一般是举家搬迁彻底离开这个地方。

访谈员：都是去大城市吗？

受访者：对，有时候会有许多新开的化工企业来我们这里挖人，会有我们跳槽后的老同事过来，跟我们聊聊那边待遇情况怎么样的。

访谈资料 DQ14，DQSH 总公司，员工，G 某。

访谈员：假如说您离开了这个公司的去向是什么？

受访者：这里有很多牵挂的，父母孩子。如果说要离开这边需要下很大的决心的，主要考虑还是薪酬方面，会有多大的发展空间。其实挺难，因为自己的家庭都在大庆，这边的各种关系都在这里。我朋友刚走，这边的房子、车全低价出售了。

访谈员：他那边是举家搬走的？

受访者：是，举家搬走，不留一丝牵挂。有的时候会伤感，又

---

① 数据来源：国家卫生计生委计划生育基层指导司，《人口与计划生育常用数据手册》，中国人口出版社 2016 年版。

走了一个朋友。

访谈员：这个情况每年很多吗？

受访者：每年会有两三位，也不是太多。

访谈员：是只有你们工人（群体）还是？

受访者：机关口也这样。怎么说呢，如果说你是老大，你去了一个不错的企业，企业还需要人，老大首先想到的还是原来自己带的人，干活顺手的，搭配好的，他就会回来挖人。

访谈资料DQ14，DQSH总公司，员工，G某。

国有企业员工的收入以及福利待遇一直是就业者乃至社会大众关注的焦点。东北大型国有企业员工收入明显低于南方国企员工的收入，同时社会舆论和政府的调节同样影响着国有企业员工的收入。

访谈员：你觉得相比私企来说你在国企有什么更突出的优势吗？

受访者：从行业角度来说优势肯定是有的，但是我们收入跟南方比差得比较多，那一比较，有的人脑子活就容易走了，因为换地方他收入高啊。

访谈员：那基本上是哪个年龄段走的，是年轻人走得多，还是中年人走得多？

受访者：一般是30岁到45岁这种年龄段的。

访谈资料DQ12，DQSH总公司，操作工，B某。

传统意义上，过去东北地区主要依靠劳动力供给、投资拉动等产业结构所决定的优势实现经济发展，但现在人力资本问题也一定程度地提上发展日程上来了，受人力资本缺失问题的限制，东北区域经济发展面临较大挑战。这种人员流失导致的人力资本缺失问题已经牵动东北区域发展的核心根基，也成为实现东北老工业基地全面振兴和经济转型的关键点之一。从我们所关注的东北大型国企社会资本角度来看，人力资本的缺失将在很大程度上影响社会资本的建构质量和作用效果。

正是由于人才外流的影响，才使得东北区域中"一城一企"社会特性显得尤为特殊和重要，大型国企的地位和作用亦越发显著，人们对工作机会、生活质量和发展前途的研判也更多地与大型国企紧密地联系起来，进而使得区域社会特性中社会资本的建构有了更多的国企属性和体制色彩。

对于东北大型国企而言，一个一个的国企员工利用个人社会网络在完成企业多维度任务时，如签署合同、达成合作、增加企业口碑、扩大产品品牌影响等，无疑是为企业经营效益的提升贡献力量。国企依靠整合全体员工的个人社会网络，实现了国有企业关系性社会资本的积累，为参与市场竞争积蓄力量。全体国企员工的个人社会网络是一个庞大的社会资本场域，在这样一个巨大而复杂的社会关系网络中，国企的关系性社会资本要依靠整合员工的个人社会资本获得。国企内每一名员工所拥有的个人社会网络都是潜在的国企关系性社会资本，都可能发挥着促进业务合作、完成工作项目、获得市场信息等功效，对国企收益有着积水成渊的影响。

但是，东北国有企业员工的离职与区域社会人口流失的现状，不仅会导致国有企业人力资本的损失，更会影响到东北国有企业内部和区域社会中社会网络的规模和社会资本总量，从而影响大型国企社会资本对东北区域社会发展的多维度作用效果。

第五章　东北大型国企社会资本的体制获得及符号效用[①]

本章从理论上将大型国企社会资本的中观多元作用机制统合考虑，基于理论分析和经验剖析，集中探讨大型国企社会资本的体制获得及符号效用。东北大型国企社会资本不仅涉及企业组织与区域社会的基础性关联，而且正是由于其独特的与体制相适应的建构内涵与作用机制，才使得大型国企的社会地位和优势价值在东北区域社会特性中愈加得以彰显。同时，大型国企社会资本的作用机制并非单一维度，由于受到社会关系的建构特性、单位体制特性、社会结构特性以及城企融合特性等结构性和情境性影响，其作用机制呈现多元化趋势，体现在信息机制、影响机制、信任机制以及认同机制等多方面。并且，基于多元作用机制，大型国企社会资本作用结果在"一城一企"区域特性基础之上呈现了鲜明的信息效用、符号效用、信任效用和整合效用等结果。

第一，信息效应体现在大型国企相对于政府部门与其他企业、体制与市场的类结构洞位置之上。一方面，政府部门乐于同所在城市大型国企共享相应的体制资源和信息；另一方面，其他企业也积极在大型国企的结构洞位置交换自身所需的市场资源和信息，这种处于体制与市场之间的类结构洞位置进一步增强了大型国企社会资本的信息效用。通过与政府紧密联系和长期合作建立的纵向联系，大型国企能够第一时间获得来自政府部门提供的优质信息并服务于自身的生存与发展。

[①] 本章部分内容已发表于《社会科学战线》2018年第9期，纳入本章时有较大修改。

第二，符号效应体现在国企在地域社会中建立的良好形象和地域社会对大型国企的高度认可。大型国企长期承担地域社会的关键角色和发展重任，建立了良好的企业形象，也促成了地域社会对大型国企和国企员工的高度认可。国企员工不仅是大型国企优质资源的占有者，也是地域社会内精英形象的承托者，因而更易得到地域社会内个体的信任和认可，从而在个人发展和企业贡献方面体现出大型国企社会资本的积极作用，形成国企员工的符号效用。

第三，信任效应体现在大型国企社会资本的内外部社会关联中。一方面，大型国企社会资本单位体制特性促进了大型国企内部各个员工、各个部门之间的彼此信任；另一方面，大型国企社会资本区域地位促进了国企员工对所在国企的信任与依赖。

第四，整合效用体现在大型国企社会资本对东北区域社会个体产生的社会认知和价值认同等影响方面。大型国企社会资本通过施加到地域社会中的国企烙印和塑造出的地域社会单位惯习，对地域社会个体进行了相当程度的社会整合。地域社会个体不仅呈现出对大型国企高度认可的认知后果，尤其在"一城一企"区域社会特性程度高的场域内，地域社会个体的价值观念、生活方式和就业选择也受到了大型国企社会资本的高度整合，并呈现出一定的相似性和同质性等群体特性。

2016年11月，国务院发布《关于深入推进实施新一轮东北振兴战略加快推动东北地区经济企稳向好若干重要举措的意见》（以下简称《意见》），[①] 强调要推进东北区域行政管理体制改革、全面深化国有企业改革，加快民营经济发展等。此《意见》的发布使得振兴东北老工业基地成为社会热议话题，再次占据改革的重点，东北国企开始了新一轮的振兴改革。为了保障东北振兴的有效实施和实践效果，我们就需要直面在东北区域社会特性，实事求是地认识大型国企的地位和作用，及其与所在城市的社会经济发展紧密相连的现实情况。因此，振兴东北必须解决在地央企和地方国企的发

[①] 2016年11月16日国务院发布《关于深入推进实施新一轮东北振兴战略加快推动东北地区经济企稳向好若干重要举措的意见》。

展问题,利用这些大型国企的自身资源谋求东北区域社会经济协调发展,以带动东北经济振兴、改善民生。这就意味着,我们需要跳出传统企业资源理论的观点,从传统的将企业视为一系列资源的集合体,强调企业的任务就是以最大效率的行为方式对资源加以利用的观点拓展出去,寻求东北社会中区域特性与大型国企契合发展的关键社会因素,从而带动区域社会的优势发展视角和整体协调发展,实事求是地收获对东北区域社会每一个社会成员都有质量、有意义和有价值的发展效果。对东北区域社会单位体制变迁中大型国企而言,其最显著的内部资源和外部关联体现为独特的社会资本建构内涵和作用结果。

社会学领域中,布迪厄将个人通过体制化的社会关系网络所能获得的实际或潜在资源的集合定义为"社会资本"①。具体来说,社会资本是有形和无形资源的总和,是可以被个人利用以实现自己的目标和提高自己社会地位的个人关系,是人们通过参与社团组织而逐渐积累起来的机会和优势,是社会网络内个体成员所拥有的实际及潜在的资源的总和②。因此,我们在对大型国企社会资本概念的界定过程中,将国企自身拥有的社会网络和国企内每位员工拥有的个人社会网络共同视为国企的社会资本。

林南在提及获取社会资本的行为时,把个体的能动性放入考虑之中,提出"社会资本是投资在社会关系中并希望在市场上得到回报的一种资源,是一种镶嵌在社会结构之中,通过社会关系获取的资源,包含其他个体行动者的资源(如财富、权力、声望和社会网络等),个体行动者可以通过直接或间接的方式获取它们"。③由于社会资本的获取具有主观能动性,因此企业社会资本既要考虑到实际拥有的、发挥效用的社会资本;也要包括潜在的、尚未发生效用的,日后可能获取的社会资本。这些潜在社会资本的发掘和使

---

① Pierre Bourdieu, *The Forms of Capital*. In John G. Richardson, ed., 2.

② P. Bourdieu, "Le Capital Social: Notes Provisoires," *Actes de la Recherche en Sciences Sociales*, Vol. 31, 1980.

③ Lin N., "Social Networks and Status Attainment". *Annual Review of Sociology*, Vol. 25, 1999.

用程度要依据行动者的主观能动性而定。社会资本理论中指出的具有能动性的个体行动者，并不单纯指"自然人"，也可以是组织机构或者企业集团。

将社会资本理论与东北区域国企研究相结合，能够更好地发现在市场竞争中企业通过投资社会关系来获取市场回报，有利于实现社会资本作用机制的演绎过程。在东北区域大型国企的发展不仅是一个企业自身的发展，而且和城市的发展有着密切关联，这种城企融合特性有助于我们在东北区域社会单位体制变迁中，基于大型国企社会资本的作用场域、机制和结果，发掘大型国企潜在的社会资源优势，认识东北区域社会特性，建构东北区域社会自身发展的优势视角。由此，本章试图在以下几个问题上做出新的探索：一是企业社会资本在大型国企维度上的特性体现；二是大型国企社会资本的构成、获得与作用机制；三是大型国企的体制性社会资本在市场转化过程中发挥的符号效用。

第一节 再议企业社会资本：争论与拓展

目前学界对企业社会资本研究相对较少，对其概念界定也存在争议。边燕杰、邱海雄认为，企业法人代表通过社会联系获取稀缺资源的能力是企业社会资本，并详细划分出企业纵向、横向和社会联系三种联系路径。采用企业法人代表是否在领导机关任职；企业法人代表是否跨行业出任管理职务；以及其个人社会交往是否广泛作为企业社会资本测量指标。[①]

刘林平则认为社会网络不等于社会资本，指出边燕杰、邱海雄对企业社会资本测量的缺陷，补充了企业社会资本的费用测量方法，并最终强调所谓社会资本就是企业动用了的、用来从事生产经营活动的社会网络和社会资源，其本质上是企业为了其生产经营活

---

① 边燕杰、丘海雄：《企业的社会资本及其功效》，《中国社会科学》2000年第2期。

动建构自己关系网络的交易费用。① 还有学者指出，"企业社会资本是企业拥有的，嵌入在企业内外部的关系网络中，通过推动协调的行为为企业的生产经营活动提供便利和机会的各种资源的集合"。②

可见，学者们对于企业社会资本的概念界定和测量方法有不同的观点。有学者将企业社会资本等同于企业法人代表的个人社会资本，这种界定方式没有考虑到其他员工的社会资本，对企业社会资本的概念界定和测量并不全面。而将企业社会资本的本质等同于企业动用了的、用来从事生产经营活动的社会网络和资源，甚至是交易费用的观点则忽视了尚未使用的、潜在的企业社会网络和资源，同样难以对企业社会资本进行完整界定。当前，即使学者们对企业社会资本的概念界定持有争议，但已经达成共识的是：企业的社会资本是企业各种资源的集合，为企业生产经营提供了不可否认的便利条件。

面对上述争议，我们认为：首先，仅通过企业法人代表的个人社会资本去衡量企业的社会资本并不完善。生活中我们经常可见，企业中的普通员工通过亲属、同学等个人社会关系网络完成自己的工作业绩，甚至不乏普通员工通过个人社会网络获取信息和便利条件为企业经营决策提供社会资源、获取信息的例子。对于国企员工来说他们属于体制内工作者，与自己的亲属或同学，尤其是不同行业、不同工作类型的跨体制个体打交道的过程中，实现了"跨体制社会资本的获得"。有研究表明，"当人们的个人关系网络跨越两种体制时，将产生跨体制的社会资本，而体制跨越者将获得包括收入在内的经济回报。通过同学关系连接到体制外的市场资源，可以成功提高单位和个人收入"。③ 国企员工在进行社会交往的过程

---

① 刘林平：《企业的社会资本：概念反思和测量途径——兼评边燕杰、丘海雄的〈企业的社会资本及其功效〉》，《社会学研究》2006年第2期。
② 张明亲：《企业社会资本概念模型及运作机理研究》，《西安交通大学学报》2006年第4期。
③ 边燕杰、王文彬、张磊等：《跨体制社会资本及其收入回报》，《中国社会科学》2012年第2期。

中，不仅实现了个人社会资本的建立，也积累了国企的社会资本。其次，不应该将暂未发挥效用的、潜在的社会网络和社会资源排除在企业社会资本范畴之外。回顾经典理论，在布迪厄提出的社会资本概念中，"潜在资源"被视为社会资本的组成部分，林南也表明个体在获取资源方面具有一定的能动性。现实生活中，企业员工的个人社会网络即使没有投入到生产经营活动中加以有效使用，仍应属于企业社会资本的范畴。这种社会关系网络的拥有保证了个体随时选择、使用社会资本的潜在能力，只要激发个体主观意愿或涉及个体利益，即可将个人社会网络中的资源动用起来，转化为企业的经营效益。这些潜在的员工个人社会资本理应作为企业社会资本的一部分，即使如刘林平所述社会资本的维持要企业投入"关系网络交易费用"[1]，也需要在拥有社会网络的基础上才能"有的放矢"。

在国家实施新一轮振兴东北战略的背景下，大型国企问题成为东北社会发展的焦点之一。同时，正如前述，大型国有企业[2]社会资本的独特性成为理解东北区域社会振兴发展的关键之处。东北区域大型国企属于体制内单位，具有一定的单位制特性，而在国企改革的过程中，又逐步推动市场化指向的深入改革。在东北区域社会中，往往一个或数个大型国企的经营效益直接与其所在城市的经济社会发展密切相关，即我们所提出的"一城一企"区域社会特性。

我国在市场经济转型的今天，伴随市场机制的引进，计划分配机制和市场竞争机制两者并存：原有的计划分配机制，通过行政体制配置资源；引进的价格机制，通过市场竞争体制引导资源配置。[3] 国有企业与其他企业相比独特性在于：国企属于全民所有制企业，由中央政府或地方政府投资并参与管理，其利益追求在于实

---

[1] 刘林平：《企业的社会资本：概念反思和测量途径——兼评边燕杰、丘海雄的〈企业的社会资本及其功效〉》，《社会学研究》2006年第2期。

[2] 依据《统计上大中小型企业划分办法（暂行）》文件，本书中国有企业指工业类大型或超大型国有企业。

[3] 石军伟、付海艳：《企业的异质性社会资本及其嵌入风险——基于中国经济转型情境的实证研究》，《中国工业经济》2010年第11期。

现国有资产的保值和增值,是国家重要的职能单位。在实现资源配置方面,国企具有一定的计划分配机制,具有体制内单位的特性。国有企业的企业家主要是通过政府委派或聘用的方式进入企业,没有良好的政府关系以及没有得到政府主管部门的信任,不可能作为国有资产的代表进入企业经营。所以,在转型经济背景下,国有企业一般被认为具有强政治联系。[①]

同时国企也参与到市场竞争中,引入市场价格机制、完成资源配置。由此,国企的生产经营活动就分跨在计划和市场两大机制之中。国企在两种机制的运行过程中,凝聚了体制性和市场性两种社会资本,这也使得国有企业社会资本具有独特性,不可与其他民营企业社会资本一概而论。

因此,我们结合国有企业独特性质和国企员工体制内工作的特征,主要突出国企社会资本的两个特色,即将国企社会资本独特性考虑在内,提出国企社会资本由体制性社会资本和关系性社会资本两部分组成,由此拓展企业社会资本的认识维度,丰富企业社会资本的概念外延。

(一) 与生俱来的体制性社会资本

在企业社会资本研究中,等级制社会资本主要是指企业对比自己社会地位高或低的纵向社会关系资源的利用,如对政治力量的使用、对组织等级制关系的利用、政府提供的资源等等。[②] 对于国企而言,等级制社会资本是与生俱来的,体现在国企的体制性。所谓"体制性"是指改革开放后,特别是市场经济逐渐建立和完善之后,国有机关、国有集体企事业单位被称为属于体制内,其余的被统称为处于体制外。[③] 国企从属于体制内,具有单位制特性。"这种体制性的单位组织是以国家行政制为基础的普遍行政等级制度,

---

[①] 刘林:《企业家社会资本与企业绩效关系:概念、理论与实证研究》,经济科学出版社2015年版。

[②] 石军伟:《社会资本与企业行为选择——一个理论框架及其在中国情境中的实证检验》,北京大学出版社2008年版。

[③] 边燕杰、王文彬、张磊等:《跨体制社会资本及其收入回报》,《中国社会科学》2012年第2期。

每一个单位组织都被组织到国家的行政等级制度中，获得一个相应的行政等级位置。而且在国家行政权力越来越'升值'的背景下，这些组织的行政化倾向还有发展的趋势。"[1]

我国多数的大型国企，虽然参与政企分离和市场化改革，仍然存在国家行政等级制度，保存着浓厚的单位制特性。在东北区域，这一现象尤为普遍，这与东北地区普遍为大型工业类国企有关。有学者提出，这种大型国企行政化的倾向更普遍地发生在限制介入性大型国有企业，是国家在市场化改革过程中对传统体制下有组织的现代化形式的一种保留，体现出一种区别于以往的新单位制。[2] 在以往，国企所具有的单位制特性体现在其企业内形成一个封闭的、多元功能、自我供应的整体，构成了中国政治与社会秩序的典型单位。国企在政治上是国家对社会进行整合、贯彻国家政策的机制，在经济上满足其成员生活与其他需求。[3] "市场化改革以后，国企以往对国家的整体依赖发生了分化，在新单位制的基础上，这些大型国企并没有成为纯粹的可流动的开放市场要素的一部分，而是形成了有清晰边界的新社会共同体。"[4] 国企仍保留着行政等级和单位制性质，其经营活动的开展嵌入在非经济性的制度和社会结构之中，不仅受市场影响，更依赖于国家工业发展战略布局、能源政策的调整等，与其他民营企业具有明显区别。

国企作为体制内单位，自身处在中央和各级政府以及职能部门等具有行政等级性质的社会网络之中，并非刻意建立、与生俱来的拥有体制性社会资本。对于国企体制性社会资本的测量方式，可依

---

[1] 李路路：《"单位制"的变迁与研究》，《吉林大学社会科学学报》2013年第1期。

[2] 刘平、王汉生、张笑会：《变动的单位制与体制内的分化——以限制介入性大型国有企业为例》，《社会学研究》2008年第3期。该文提出，根据企业所依赖的资源性质不同，限制介入性国有企业可分为两大类：一类是占有自然性资源，如稀缺或不可再生的石油、天然气等矿产资源的企业，另一类是占有"制度"性资源的企业，如铁路、民航、电信、电力、邮政、军工等部门。

[3] Xiaobo Lu, Elizabeth J. Perry, *Danwei*: *The Changing Chinese Workplace in Historical and Comparative Perspective*, New York: Routledge, 1997, p.56.

[4] 刘平、王汉生、张笑会：《变动的单位制与体制内的分化——以限制介入性大型国有企业为例》，《社会学研究》2008年第3期。

据其社会网络的"规模、达高性、异质性"[1]进行测量，具体视国企的规模和行政级别而定。

(二) 积水成渊的关系性社会资本

国企同其他企业一样，参与市场竞争、实现资源配置，关系性社会资本不可或缺。国企的关系性社会资本是指国企全体员工个人社会资本的总和，包括动用了的、尚未动用的社会网络和社会资源。生活中，人们往往在个体沟通和交往过程中实现资源分配，这些国企员工的私人社会关系网络就是社会资源分配的一个重要途径。"一般将交易性的市场关系和授予性的权力关系作为两种最基本的资源分配方式，但由于社会关系的复杂性和多样性，往往人们更愿意根据相互关系的性质和距离，通过社会网络进行社会资源的分配，而不是通过直接的商品交换关系和直接的强制性分配的。"[2]

现实生活中，全体国企员工的个人社会网络是一个庞大的社会资本场域。企业社会关系网络具有动态特征，它主要是与行动主体所进行的关系建设行为有关，具有很强的人格特征，取决于主体社会交往或与相关主体在社会相互作用过程中建立的关系网络特征。[3] 也就是说，在这样一个巨大而复杂的社会关系网络中，国企的关系性社会资本要依靠整合员工的个人社会资本获得。国企内每一名员工所拥有的个人社会网络都是潜在的国企关系性社会资本，都可能发挥着促进业务合作、完成工作项目、获得市场信息等功效，对国企收益有着积水成渊的影响。这是格兰诺维特所说的社会资本"隐形"的运用方式在劳动力市场中产生的回报。以社会网络中成员间日常信息交流为例，对于嵌入在社会网络中的个体而言，日常的、非正式的交流是维系社会关系的主要力量[4]。国企员

---

[1] Lin N., "Social Networks and Status Attainment". *Annual Review of Sociology*, Vol. 25, 1999.

[2] 樊平:《社会流动与社会资本——当代中国社会阶层分化的路径分析》,《江苏社会科学》2004 年第 1 期。

[3] 石军伟:《社会资本与企业行为选择——一个理论框架及其在中国情境中的实证检验》,北京大学出版社 2008 年版。

[4] Granovetter, M., *Getting a Job* (Revised Edition), Chicago: University of Chicago Press, 1995.

工生活中的日常交流和社会关系的建构，无论是在单位内部还是外部，这些社会交往都能够为其带来社会资源、提升国企关系性社会资本。这些社会资本无论当前是否发挥效用，都是国企潜在的、可使用的社会资本。

有研究表明，单位内部交往和外部交往对劳动者收入均有正向作用，外部交往的影响高于内部交往。[①] 国企员工在建立社会交往、获取社会资本的过程中，也提升了自己的经济收入。因此，对于国企员工而言，将个人社会资本作为国企社会资本的一部分，为国企提供关系性社会资本积累的同时，自身也能获得好处，而这种好处更直接的体现在国企员工的收入结构上。通常来说，国企员工收入由工资和绩效奖金等部分组成，工资依据岗位、入职年限等固定标准发放，绩效奖金的多少则取决于国企在市场竞争中的收益，同时也基于市场薪酬激励机制予以分配。国企的效益状况，直接与单位内每一位员工的经济收入"利益相关"。国企工资与奖金并行的制度，激发了国企员工社会网络建构行为以及使用个人社会资本促进工作完成的主观能动性。国企员工在动用个人社会资本完成工作任务或获取信息的同时，无形中提升了国企的工作效率和市场收益，也实现了国企员工个人收入的增长。这些通过员工日常交往获得的关系性社会资本为国企在市场竞争中提供潜移默化的帮助，是国企社会资本的另一重要组成部分。

综上所述，由于国企社会资本的独特性，作为企业社会资本中的特殊维度，国企社会资本应该分为两部分：一是国企自身具有行政等级制性质所获得的体制性社会资本，二是国企内每个员工所拥有的社会网络共同构成的关系性社会资本，两者共同组成国企社会资本。基于上述国企社会资本的概念界定，国企社会资本的测量也应该分两部分进行：国企的体制性社会资本测量应该依据国企的行政级别、企业规模进行测量。不同行政等级、不同规模的国企，与之打交道的政府部门级别不同，所拥有的体制性社会资本也不同。

---

① 刘伟峰、陈云松、边燕杰：《中国人的职场交往与收入——基于差分方法的社会资本分析》，《社会学研究》2016年第2期。

对于国企的关系性社会资本，测量国企全体员工的个人社会资本并不现实，可以提取国企内部一个科层序列体系下有代表性员工的个人社会网络进行测量。例如，选取一位总经理、一位中层经理、一位部门负责人、一位下属车间主任、一位车间操作小组组长、一位基层操作工人，对他们的个人社会网络状况进行测量，具体测量方式可参照定名法[①]、定位法[②]等。

第二节　国企社会资本的内部作用机制

（一）国企"体制性"社会资本的符号效用

林南在对于社会资本符号化的论述中提出，"一个行动者通过他的社会网络连接的资源代表了自我资源的全集。即使我自己不能使用或动用这些资源，他们也有很大的符号效用。让别人知道自己的社会资本，可以很好地改善自己的社会地位。符号效用的产生是因为这些信息通过联系来表现自我的潜力。因为存在着所谓的潜力——自我在必要时可以激活社会联系并利用那些资源，因此，散布关于自己有很多朋友有的信息为自我在其社会圈子中提供了很好的社会认可"。[③]

个体通过表现自我潜力而获得社会认可、借助社会资本的方式，实际上是借助社会资本发挥的符号效用。社会资本与人力资本、政治资本有着质的差异，后两者都是行动者个体拥有的资源，而社会资本是通过社会联系、社会网络获取的资源，这种资源是从网络中其他成员那里借来的。[④] 那么，如何展示自我潜力、能否取

[①] 由 McCallister 和 Fischer 1978 年采用，后来由其他学者进行了改进。目前在有关社会网络的文献资料中得到广泛应用（Lin，1999）。

[②] Position Generator，由林南首先提出（Lin & Dumin，1986），目前在社会网络测量中广泛使用。

[③] 林南：《社会资本——关于社会结构与行动的理论》，上海人民出版社出版2005年版。

[④] 林南：《社会资本——关于社会结构与行动的理论》，上海人民出版社出版2005年版。

得他人信任、与他人建立社会联系,甚至"借取"资源就变得尤为重要。

当今人们社会关系的建立早已不仅仅局限在工作单位之内,从单位内部的社会网络中获取的资源已经不满足个体建构社会网络、获取社会资本的需求,人们更多地建立了一些资源互换形式的工具性社会关系,为自己行动提供便利。随着这些社会关系的建立,社会网络成员的相似性正在逐步减少,与之相对的异质性网络在不断增多,因而嵌入社会网络中的社会资源的质量不断提高。[1] 人们都想获取这些高质量的异质性资源,而社会关系网络的建立亦需要双方具有一定的信任感。国企员工在与他人的社会交往过程中,往往对方会考虑到其国企员工的身份特征,对他更具信任感,这有助于国企员工进行社会交往、建立个人社会关系网络,也间接实现了国企关系性社会资本的积累。

在这一社会关系网络的建立和运行过程中,国企员工身份发挥了符号效用。国企作为体制内单位被大众所熟知和认可,员工个人借助国企形象获得他人认可和信任,获取社会资本。同理,众所周知国企作为体制内单位,拥有与生俱来的体制性社会资本,其符号效用的发挥使得许多单位、公司和机构部门更信任国企、愿意与之开展合作,帮助国企实现了社会资本的市场转化。这是国企社会资本内部作用机制的运行逻辑,下面对其进行详细阐述。

(二)"体制性"对"关系性"社会资本获得的促进

国企员工在与他人建立社会交往、获取个人社会资本的过程中,往往不自觉地依靠自己国企员工的身份,受国企体制性社会资本的符号效用影响获得。科尔曼提出,在人与人打交道的过程中,人们展示他个人拥有的、表现为体制内结构资源的资本财产,也就是社会资本。这些社会资本广泛存在于人际关系和社会结构中,并为社会结构内部的个人行动提供便利。[2] 特别地,当某种社会关系

---

[1] 张文宏:《社会转型过程中社会网络资本的变迁》,《社会》2008 年第 3 期。

[2] Coleman JS, "Social Capital in the Creation of Human Capital", *American Journal of Sociology*, Vol. 94, 1988.

第五章　东北大型国企社会资本的体制获得及符号效用

能给人们带来好处的时候，人们会有目的地创建和维持这种社会关系。①

人与人之间的相互交往与资源回馈，尤其是社会关系的建构和社会资源的互换，双方都希望保持长期有效的交换。这种人情交往般的社会交换，必须要靠交换双方的感情或者信任维系和推动，作为提供便利的一方，并没有任何明确的制度保障确定对方给予善意回报，只能期待对方在以后的某个时刻能同样为自己提供便利、进行偿还。然而，随着社会人口流动的加快，人们已经没有足够长的时间去了解一个人的品行、能力来判断其是否值得建立社会交往。因此，更习惯于通过一个人的职业和工作单位对他进行判断。"由于社会分工协作的要求，职位和职业的分化永远无法避免，身份的意义因而也就成了一个需要我们解读的、与人类社会同始共终的客观对象。从表现形式上来看，身份恰恰是人的'一切社会关系总和'的体现和直接表征。"② 依据这一衡量标准，国企员工由于工作单位的体制性会收获更多人际交往。

考虑到国企作为体制内单位，大多数员工与单位签订了长期、固定的劳动合同，工作单位稳定、员工在当地长期生活。并且，国企员工可在工作单位中收获稳定的位置资源，选择和体制内的国企员工打交道要比和小型私人企业员工、个体私营业主等非体制内单位工作人员打交道收获稳定、可靠回报的概率大得多。事实上，一个人是否信任对方，常常取决于这个人能否在自己力所能及的范围内通过其他人或其他途径，去证实对方的可信任度。③ 在国企这种具有体制性的单位来说，规范的员工档案管理、明确的上下级责任关系，甚至是单位内部人员名誉机制的存在，能够使国企员工之间形成相互约束和监管的氛围，甚至联合起来对违规行为进行制裁。

---

① 崔巍：《社会资本、信任与经济增长》，北京大学出版社2017年版。
② 苟志效、陈创生：《从符号的观点看——一种关于社会文化现象的符号学阐释》，广东人民出版社2003版。
③ Granovetter, M, "Economic Action and Social Structure: The Problem of Embeddedness". *American Journal of Sociology*. Vol. 91, No. 3, 1985.

(三)"体制性"社会资本符号效用市场转化的效果

国企体制性社会资本不仅在国企员工个人社会网络的构建上有促进意义,在国企参与市场竞争的过程中同样发挥了重要作用。在我们调研团队所采集的访谈资料中,有相当的个案显示了国企的这种优势符号效应。

有研究指出,国有垄断领域拥有较强的体制性资源,涉及重大发展战略的机遇、产业和区域规划及其竞标项目、财政资源和调配的体制内倾斜、国有部门的合法性和象征性资源等等。[1] 这些体制性社会资本在国企的市场参与过程中发挥着重要的符号效用,以至于合作机构更信任国企,国企更容易获得银行贷款、信用担保等便利条件,这些优势在国企竞争投标、进行项目合作过程中都有所体现。并且,由于国企是具有行政等级的体制性单位,在实现社会资本市场转化的过程中,国企依靠"体制性"社会资本获得政府的政策支持。

"因为我们单位吧,资金这块政府可能是很少帮忙的,只是政策上能帮一点。最近×省不也是开了一个党代会吗,政府那也是支持国企发展,你企业大了以后交税费,地方政府也提高GDP"。(访谈资料DQ09,炼油车间主任,L某,男,52岁)

这种情况不仅国企员工深有体会,更是被国企以外的同业者熟知。选择与国企合作共同完成项目,意味着可以共享国企的"体制性"社会资本,共同享受到便利条件。伴随着现代性市场中的高风险,人们选择的最稳妥的方式就是尽一切力量规避风险,或者将风险降到最低。国企作为国家参与经营管理的企业,是地方经济社会发展的重要支撑,在社会保障和城市经济发展等方面有重要意义。由于人们相信政府作为最宏大、稳定的机构,政策方针不会随意调整和改变,国企借助政府的威望,始终是人们心中"有保障""有信用"企业的代表。国企的体制性社会资本在市场竞争中给合作者们带来了更多的信任感,最终为企业的经济收益提升做出贡献。

---

[1] 边燕杰、王文彬、张磊等:《跨体制社会资本及其收入回报》,《中国社会科学》2012年第2期。

第三节　总结和讨论

本章在总结了以往对企业社会资本研究争议的基础上，立足东北区域单位体制变迁中的大型国企社会资本，反思了对作为一般性概念的企业社会资本，结合体制性新内涵，对东北大型国企社会资本建构进行了体制性分析，提出了国企与体制性关联的社会资本符号效用机制的新视角，为更好地理解东北区域社会特性与大型国企在社会资本角度的契合发展做出了相应的分析。

第一，在国企社会资本概念内涵方面，我们认为国企社会资本由两部分组成：一是国企自身具有的行政等级制性质所获得的体制性社会资本。国企的体制性将国企置于独特的位置关系中，给国企带来独有的关系网络（例如，大型国企直接由中央政府领导，其企业领导享受相应行政级别待遇）。体制性的社会资本使得国企与国家机关、各级政府以及科研院校等单位打交道的过程中具有独特优势。二是国企内每个员工所持有的个人社会关系网络的总和，无论这些社会网络是否为国企提供了资源和帮助，都应视为可激发的、潜在的国企关系性社会资本。这种庞大的潜在社会网络保证了个体在某个需要的时刻进行选择、获取和使用社会资本的能力，间接积累了国企的关系性社会资本。

第二，在国企社会资本的测量方法上，基于体制性的社会资本应该依据国企的行政级别和自身规模进行测量。不同级别和规模的国企处在不同行政等级的体制性社会网络中，所拥有的体制性社会资本也不同，因此对于国企的关系性社会资本应选取内部科层序列体系下有代表性员工的个人社会网络进行测量较为可行。

第三，在国企社会资本内部作用机制方面，国企社会资本的体制特性使其具有获得社会信任的符号效用，对关系性社会资本获得起促进作用。国企员工在与他人建立社会交往的过程中，往往由于其国企员工的身份获得他人信任，建立社会关系网络，实现社会资本的获取。并且，通过体制性社会资本的符号效用，国企更容易获得合作者的信任，享受银行贷款、资金信用等便利条件。这些优势促进了国企社会资本在市场竞争过程中向经济效益的转化，提高了国企的市场竞争力。

基于上述分析，我们再次回应前述探讨，即东北区域人们熟知的对工作单位"体制性"的依赖实质也是对体制性社会资本的依赖。从国企关系性社会资本的运作过程中我们发现，国企员工的员工身份代表了其拥有稳定、长期的社会网络，是值得与之建立社会交往的对象。国企自身处在体制性的等级结构中拥有位置资源，这些资源被社会大众所熟知和认可，以至于形成一种符号效用、一种象征。国企员工在与他人交往、开展社会行为的过程中，无须反复强调自己的可靠性，单凭其国企员工身份即可获得他人或机构的信任。例如，在申请贷款的过程中，银行要求贷款担保人是在体制内单位工作、签署长期合同的正式工作人员；甚至在一些民间的私营金融机构中明确表明如公务员、教师、国企员工等体制内工作者可以仅凭身份进行无抵押贷款。这是国企员工获得社会认可和信任的表现，也是东北地区许多求职者和工作人员迷恋体制内工作单位的原因。如何打破这种体制内外就业者社会资本再次分化，有效利用体制性社会资本为国企发展注入活力，是东北区域经济发展的重要问题。

总的来看，本章内容为企业社会资本提供了一个新的分析维度，通过对国企体制性社会资本和关系性社会资本的分析，展示了国企社会资本体制性新内涵及其作用机制，探讨了对国企体制性社会资本符号效用的发掘使用从而提升国企市场竞争力等问题；同时，丰富了对企业社会资本研究的认识维度与分析视野，提供了新的类型学意义，为东北区域社会特性中大型国企如何更好地通过社会资本的建构和作用实现城企融合的优势发展提供了新的思考路径。但是，对于国企社会资本的具体操作化和对国企社会资本优势的转化使用仍需进一步深入研究。

第六章　东北大型国企社会资本作用特性的新演进[①]

东北大型国企社会资本作用的社会基础、时空情境与结果效应等,都离不开国企自身的体制特性,但是,这种体制特性与国企成员关联起来,并非一成不变的,而是通过成员对体制依附的内容变化和层级变动,反映了大型国企社会资本作用机制的前提条件变化和作用机制演进。因此,东北大型国企社会资本的体制性建构基础,不仅体现了社会关系网络的特征变化与关系取向,而拓展出的体制依附更成为国企社会资本作用发挥的独特性表达。依附于体制才有了体制赋予的组织特性、符号信任和同质性认同等社会资本作用的特性表达,其演进变化反映了大型国企社会资本作用在宏观场域影响下的内涵特性与变化逻辑。

改革开放四十多年来,伴随着市场经济转型与产业结构变迁,东北地区大型国有企业的发展一直是国家和地区政府持续关注的重要问题。与传统计划经济时期相比,国有企业作为体制内[②]单位的典型代表,其传统单位制度色彩已不再明显,由国家统一集中管理、占有和分配各种资源的体制格局已经打破。随着社会化服务的蓬勃发展,人们需求满足和利益实现方式和途径的日益多样化,使得社会个体及单位员工对单位组织的依赖性在逐步地弱化。国企员工不再把单位看成一个工作和生活不可分割的"生活共同体",而是随着单位制度的解体和变形,逐步成为既保留单位体制特征又兼

[①] 本章部分内容已发表于《社会科学战线》2020年第2期,纳入本章时有较大修改。
[②] 为了叙述方便,除非有区分的必要,将使用"体制性"的概念来指称"单位组织"和"单位体制"等不同但相关的研究对象。

具市场功能的新国企。

东北地区受中华人民共和国成立初期大力建设大型单位制国有企业的历史影响，至今其区域内国有企业仍是该地区社会经济发展的主要动力，并且在城市与大型国企的不断融合发展过程中呈现出较为典型的"一城一企"区域社会特性（不同城市的典型程度并不相同，存在较大差异），从而可依据大型国企与城市社区重叠融合的情况探讨社会成员抵御风险、社会认同等内容。国企员工尽管割离了对国企组织、单位制度的工作和生活全方位依赖，仍保留着鲜明的利益驱动导向的体制的依附行为，并且具体依附内容发生了时代变迁下的新演进。这种新演进的本质逻辑反映的正是大型国企社会资本作用的关系构成变化、情境条件变化与作用效应变化。

第一节　区域社会特性中的演进变化

（一）从"全面控制"到"并不唯一"的依附选择

传统计划经济体制下，体制内单位尤其是以往的国营企业中，员工与企业之间存在一种传统的制度依附关系。对员工而言，企业所控制的资源不仅包括以货币和实物体现的物质生活资源，而且包括无形的"制度性资源"，如机会、权力、社会身份等等。"企业是个人社会地位和身份合法性的界定者，全面占有和控制员工发展的机会以及他们在社会、政治、经济及文化生活中所必需的资源，扩展到他们的整个社会生活。进而，企业处于一种绝对的优势地位，形成对员工的分配关系。"[1] 对于每一个企业员工来说，这意味着他必须全方位地依附于单位才能够满足自己的基本需要，实现自己的行为目标，进而取得在社会上行为的身份、地位和资格。[2]

---

[1] 孙远太：《从依附到合作：国有企业内部劳动关系再形成研究》，《江苏社会科学》2009年第5期。
[2] 李汉林：《中国单位现象与城市社区的整合机制》，《社会学研究》1993年第5期。

第六章 东北大型国企社会资本作用特性的新演进

美国社会学家魏昂德通过对中国计划经济时期特定类型工厂的组织结构研究，将当时中国工厂表现出的高强度的"制度性依附"内容概括为"新传统主义"。魏昂德所研究的中国特定类型的工厂，实际上就是中华人民共和国成立初期奉行单位制的国有企业的代表。因此，"新传统主义"理论一直被学界视为中国早期单位制研究的重要理论。其具体研究发现：第一，工人在社会和经济上依附于企业。工人需要依赖自己的企业满足社会和经济需求，包括健康保险、退休金、住房等等。并且，受限于当时的社会经济形态以及严格的社会控制，工人往往难以通过所在企业以外的外部选择机会获得收入或满足其他需求。第二，工人在政治上依附于工厂党政领导。企业领导尽可能地占据着所有的政治空间，通过安置各种政治组织、动员积极分子等方式实现制度性的政治管控。第三，工人在个人关系上依附于车间直接领导。车间领导掌握着工厂奖惩制度上的权力，对他们下属的工人有权实施雇用、解雇、奖赏等管理措施，在相当高程度上实现了工业中的权力个人化。[①] 魏昂德呈现了国企工厂中特有的经济、政治结构以及内部组织管理方式，系统刻画出员工与单位之间的传统体制依附关系。在这种传统的依附关系中，员工获得经济、政治和社会生活资源的途径单一，人们的全部生活境况取决于所在的工作单位。

事实上，传统的体制依附之所以形成并得以持续发展，不仅是由于魏昂德笔下共产党社会的国营企业内部独有的管理方式的运行，更是"国家—单位—个体"社会统治结构的全面贯彻和推动发展。在计划经济时期，单位作为统治结构中承上启下的一环，以资源控制的方式实现并保障了其作用机制的有效运行。"在国家和单位的关系上，国家全面控制社会资源，处于一种绝对的优势地位；在单位与个人的关系上，单位全面占有和控制单位成员发展的机会以及所需的几乎全部资源，形成对单位成员的

[①] [美]魏昂德：《共产党社会的新传统主义——中国工业中的工作环境和权力结构》，龚小夏译，香港：牛津大学出版社1996年版。

支配关系。"① 这使得员工与单位之间的依附关系坚不可摧。

然而,伴随改革开放与市场化进程,中国社会经济形态发生了巨大改变。区别于国家高度集中的再分配体制和垄断重要社会资源的经济控制形式,国家开始大力扶持经济发展、保持市场活力,使得民营、私营等企业以及新兴经济等多种模式蓬勃发展。同时使得人们职业选择具有多样性,社会生活流动性增强。面对新形势,新传统主义理论下的"传统体制依附"模式是否依然存续,其内容发生了何种改变;如果不适用,如今取而代之的模式是什么。在市场经济高度发展的今天,如何理解特定社会区域中人们对"编制"、"体制内单位"以及"单位制度"等的传统制度保障的热情不减?

对此,有学者提出,由于社会上劳动力过剩、就业机会有限,社会保障的配套措施不完善,比较起来还是单位制工厂的资源比较稳定可靠。所以,工人对工厂的依附程度并没有根本的降低。② 也有学者从社会地位的角度考虑,认为当今社会中个体社会地位的高低,不仅仅取决于职业地位或人力资本,在很大程度上还取决于其所在的单位。在中国的城市社会中,单位体制是最重要的社会分层制度之一,单位地位的获得是最重要的地位获得机制之一。③ 尽管经济形式多样化,但个体仍需依附于单位获取社会身份与地位,实际上仍延续着传统体制依附的内容和模式。还有学者提出了一种相对变革的观点,认为中国正在进行的市场化改革成为单位组织创新与开发单位体制生命力的重大举措,市场化改革的最终目的并不是否定单位体制,而在于通过其内在逻辑的更新,使得单位体制成为一种适合超大型社会调控的制度形式。单位组织内在的合理性,应随着市场力量的扩展得到逐步强化,使得单位组织在法治结构中重新回归生活,达到社会调控体

---

① 李汉林:《中国单位现象与城市社区的整合机制》,《社会学研究》1993 年第 5 期。
② 李钲金:《车间政治与下岗名单的确定——以东北的两家国有工厂为例》,《社会学研究》2003 年第 6 期。
③ 李路路:《论"单位"研究》,《社会学研究》2002 年第 5 期。

系的再造。①

对于上述观点，我们认为，由于市场竞争所带来的风险及不确定性，人们对单位体制保障性的偏好等观念依然延续。个体对单位体制仍具有物质生活、社会身份获得等方面的依附性，在一定程度上延续着传统的体制依附理论。单位体制在市场力量的作用下，依然葆有发展活力，具备延续成为社会调控制度的潜力。

在东北"一城一企"区域针对大型国企员工的调研中发现，国企员工对体制依附的内容中仍保留着部分魏昂德的传统依附，却也衍生出新型依附，实现了依附层级的新演进。

其中，传统的依附内容中保留着个体通过单位体制所获得的经济收入、住房、失业保险、医疗保健、物质生活保障、工作中的培训机会、个人职业提升机会以及社会地位等，以上传统依附形式内容，属于基础层级的依附内容。笔者之所以将其划分为基础层级，是由于其获得途径的不唯一性，在市场经济形势下，离开单位体制人们同样可以通过其他途径获得以上传统的依附保障，并不需要完全依附于体制获得。

结合社会实地调研所得，我们提炼出体制内单位员工在"体制"中获得的"规避裁员风险""工作稳定性"等生活稳定感方面的新型依附性内容。并将其划分为高级依附层级。在激烈的市场竞争中，体制外单位的就业者要随时面临公司亏损、裁员甚至倒闭等风险，其员工要独自承担市场不确定性所带来的个人生活风险。因此，以"稳定"为核心的生活方式成为风险社会中人们的新追求。新型依附内容以个体主观价值层面的"稳定性、保障感"等无形的、隐性的形式存在，切实充斥在人们的日常生活中，潜移默化地改变着人们的观念认知与行为策略。其获得方式具有唯一性（只能通过体制获得），是体制性所提供的独特依附内容，属于市场经济模式下具有时代特色的新型依附内容与模式。

当然，这并不意味着经济收入、医疗保障和住房保障等传统体

---

① 刘建军：《单位中国——社会调控体系中的个人、组织与国家》，天津人民出版社2000年版。

制依附内容消失，而是在高级层级依附内容影响下变得有所减弱。基础层级的经济、物质方面的依附内容和高级层级的社会生活稳定感方面依附内容并存的局面，共同构成当今时代下的新型体制依附内容。基础层级的传统依附减弱、高层级依附内容提升的动态演进过程，正是时代特征下体制依附发展的具体表现。

（二）"一城一企"区域特性与依附延续

东北区域大型国企与城市社区相互交融，所在城市的社会经济发展与治理等与当地大型国企密不可分，形成较为典型的"一城一企"区域社会特性。受其影响，国企员工对企业的新型体制依附体现得更加明显，企业对员工工作、生活的管控仍具有持续的影响力。在以往研究中，有学者从政权、区域历史等不同角度对单位制度的管控形式等状况进行解答。如魏昂德给予共产党政权的稳定基础以"社会网络"的解释，认为在"社会主义社会契约"与"组织性依附的情况下"，单位承担了重要的资源分配责任，并且是个体获得生活资料与各种机会的唯一途径，国企员工呈现出对企业的社会和经济方面的依附。[1] 针对东北地区，有学者提出东北区域的大型国企并未完全实现的市场化转型，依旧保留了一部分原有的单位制特性，是传统计划体制的社会机制和市场化社会机制共生的社会结构。"越是受计划体制影响较深的地区，社会成员在总体上适应市场的能力就越差。一系列有关单位制研究的成果表明，在相当长的时间里，国家全面占有和控制各种社会资源，进而形成对单位的绝对领导和支配，这种纵向的隶属关系，又不断强化单位成员对单位的全面依赖。"[2]

本章结合以往学者研究结论，将视角聚焦在东北"一城一企"地区的大型国企，所提出的"依附延续""新型体制依附"等概念特指发生在该区域体制内单位员工对于大型国有企业的依附内容、模式的层级演进。结合单位制传统与东北区域历史特征后，我们将

---

[1] [美]魏昂德：《共产党社会的新传统主义》，龚小夏译，牛津大学出版社1996年版。

[2] 刘平：《"人力资本失灵"现象与东北老工业基地社会》，《中国社会科学》2004年第3期。

东北"一城一企"区域内大型国企与所在城市社区呈现出的典型城企模式与依附性延续的关系概括为以下几个方面。

一是社会网络与社会联系方面。大型国企与所在城市社区的高度融合形成了东北区域典型的"一城一企"模式。如在长春市，市内的大型国企中国第一汽车集团有限公司所坐落的地区，被直接命名为"汽车厂区"，实现了企业属地与行政区划的统一。区域内工作、生活的多为一汽集团公司的员工与家属，邻里之间既是同事关系，又仍然保有一家中几代人同在一个厂子工作、退休的情况，区域内居民相对于其他区域彼此更为熟悉。所在区域的区级政府机关、街道办事处和社区等行政机构面对的居民几乎都为企业员工。以上现象使得当地大型国企深深嵌入所在城市的政区和传统的单位社区中，国企中的行动者受单位社区的社会关系网络与传统影响，员工所工作、生活的区域仍没有脱离"熟人社会"模式，区域内部社会仍然延续以计划经济时期形成的单位制生活方式和价值体系为相关社会群体认同的习惯社会。

二是历史传统与组织印记方面。在韩亦、郑恩营对国有企业组织印记的研究说明"区域内多为建国初期兴建的传统大型国有企业，人们对于国有企业仍然具有直接或间接的组织印记，虽然经历了一系列的国企改革，但是组织学习、制度合法性以及利益相关方的要求使得新国企把老国企早期的组织印记学习和承担下来，成为新国企的印记"[①]。东北"一城一企"区域，受中华人民共和国成立初期国企建设的历史传统影响，具有典型的国有企业组织印记，使得人们对国企的制度、福利和保障等问题仍延续着国企建立初期的印象，即使国有企业改革带给国企深刻的改变，但人们对其基本的国企单位制度传统印象仍然保留。

三是市场特征与经济发展方面。由于中国改革开放以前是全盘的公有经济，市场化改革后的今天，尤其是"一城一企"区域内，当地大型国企在经济质量上仍具有相当的实力。一座城市中规模最

---

① 韩亦、郑恩营：《组织印记与中国国有企业的福利实践》，《社会学研究》2018年第3期。

大的企业就是当地的大型国企，民营、私营等企业数量少、发展程度不足。人们只有在当地的大型国企工作才能相对容易获得个体的社会地位、生活保障感和生活稳定感等，这些是个体在体制外单位工作所难以获得的。加之东北老工业基地社会生计习惯的特点，传统的国有企业作为一种社会生活的组织方式，即使在市场化的环境中，还仍然具有持续的影响。这种影响不仅反映在老一代职工中，在新生代职工群体中也有一定的吸引力。现实的区域经济发展状况的导致了老一辈和新生代国企员工都在获得社会地位、保障感和稳定感方面更加依附于国企。

综上所述，"一城一企"区域的大型国企与所在城市单位社区、地方行政机构的社会联系难以分割，国企员工的经济生活保障和社会生活资源仍要依附国企平台获取，使得国企员工在动态演进中延续着对国企的依附性。在具有老工业基地传统，并以单位制社会组织的过密化结构与市场环境的镶嵌性特征为基础的区域内，选择大型国企对其员工与单位依附关系的演进现象进行研究，更具有时代价值。

（三）"新"在何处——依附的层级演进

诚如德国学者乌尔里希·贝克所言，"在发达的现代性中，财富的社会生产系统地伴随着风险的社会生产。市场经济制度与传统经济体制相比，处在一个相对较高的物质生活标准和发达的社会保障体系的背景上，人们已经被解除了阶级义务，而不得不求助于他们自己对个人劳动市场生涯的规划"①。在改革开放和社会发展的进程中，随着对外开放的加快和老工业基地改造的深入，东北地区经济逐步走出发展困境。但区域内的民营经济主要以个体工商业为主，产业多集中在小型商业、餐饮业等传统服务业，尤其缺乏规模大、实力强对地区经济拉动大的大型民营企业。面对市场经济发展落后、民营经济活力不足的现状，东北地区就业者为了规避裁员、失业等生活风险，最好的选择就是进入体制内的大型国企，而不是

---

① ［德］乌尔里希·贝克：《风险社会——新的现代性之路》，张文杰等译，译林出版社2018年版。

去尚不成熟的市场打拼。

经历了社会的发展和转变过程，人们对于体制性的依附层级可以分为两个阶段。在计划经济时代，国企工人受益于大型国有企业的单位制模式，具有稳定生活保障被视为理所当然。如今在市场转型和国有企业改革势不可挡的潮流变更下，国企员工早已经适应了市场化竞争带来的转变。随着新一代年轻员工的入职，他们从未体验过计划经济时代国企工人的体制性福利，因此也谈不上对以往模式的怀念。但是，人们仍然追求在体制内的国有企业就业，在高风险的市场化就业环境中，人们追求"有保障的安稳生活"愿望更加迫切。随着时代的发展和人们生活境遇的改变，虽然国有企业改革过程中传统的住房分配、医疗卫生等体制性福利待遇消失，但依然没有使国有企业丧失其吸引员工的独特魅力。国企仍然是可以给予个体生活稳定感、抵御风险社会带来的不确定感和危机感的重要单位，在充满风险和不可预见性的生活环境中，国企员工对于抵御风险社会的依附需求高于物质生活保障的依附需求。实际上，员工对大型国企等体制单位的依附性实现了由经济和社会、政治身份等基础生活层面依附向个体社会生活稳定感依附的层级演进。这也就解释了为何在新的经济形态下，人们依然对于体制内单位具有选择偏好。

笔者对个体高层级依附的"稳定感"有两个维度的解读：一是物质保障上的稳定感，即工作稳定感；二是社会生活上的稳定感，即人际关系稳定感。工作稳定感体现在当地城市中规模最大、发展程度最高的企业就是当地的大型国企，民营、私营等企业数量少、发展程度低，员工福利保障等较国企而言仍不完善，甚至在聘用、裁员等问题上，仅凭私营企业管理者个人决定员工的聘任问题。尚且不提在市场上与国企的竞争性，一些小型企业自身都随时面临倒闭的风险。在这样的社会经济环境下，国企规范的用工制度与工作管理成为可以满足个体获得稳定物质保障的体制性单位，给予员工的稳定生活的保障是不言而喻的。

社会生活上的稳定感，主要来源于国企员工社会关系和社会网络的稳定性。格兰诺维特提出，自我是"嵌入"于社会关系网络的，自我无论是要实现其获取财富的经济目的，还是实现其获得声望或承认的社会目的，都必须采取与其关系中人开展交互关系的行动。① 大型国企深深嵌入所在城市的政区和传统的单位社区中，国企中的行动者受单位社区的社会关系网络与传统影响，员工所工作、生活的区域仍没有脱离"熟人社会"模式，依附于国企平台员工互相之间既是同事又是邻居，在漫长的工作过程和人际交往中员工可以获得当地社会关系的稳定感。

　　前述章节我们曾经谈到社会生活的稳定感是如何在当地大型国有企业内实现的，即社会成员只有在自己的社会网络之中才有最好的安全感和效能感，因为回到自己的社会网络中，自己的网络身份才能发挥信用，才能如鱼得水。② 东北"一城一企"区域中的大型国企员工在社会生活中，由于个体的生活与工作的社会网络重叠，因此个体身份合法性的来源更多的是通过所在单位建构了一个持久性的社会网络。在这个网络中，相互熟识的关系多少已经固定化了，并且通过单位平台不断整合着网络中潜在的社会资源。只要个体确定了网络成员的身份，网络中资源可供每一位成员使用，赋予网络内固定成员社会身份、信用，使其获得社会认同等。同时，区域内的社会网络和社会资本具有一定的地域性限制性，个体对单位的社会网络依赖只有个体在其工作、生活的地域中体现得更加明显。这也代表着，在"一城一企"模式的地域生活，脱离单位组织的社会网络，个体难以使用网络中共有的身份、信用而独自获得社会资本。可见在对单位依附层级的演进过程中，国企员工实现了从基础的经济、社会生活依附到个体生活保障感、稳定感等主观生活感受依附的演进。人们提起在国企就业，其优势不再局限于物质生活保障等方面，而是更关注其单位平台带给个体的人际关系、社会资本等隐性收益。

　　国企员工依附层级演进的过程，也是时代的变革和单位制的新

---

　　① ［美］格兰诺维特：《镶嵌：社会网与经济行动》，罗家德译，社会科学文献出版社 2007 年版。
　　② 王雨磊：《论社会资本的社会性——布迪厄社会资本理论的再澄清与再阐释》，《南京师范大学学报》2015 年第 1 期。

型发展趋向的缩影。国内学者对于单位体制的存续问题历来持有"维续论"和"变革论"两种观点，维续论认为单位制度仍然是中国城市社会的基层组织制度，如李钘金[1]通过对东北两家工厂下岗人员名单确定过程的考察，得出"新传统主义"延续至今的结论。而变革论学者则强调随着市场转型与再分配体制的改变，中国社会的组织形式已经从单位组织转变为市场契约形式，不管是组织还是个人，都主要以个人利益为导向建立契约。

通过国企员工对单位体制依附具体内容的层级演进，可以更好地反思上述两种单位制理论研究。即单位制的"维续论"，维续了什么？"变革论"，又变革了什么？在中国的市场经济发展过程中，市场的实践行为始终先于其制度的确定性，而在社会转型的过程中，制度的建设和完善本身具有"试错"过程。加之中国经济发展水平和转型结果的地区不一致性，东部沿海等经济改革先行区与后置的东北、西北等内陆地区，经济社会状况本身不具有一致性。甚至，仅在东北"一城一企"地区，单位制的"维续"和"变革"就存在并存的局面。笔者通过对国企员工体制依附层级演进的微观、具体的研究，认为在东北"一城一企"区域中，单位制的"维续"和"变革"同时存在、发展。单位制仍然是城市社会的基层组织制度，其组织制度性具有维续特征；而其具体内涵则发生了变革，单位制从带给员工政治身份、强调抽象的整体利益更确切的变革为契约精神，个人利益导向。具体而言，国企员工继续依附于"体制"平台，但更注重在平台内获取生活保障、生活稳定感和社会资本等个人利益。借用体制性的单位组织与其形成了新型的契约关系，即作为体制内一员，不再要求单位对其实行终身性的责任制度，而是依托体制性获取当今时代已日益稀少的生活稳定感。体制性的平台需要维续，而切实的利益关系发生了变革。

我们认为，导致东北"一城一企"地区单位制度"维续"与"变革"并存的作用机制主要有以下三点：第一，地区经济与市场

---

[1] 李钘金：《车间政治与下岗名单的确定——以东北的两家国有工厂为例》，《社会学研究》2003 年第 6 期。

发展现状。东北地区经济社会发展的主要推动力仍以大型国有企业为主，中小型企业发展缓慢，在传统的国有企业单位占比大、发展程度高的现状中难以完全实现单位制度的"变革论"。第二，传统延续与新时代的特征。单位制度当前依然是区域内重要的组织形式，人们不仅具有"维续"单位制度的传统观点，并且在风险社会时代个体生活的高度不确定性中，人们更为怀念和向往传统的单位体制。虽然其向往的内容本身已不再奢求国企对员工从生到死的无限责任，但能拥有一个付出劳动获取回报的稳定、长期的交易场所已成为新时代下人们的基本追求。第三，城企相融的区域特性。在员工所工作的单位与所生活的城市相融合的区域特性下，更突出地体现了城市社区中工作、生活等社会网络所具有的社会性，个体更难以脱离单位平台获取社会资本，实现稳定的社会生活。因此，基于"一城一企"调查数据，本章进而展开实证层面的分析与检验。

第二节 实证分析与模型解读

（一）研究假设

随着市场化进程和国有企业改革的推行，东北区域大型国企正在逐步脱离传统的"企业办社会"等单位制特征。以往大型国企中所承办的学校、医院等附属机构已经逐步回归社会，国企员工对国企以往所提供的医疗、住房、子女入学等传统的生活保障依附逐渐减弱。然而，这并不意味着国企员工对单位的依附现象有所改变，只是传统的物质生活保障依附已经不再占据主导地位。在新的市场环境和时代特征下，员工对国企的依附层级发生了演进，在保留传统物质生活保障依附的基础上，开始侧重于对生活稳定性的高层级依附。这种传统依附的减弱和新型依附的增强演进趋势，呈现出当今东北大型国企员工独特的体制性依附特征。

东北国企员工对单位依附的演进是否由于东北区域"一城一企"模式作用而形成的？东北国有经济占比高，国企体制庞大且与城市社区重叠融合；城市发展与大型国企紧密相关，国企员工工作、生活的社会网络高度重合。在此情境下国企员工所呈现出的对单位依附内容的演进现象，能否从"一城一企"模式的影响中进行解读，值得深思。

基于上述分析，笔者从两个层面提出研究假设。首先，检验东北区域大型国企员工体制依附出现新演进的现象，通过国企员工对单位的基础依附内容到高层级依附内容对体制依附的新演进做系统说明。其次，验证"一城一企"模式是不是影响东北区域国企员工实现依附层级演进的重要因素，是否大型国企与所在城市社区的高度融合性使得国企员工更加难以摆脱对单位的依附。综上所述，笔者提出如下假设。

假设1：在东北"一城一企"区域中，大型国企员工的体制性依附内容由基础层级向高层级的新型体制依附内容演进，呈现新型依附内容。

假设1.1：在东北"一城一企"区域中，大型国企员工基础层级的体制性依附内容减弱。

假设1.2：在东北"一城一企"区域中，大型国企员工高层级的体制性依附内容增强。

假设2：东北区域特性中的"一城一企"模式是国企员工体制依附演进重要影响因素。

假设2.1："一城一企"模式中，城企经济融合对国企员工体制依附演进有促进作用。

假设2.2："一城一企"模式中，城企地域融合对国企员工体制依附演进有促进作用。

假设2.3："一城一企"模式中，城企心理融合对国企员工体制依附演进有促进作用。

（二）数据与变量

本书所采用的数据来自2017年"东北'一城一企'区域单位体制变迁中大型国企社会资本作用"课题组调研。此次调查采取随机抽样，在长春、吉林、大庆的大型国企中选取在职国企员工进行问卷调查，并对抽样依据性别比例、国企员工身份的干部工人比例等标准进行最后确定。考虑部分变量存在缺失值，对数据进行清理后共获得有效样本769份，其中大庆市样本量298份，长春市样本量371份，吉林市样本量100份，数据本身具有较高的代表性。

变量选取方面，因变量是"依附性"，着重探讨当今社会东北大型国企员工对单位经济和社会生活方面依附内容的层级演进。其中，是否具有依附性的判断选取题器：说法"我的工作和我的生活都离不开我的单位"在哪种程度上符合您的想法？选项包括"非常符合、比较符合、一般符合、比较不符合、非常不符合"。本书将回答"非常符合、比较符合、一般符合"视为具有依附性，并对此进行二分处理。其中，回答者表示对所在单位具有依附性的国企员工占70.48%，表示对所在单位不具有依附性的国企员工占29.51%。可见，国企员工对其工作单位具有高度依附性。

需要说明，假设一和假设二有不同的解释变量。假设一检验的是基础层级体制依附向高层级体制依附内容的演进过程，解释变量包括员工物质生活、社会生活等方面内容，可概括为基础层级和高级层级内容两部分进行解释。

基础层级包含：（1）物质生活层面（经济收入、福利住房、失业保险、医疗保障和基本物质生活保障），问卷对应的问题为："拥有可观的经济收入对您选择留在本企业工作有多大影响"；"您的工作单位是否为您提供住房"；"您的单位对您的失业保险在何种程度上负责"；"您的单位对您的医疗卫生保障在何种程度上负责"和"只要在这工作我就不担心我的生活保障在何种程度上符合您的想法"。（2）个人发展层面（培训机会、个人提升机会），问卷对应的问题为："您对目前这份工作获得培训机会的满意程度如何"；"您获得自我提升、发展机会（如升学、出国，但不包括升职）是否来源于单位内部给予"。（3）社会地位层面，问卷对应的问题为："在本企业工作获得的社会地位对您选择留在本企业工作有多大影响"。

高级层级主要侧重于国企员工对单位体制提供的生活稳定性的依附，更加注重国企员工的社会生活层面以及生活稳定感的主观感受，包括对失业风险的规避与工作、生活的长期性。问卷中所对应的题器为：说法"不管业绩怎样，我的企业都不会裁员"；"我会在这家企业工作一辈子"在多大程度上符合您的现状。通过以上问题笔者对上述问题的答案统一按照"是、否"分类，进行二分处理。

假设二检验的是"一城一企"模式因素对国企员工依附性的影响，将"一城一企"模式中城市与企业的融合程度划分为三个方面（城企经济融合、城企地域融合和城企心理融合），问卷对应的问题为："您的企业在工资发放上，是否通过本地银行办理（如您在长春，工资发放使用吉林银行账户）"；"因家庭所在地制约对您选择留在本企业工作有多大影响"；"假如您离开目前所在的单位，您在这个城市生活是否会有局外人的感受"由于本书仅探讨上述变量对依附性是否有影响，因此笔者将上述问题的回答统一按照"是、否"分类，进行二分处理。

控制变量涉及基本社会人口特征的常用变量，主要包括性别、年龄、受教育程度、婚姻状况与党员身份等，将其纳入模型中作为控制变量。各变量的描述性统计见表6-1。

表6-1　　　　　　　　主要变量的统计描述

	具有依附性（%）	不具有依附性（%）	差异性检验
基础层级			
经济收入	89.60	10.40	53.32***
住房保障	16.51	83.49	29.45***
失业保险	92.59	7.41	9.43**
医疗卫生保险	95.32	4.68	15.07***
生活保障	72.69	27.31	158.77***
培训机会	72.43	27.57	41.52***
单位给予的个人提升机会	11.57	88.43	2.40
社会地位	78.41	21.58	53.31***
高级层级			
规避裁员风险	59.95	40.06	117.14***
我会在此单位工作一辈子	77.51	22.49	201.28***
"一城一企"模式因素			

续表

	具有依附性（%）	不具有依附性（%）	差异性检验
工资通过本地银行发放	65.28	34.72	28.57***
受家庭所在地制约	85.43	14.56	31.24***
离开单位有"局外人"感受	37.84	62.16	8.51**

表中样本量均为769，$*p<0.1$，$**p<0.05$，$***p<0.01$

表6-1中呈现的是本研究的主要自变量对国企员工依附性影响。其中，经济收入、住房保障、失业保险、医疗卫生保障和生活保障为基础的经济和生活方面依附；培训机会和单位给予的个人提升机会属于员工个人发展依附；社会地位作为主要自变量则是对个人是否依附于单位获得在当地的社会地位的考量；以上均保留了基础层级依附色彩。统计结果显示，基础层级的依附内容仍然对员工依附国企现象发挥重要影响。"规避裁员风险"和"我会在此单位工作一辈子"等变量则是新时代下依附演进呈现出的新内容，属于规避风险获得稳定生活的高层级依附，具有重要影响。

我们将"工资是否发放通过本地银行"；"单位选择是否受家庭所在地制约"和"离开本单位在此城市是否具有局外人的感受"等题目分别提炼为"城企经济融合"、"城企地域融合"和"城企心里融合"变量，以此构建"一城一企"模式影响因素。统计结果显示，"一城一企"模式作为依附性的重要解释变量，具有不可替代的作用。另外，基于本人口维度的控制变量对依附性的影响并不显著，因此我们不做进一步讨论。

（三）模型分析结果

如表6-2所示，模型结果呈现：

表6-2 关于新型依附内容及影响因素的二元逻辑斯蒂回归分析

	模型1	模型2	模型3	模型4	模型5
控制变量	已控制	已控制	已控制	已控制	已控制
基础层级					
经济收入	0.587** (0.291)	0.517* (0.295)	0.277 (0.312)	0.231 (0.335)	0.238 (0.336)

续表

	模型1	模型2	模型3	模型4	模型5
控制变量	已控制	已控制	已控制	已控制	已控制
住房保障	1.070***	0.979***	0.934***	0.819**	0.657*
	(0.351)	(0.353)	(0.355)	(0.378)	(0.381)
失业保险	-0.576	-0.787*	-0.834*	-0.646	-0.606
	(0.442)	(0.447)	(0.450)	(0.482)	(0.488)
医疗卫生	0.965*	0.913*	0.854	0.349	0.204
	(0.534)	(0.534)	(0.537)	(0.574)	(0.588)
生活保障	1.965***	1.870***	1.776***	1.073***	1.085***
	(0.201)	(0.204)	(0.208)	(0.254)	(0.258)
培训机会		0.668***	0.604***	0.513**	0.575**
		(0.213)	(0.215)	(0.227)	(0.232)
个人提升		0.524	0.457	0.620*	0.612*
		(0.337)	(0.339)	(0.362)	(0.363)
社会地位			0.653***	0.462*	0.163
			(0.241)	(0.253)	(0.291)
高级层级					
裁员风险规避				0.584**	0.632**
				(0.247)	(0.248)
工作稳定性				1.561***	1.501***
				(0.251)	(0.256)
"一城一企"模式					
城企经济融合					0.595***
					(0.217)
城企地域融合					0.602*
					(0.323)
城企心理融合					0.520**
Constant	-6.561***	-6.779***	-7.093***	-6.891***	-7.551***
	(1.811)	(1.858)	(1.880)	(1.960)	(2.031)
Observations	730	730	730	730	730
R^2	0.2251	0.2395	0.2477	0.3101	0.3285

Standard errors in parentheses ***p<0.01, **p<0.05, *p<0.1

第一，模型1为基础层级的物质生活层面依附模型，自变量为经济收入、住房保障、失业保险、医疗卫生和生活保障。结果显示，基础层级的依附内容中的经济收入依附、住房保障依附、生活保障依附和医疗卫生依附仍然是国企员工对国有企业依附的重要部分，而失业保险则在依附内容中体现得并不显著。国企员工的体制性依附中仍保留了国企员工对单位经济收入、住房保障、医疗卫生和生活保障方面的依附因素，是基础层级体制性依附保留在新型体制依附中的内容。

第二，模型2为基础层级的个人提升与发展依附模型。其中，获得培训机会对员工的单位依附性具有显著影响。可见，即使在市场经济逐步发展的今天，国企员工职业前景的提升、培训等个人发展的机会在仍是需要依附单位获得，途径单一。模型3为社会地位模型，结果显示，在国企工作对于在东北"一城一企"区域中生活和工作的人们来说是获得社会地位的重要途径。

第三，模型4为高层级的规避风险、获得稳定生活依附模型。结果显示，国企员工通过在国企工作获得生活的稳定感和安全感，对于规避裁员风险、拥有稳定生活的愿望使得人们对单位体制具有很强的依附性。随着市场改革的完善，风险社会的来临与市场竞争的不确定性，人们更希望获得持续、长久的生活稳定感，国有企业成为理想的工作平台。因此，获取生活稳定感成为影响国企员工对企业具有依附性的重要因素，也是员工体制依附演进过程中的重要内容。

由此可见，模型1中所展示的经济收入依附、住房保障依附和医疗卫生依附在"生活稳定性"等高层级依附内容影响下显著性逐渐降低，医疗卫生依附最终显著性消失。这表明传统的基础层级体制依附正在发生演进，验证了假设1。值得注意的是，基础层级的体制性依附模型中，基本生活保障依附始终具有显著影响，说明在新型依附模式的形成过程中，生活保障仍然是国企员工依附单位平台获得的重要内容。在模型2和模型3中，基础层级依附内容中的培训机会和社会地位因素也在逐步减弱，表明当今新型体制依附模式下，以往学者所提及的传统经济收入、提升机会和地位等依附内容已不再占据主流，人们对单位更多的依附性体现在规避风险和获得生活稳定感方面,从而验证了假设1.1和假设1.2。

另外,模型5为"一城一企"模式影响因素模型,是对区域特性导致国企员工对单位存在高层级新型依附演进的原因解读。结果显示,"一城一企"模式对员工的体制性依附具有显著影响。在东北大型国企与当地城市相交融的模式下,区域特性使得员工对国有企业更具有依附性。其中,城企经济融合、地域融合和心理融合都具有显著影响,从而验证假设2。

综上所述,在东北"一城一企"地域中,国企员工对单位的依附内容发生了从基础层级依附向高层级依附内容的演进过程,呈现出新型体制依附。新型依附的内容保留了基础层级中的员工对单位给予物质生活保障方面的依附,但已经逐步减弱,甚至经济收入与医疗保障方面的依附影响消失;"规避生活风险、拥有生活稳定感"的主观生活感受逐渐成为国企员工新型依附模式中最重要的新内容。模型结果也符合人们的普遍的社会生活经验,在当今社会,不论人们在何处工作都能获得一定的经济收入和医疗保障等,而生活的稳定性、对市场风险的规避却只有在国有企业等体制性单位中得以实现。在东北国企员工实现对单位体制依附内容的层级演进过程中,既保留了基础层级的物质生活保障传统依附内容,也呈现出高层级的个体生活主管体验方面的依附内容演进,两者并存,呈现出一个动态演进的新型体制依附过程。

东北社会中,大型国企与属地城市交融发展的"一城一企"区域特性,无疑推进了相关"依附"的形成和具体演进过程。某种程度上,这一依附内容的新演进和新型依附的出现,与东北"一城一企"区域社会特性中单位制度的"维续"与"变革"理论的并存,具有相互印证的理论价值。

第三节 总结与讨论

本章在东北区域社会单位体制变迁背景下,立足体制特性与经济转型和市场化发展的特定关联,立意于东北大型国企社会资本作用的体制特性及演进特性的本质逻辑，通过大型国企员工的体制依附内容和模式的变化来反映大型国企社会资本作用的关系构成变化、情境条件变化与作用效应变化。

具体而言，"新传统主义"范式在单位制变迁和社会转型期过程中是否还具有理论解释力，其内容发生了何种改变的问题。通过选取了东北"一城一企"区域大型国企员工作为研究对象，进行国企员工单位体制依附内容演进现象的实证研究，对新时代特征下的单位依附具体革新和演进的内容进行解读。研究发现，国企员工对单位体制的依附性并没有消失，而是在内容上发生了一系列的新演进。

第一，在新的经济形态下，国企员工完成了从基础层级的个体对单位体制经济收入、医疗保险和住房保障等传统的依附内容，更注重通过单位体制获取生活稳定性、抵御风险和获得生活保障感等主观生活感受方面的高层级内容。其依附内容演进的发生过程并不意味着经济收入、医疗保障和住房保障等基础层级的传统依附内容完全消失，只是在高层级的依附内容影响下变得有所减弱。实证分析表明在东北"一城一企"区域中，大型国企员工实现了对单位基础层级的体制性依附向高层级的体制依附演进，呈现出既保留传统的基础层级依附内容，又并存高层级依附内容的新型依附模式。并且，受地区经济社会状况限制，东北区域特性中的"一城一企"模式是国企员工呈现新型体制依附的重要影响因素。

第二，本章所刻画和揭示的，是当今时代特征下人们对于体制依附内容发生的演进、动态发展现象。我们认为，要想理解国企员工依附内容演进的普遍、共通特征以及背后蕴含的客观逻辑，只有进入特定的地域社会和时代变迁历程，才能对此进行符合实际的解读。东北区域大型国企长时期以来延续了单位制的组织传统，国有企业作为资产管理和运营权限归属国家所有的典型单位体制平台，不仅受到市场现状的调节，更受社会制度影响而具有特定的内部运作机制。加之东北"一城一企"区域社会经济发展的实际状况，大型国企与城市社区的不断交融过程中，此区域内工作和生活的人们对其物质保障和社会生活的依附性更为严重。尽管伴随着社会人口流动的加快和产业结构的转型，选择体制内的大型国有企业就业已经不是个体获得自身社会生存资源的唯一选择，但在市场发展现状、历史传统和个体生存逻辑等多方作用下，国企作为稳定的单位平台，仍然在就业等方面具有本地区内民营、私营等其他类型企业不可比拟的竞争优势。

第三，在深入剖析东北"一城一企"区域特性的基础上，我们将大型国企员工出现的单位依附层级演进总结为东北地域社会结构、传统单位制文化和当今时代特色等因素共同作用实现的演进过程。在这样一个充满了风险性、不确定性的市场经济时代，一部分人选择成为"自负盈亏"的开拓者，另一部分人选择成为"规避风险"的求稳者。不同的选择体现了时代与地域特征、单位制度和个人行为三方面的协调与融合，表明单位体制性尽管在时代变迁下经历了变革，仍然具有不可忽视的影响力。

综上所述，本章通过对东北"一城一企"地区大型国企员工体制依附内容演进过程的实证研究，探究新时代特征下社会关系结构与单位制度情境等因素促成的个体对单位依附模式演进、变迁的动态发展过程。不同的历史时期和社会特征，导致了单位体制对于个体而言有着不同的依附意义，单位组织也有着不同的对社会整合和个体行为的约束效力。要想知道一个制度的存在对于个体而言有着何种价值，就要探析其制度本身可以为个体提供什么，即个体依附体制可获取什么。当然，不同的时代特征下，个体需求并不相同，东北大型国企社会资本的基础性变化印证了东北"一城一企"区域中单位制度的"维续"和"变革"理论的并存局面，使得单位制度既有保留也有所改变，造成了国企员工对体制的依附并未消失，而是应运而生地实现了依附内容的层级演进，发展为新型体制依附，从而在根本上影响了大型国企社会资本的关系构成基础和取向变化，进而影响特定情境条件中的作用效应。

第七章 微观作用结果之一：体制区隔中的风险感知差异[①]

在东北区域社会单位体制变迁中，大型国企社会资本作用得以有效发挥的社会基础和作用效果，都受制于大型国企自身的单位体制特性，这种刚性体制不仅强化了国企组织形态的典型表现，也能够形成一定的体制区域场域。在东北区域社会，受到"一城一企"区域社会特性不同程度影响的大型国企表现得尤为明显，体制区隔不仅影响了国企成员的社会关系网络建构与社会资本作用逻辑，而且成为大型国企社会资本建构的制度性情境基础，反映了大型国企社会资本作用发挥的边界、条件和形塑力量。当这种基于单位体制变迁与区域社会特性而彰显的体制区隔深入影响到国企成员的主观认知差异性变化时，其实质即为大型国企社会资本作用在微观层面的影响呈现。

国企员工的低风险感知是大型国企社会资本微观作用后果的第一个外在体现，其作用机制涉及符号效用、信任效用和整合效用。首先，符号效用帮助大型国企成为国企员工应对风险的避风港。在不确定性持续增强、日益呈现出风险社会特征的中国社会，大型国企的资源优势能够提升国企员工应对风险的信心，规范化制度则会降低国企员工对人为性风险的担忧，使得国企员工对不确定性风险的担忧在大型国企社会资本的符号效用下得以缓解。其次，国企通过大型国企社会资本收获的广泛信任帮助其凝聚起应对风险的强大合力。在信任效用的影响下，大型国企员工普遍确信所在企业拥有

[①] 本章部分内容已发表于《社会科学战线》2017年第9期，纳入本章时有较大修改。

应对风险的能力和决心，而且当自身遭遇风险时，将能获得来自企业组织相关部门和组织内个体的帮助和支持。面对随时可能出现的风险，国企员工确信自身并非孤立无援的，而是存在着应对风险的强大合力，能过依托自身企业和内部支持以集团化、组织化的方式应对风险。最后，国企员工的低风险感知还来源于大型国企社会资本的整合效应。相对优越的物质条件和福利待遇以及相对稳定的人员结构，帮助国企员工形成了较强的稳定感和保障感，企业组织中工作生活的情感共同体所提供的稳定情感支撑也能在一定程度上降低国企员工对未知风险的担忧，从而形成大型国企造就员工低风险感知的整合效用。

因此，基于东北区域社会单位体制变迁，从区域社会特性出发，比较体制区域导致的社会关系网络和差异情况，立足国企组织成员风险感知来理解大型国企社会资本作用的差异性结果，有助于审视其微观作用在主观社会认知方面的结果，亦可以进一步深入认识大型国企社会资本作用的制度性情境限制及其微观结果表现的体制性根源。在本章中，我们首先论述单位体制特性与风险社会的关联，然后通过对风险分配和风险抵御中的体制区隔差异的论述，展现东北大型国企社会资本的在风险感知方面的微观作用，最后进行实证分析和检验。

第一节 单位体制特性与风险社会

在对东北区域社会进行单位体制和风险社会论述之前，我们需要从中国社会发展进程和风险社会发展进程的融合角度，展现前提性的理论认识。德国社会学家乌尔里希·贝克的风险社会理论随着中国社会市场化改革的深入而日益受到中国政府、社会和学界的重视，其关注内容和理论解读也从社会和经济领域拓展到了国家治理等方面。虽然当前中国社会由于市场转型的发展在许多方面出现了乌尔里希·贝克所描述的风险社会的特性，包括环境污染、生态危机、群体性恐怖事件等公共安全问题，但是由于中国社会自身存在的发展特性，使得我们必须立足于中国经验来认识中国当前风险社会的特性。因此，我们需要厘清两方面特征，才能正确地认识风险社会的实质内涵在中国社会的具体体现。一方面，需要我们认清中国社会发展阶段的多重性和共时性，从而与风险社会理论诞生国家的彼时社会有明确的比较和认识；[1] 作为客观发展现实，当前中国社会不同区域的市场经济社会发展程度并不一致，在城乡之间以及不同区域甚至行业等方面呈现了具有明显差异的社会发展结果和经济表现效果。学界经常使用的区域划分诸如内陆欠发达地区和沿海发达地区，或者从城市角度区分成一线城市、二线城市等。另一方面，需要我们认清中国社会制度特性，从特有的体制角度区分风险社会在中国的差异性存在和社会风险在体制维度的差异性分配机制等结果。乌尔里希·贝克亦承认，风险社会理论中的基本概念，必须在不同的社会和历史语境中进行解构和重新定义，必须被调整和转换成一种有关现代性的多重路径观，以适应不同的社会和语境。[2]

因此，中国的风险社会需要基于中国社会发展进程和社会构成特性进行解读。需要厘清的第一个方面，涉及与乌尔里希·贝克提出风险社会理论时德国社会的历史构成、社会基础与经济发展程度，尤其是西欧社会长期形成的个体主义文化等社会特质的比较。与我们单位体制特性相关的论述则在于第二方面，即中国风险社会中的体制结构决定了社会风险分布体系、社会风险感知水平以及社会风险抵御能力的制度性差异。

风险社会理论的形成有其西方原初社会的建构基础。但是，在将风险社会理论引入中国社会并结合市场转型发展进行探讨时，不能够进行简单的理论对接，而必须充分认识中国社会的发展现实与建构基础。中国城乡二元社会是一次区隔维度，城市中的单位体制又进行了二次区隔，形成体制内和体制外两种场域。不同体制场域

---

[1] 肖瑛：《风险社会与中国》，《探索与争鸣》2012年第4期。
[2] 贝克、邓正来、沈国麟：《风险社会与中国：与德国社会学家乌尔里希·贝克的对话》，《社会学研究》2010年第5期。

第七章 微观作用结果之一：体制区隔中的风险感知差异

中的社会成员在生活、工作、机会集合、收入回报和发展路径等方面均存在显著差异。同时，单位体制自身的等级制度也对社会资源分配、社会地位与声望形成等产生重要影响。

关于中国改革开放以来的体制变迁及其后果，市场转型理论与随后引发的学术大讨论，在一定程度上反映了中国市场经济转型发展中的体制差异结果以及预期的制度发展趋势。与西方学者的理论预期观点不尽相同，中国市场经济社会转型没有简单重复东欧等国家的发展路径，而是延续了政治体制权力维系等制度特征，并且保持了中国城市单位制度。[1]

20世纪90年代初中国全面市场化改革开始，中国社会和经济的诸多方面都逐步深化市场化改革，从最初的金融市场逐步拓展到国有企业和房地产市场等，直至深入到医疗制度和教育制度；但是，以政府机关单位和参照公务员管理的事业单位为核心的体制内单位组织，却在很大程度上保留了原有的福利分配制度。即使体制内部出现了一些参照市场化标准实施的薪酬激励制度改革，但是维持整体福利稳定的制度改革实质并没有发生变化，从而最大限度地将全社会实施中的市场化改革风险有效屏蔽，形成体制内的风险最小化和单位组织结构稳定。因此，在单位体制依然对中国社会资源分配存在基础性影响的时候，对风险社会的实质性分析就不能离开单位体制的因素。

从发展趋势来看，传统的个体依附单位体制的现象，包括个体社会地位与社会资源分配等，随着市场经济深入发展有一定的弱化趋势；但是，单位体制依然是中国当前城市的社区建构基础与主要社会结构区隔维度。[2][3] 同时，随着中国政府对社会发展的政策设计以及国家发展战略的调整，在一些区域国家开始强化大型国企发

---

[1] 边燕杰：《市场转型与社会分层：美国社会学者分析中国》，生活·读书·新知三联书店2002年版。

[2] 李路路：《"单位制"的变迁与研究》，《吉林大学社会科学学报》2013年第1期。

[3] 李路路、苗大雷、王修晓：《市场转型与"单位"变迁再论"单位"研究》，《社会》2009年第4期。

展，城市原有限制介入性大型国企在改革社会功能和进行内部市场化的同时，形成了以垄断国企为基础的新单位制发展趋势，[1] 使得单位体制在城市社区建设和区域经济社会发展方面均形成了政策支持下的强力巩固与提升。在东北区域社会中，城市的发展和大型国企之间存在着密切的关系，不同程度低体现了"一城一企"区域社会特性，个体在社会风险的方方面面，包括风险感知、风险抵御与风险分配机制等等，均在很大程度上受到单位体制的诸多影响。

因此，单位体制是体现中国社会风险分布特征的独特标志，而对体制特性更强、体制色彩更浓的东北区域社会而言，尤其如此。从风险社会角度考虑中国的社会风险，不能脱离中国社会的发展路径与制度特性。"研究中国的风险社会，实际上也就是研究整个中国的制度和社会变迁的后果和表征，如果脱离整个背景简单地讨论某些局部的和个别的风险现象，就难以洞察中国风险社会独特的建构和运行机制，也难以把握其基本结构。"[2] 渐进式市场化改革进程所形成的体制区隔正是中国现阶段社会变迁中形成的独特制度建构，也是反映中国经济发展和社会变迁差异性结果的主要制度性结构因素。因此，从体制区隔角度来认识中国风险社会的差异，能够从社会制度结构层次剖析中国社会风险的差异性来源、表现与分配机制结果等。

第二节　体制区隔与社会风险差异：东北大型国企的经验支持

体制维度对中国社会，尤其是单位体制变迁中的东北区域社会所形成的区隔后果，主要体现在体制内外社会资源分配机制差异等方面；同时，体制还是社会成员形成自身社会认同、价值规范与社

---

[1] 刘平、王汉生、张笑会：《变动的单位制与体制内的分化——以限制介入性大型国有企业为例》，《社会学研究》2008 年第 3 期。
[2] 肖瑛：《风险社会与中国》，《探索与争鸣》2012 年第 4 期。

会态度认知的重要场域性制度因素。以东北不同程度体现"一城一企"区域社会特性的大型国企的体制边界为例,体制对社会风险的影响主要体现于以下两方面:其一为社会风险分配逻辑的体制差异,其二为社会风险感知与社会风险抵御的体制差异。

(一)社会风险分配逻辑中的体制差异

随着风险社会的来临,社会出现诸如个体化现象等多重变化,传统工业社会中阶层、族群和社区组织等无法帮助个体应对社会风险,社会的基本逻辑转变为风险分配的逻辑。[1] 据此,贝克认为风险社会中传统工业社会固有的阶级阶层边界被风险突破,包括社会风险超越族群和种族边界、超越阶层等级边界与超越民族国家边界,[2] 即风险社会中的分配逻辑发生了本质改变。

然而,对中国社会而言,虽然判断一个社会是否存在社会风险较为容易,基于社会个案经验事实判断社会风险的发生模式也并不复杂;但是,社会风险的分配逻辑是否已经发生实质性改变并且成为当前社会分配逻辑的主线,则需结合当前中国社会发展的时代维度与制度维度进行审慎理解。

中国风险社会中风险分配的现实情况表现为:一方面,社会发展的多重叠加性使得中国风险社会与西方风险社会存在社会基础和制度建构等方面的诸多差异,基于社会资源阶级阶层分配的体系并没有因为风险社会来临而消失;另一方面,单位体制的制度性建构的主要结果就是使得中国社会风险的分配逻辑在主体上仍遵循着社会建构的阶层分配逻辑。这就意味着,风险在其生产与分配时,虽然从理论上来说基于安全与否的社会性考虑超过了基于平等与否的社会性考虑,但是,社会实践中基于物质财富与社会资源分配的阶层体系并未消失,仍然在主导程度上影响甚至决定着风险的分配逻辑。可以说,在中国社会中风险地位仍然受制于阶层地位,风险特性受制于体制属性。因此,基于社会资源阶层分布的分配逻辑在中国特定的社会文化和制度情境中仍然占据主导地位,其中表现突出

---

[1] Beck, U., *Risk Society: Towards a New Modernity*. London: Sage, 1992.
[2] [德]乌尔里希·贝克:《风险社会》,何博闻译,译林出版社2004年版。

的即为体制内外的差异。

体制从社会制度方面形成了当前中国社会风险分配的内在结构性差异。体制内的人们被纳入基于国家财政体制而建构的社会保障体系，拥有各种显性或隐性的福利制度保障；同时，在社会资源分配中，单位组织之间与单位成员之间具有较为明显的等级特性，但也能够在主体上保留单位体制的稳定原则、公平原则与尽可能的均等原则，从而将体制外完全市场化领域中的基于货币市场化、劳动力市场化与薪酬机制市场化而导致的个体工作风险、发展机会风险以及市场领域系统风险在一定程度上屏蔽。此时，社会风险分配逻辑的体制差异不仅体现于体制内外，也体现于体制内的不同等级。

当前社会的一些热点现象真实地反映了社会风险分配逻辑中存在的体制内外差异。譬如公务员考试：社会中大量优秀青年千军万马争过独木桥争取一个体制内的编制，不外乎体制内是一个全民认可的低风险领域，公务员能够根据级别享受国家给予的住房、养老以及医疗等方面的诸多福利政策，在工作地位、社会声望以及社会福利等方面能够体现到体制内的优越，享受体制内工作的稳定感从而规避体制外市场化和开放性的劳动力市场中存在的不确定性和社会风险。基于行为心理学对人们趋利避害行为选择趋势的分析，持续多年的公务员热从侧面反映了体制内的社会风险显然要大大低于体制外市场化领域，并且这种基于体制差异而形成的社会风险分配逻辑显著地影响着特定社会群体的行为选择与价值判断。

在一定情况下，体制自身的制度刚性亦会将部分社会风险转换为体制内生性风险，并且影响到体制内社会成员的社会行为与态度认知。譬如人口风险的体制差异：体制内的人们由于有明确的单位体制规则约束，受到国家规章制度等方面的严格管理与控制，违反单位体制规则的惩罚机制是有效而明确的。当周围同事都只生育一个孩子时，人们的生育行为选择也就会从众于单位环境压力而只生育一个，此时家庭人口结构风险就成为体制内生性的结果之一。但是，体制外的人们由于缺乏单位组织制约而更容易超生。在很多二、三线城市，体制外工作者，尤其是私营业主与自雇者群体等，生育两个或更多孩子已然较为普遍，更遑论农村人口。因此，当宏观人口结构发生变动并且开始形成结构风险时，体制内外的人们面对的社会风险就会有明显的差异。即使最近国家开始调整人口政策，鼓励生育二孩，但是体制内外的人口风险差异调整并非朝夕可成的。

进一步而言，社会风险分配逻辑在体制内还表现为体制内单位组织的等级制度与社会资源分配的一致性。在中国体制社会中，体制内的单位组织是有等级区分的，不同的单位对应不同的级别，享受不同的国家政策倾斜、福利待遇保障与社会资源分配结果。在社会风险方面，体制内的单位等级依然体现了自身固有的分配逻辑：以国有企业为例，由国家直接控制的大型央企享受财政补贴和福利制度，并且在特定的生产和销售等领域享受国家政策保护或优惠，但是却在市场经济运作方面承受最小的社会风险；普通国企也能够在多方面享受到地方政府从人力资源到经济资源和地方政策的支持，但是社会风险也亦需更多地由自身承担。[①] 由此可见，国有企业单位组织的等级制度决定了社会风险在单位组织和组织成员内的分布与分配逻辑。

在东北"一城一企"区域社会中，大型国企所具有的体制特性和社会关联是增强我们对东北区域社会风险分配逻辑感性认识的重要因素。在剥离部分社会功能之后，这些大型国企通过政策支持下的行业进入优势、限制性介入或生产和销售环节的垄断地位等，形成了巩固体制特性、巩固内部劳动力市场与巩固单位经济社会资源分配模式的新单位制，使得单位在经济收入、社会保障以及单位认同方面形成特定吸引力和影响力，从而使得单位体制内部的成员在社会风险分配逻辑方面呈现出与社会资源分配逻辑相匹配的社会风险分配结果。

简言之，中国风险社会，尤其是东北区域社会中，风险分配逻辑与贝克基于西方个体主义和后工业化反身现代性建构的分配逻辑不尽相同。现实中的体制通过影响社会资源分配决定了社会风险的分配逻辑与结果，使得中国风险社会中的风险分配逻辑形成了不同

[①] 郑永年、黄彦杰：《风险时代的中国社会》，《文化纵横》2012年第5期。

于西方风险社会的制度特性，产生了体制内外的显著差异。

（二）风险感知与风险抵御中的体制差异

体制差异实质上形成了两种不同的社会场域，使得人们的社会资源获取机会集合与薪酬激励机制都不同，所形成的正式工作关系或非正式社会关系网络的建构也不同。正是这种体制区隔使得社会成员生存、生活和工作感受内外有别，最终导致人们的行为取向和价值认同，尤其是风险感知方面存在制度性偏差。

人们的风险感知在很大程度上取决于自身所属的社会组织或社会群体的利益获取、组织文化、其中的社会位置、相互的社会关系以及个人的社会认同等方面。因此，当中国风险社会开始深入影响到广大社会成员时，基于社会发展模式、经济布局、利益结构的系统性风险在人们主观认知感受和客观抵御能力方面就会形成基于社会结构和社会制度方面的差异，具体而言就是使得社会成员对社会风险感知水平和风险抵御能力形成一定的体制性差异。

如前所述，体制内是国家政策或顶层设计的屏蔽社会风险的城堡，包括政府机关、事业单位、国有企业等。体制内单位通过社会保障和社会福利等人为政策设计，能够尽可能地享受制度体系带来的福利和权利，而面临的各种风险较小；反之，距离体制维度越远，譬如民营企业，需要在国家限定的若干条件下进行激烈的市场竞争，但是却缺乏国企所享有的体制保护，因此面对的社会风险更为集中。对于体制末梢的底层社会而言，在开放的劳动力市场中，由于缺乏社会政策保护或自身技能的不足，他们不仅缺乏显性或隐性的社会福利，而且更缺乏制度性的保护和保障，所有的社会风险必须个体单打独斗地去避免或抵御。因此，偏离体制的距离在很大程度上影响了人们的社会风险感知水平和风险抵御能力。可以说，体制内单位所赋予人们的工作稳定感、社会地位感以及收入福利感等，能够从单位归属、单位认同和单位保障等方面影响成员的风险感知水平和风险抵御能力。

可见，"风险不仅是社会客观存在，也是社会的和文化的建构，跟人们的社会认同联系在一起，不同文化和社会情境下民众的风险感知、选择不完全一样"[①]。因此，基于中国社会的体制特性来认识社会成员的风险感知才能够真正地理解风险的现实情境意义，才能对风险抵御的差别有实质性的感悟。

在社会风险抵御方面，仍以东北区域大型国企为例来认识体制因素的影响。与市场化发达地区相比，当前东北区域的社会经济发展仍然具有典型单位制特征，大型或特大型国有企业在区域经济社会发展布局中具有重要意义。尤其在部分城市形成的"一城一企"区域发展格局中，大型国有企业虽然在经济发展方面出现了产能过剩、产业结构落后等难题，但是在社区建设和社会发展方面，由于个体仍然在很大程度上依附于单位体制；并且由于市场经济发展空间仍较为有限，基于单位体制而形成的城市社区格局与社会基础秩序并未发生根本改变。所以，单位体制自身的制度性优势并未丧失，单位组织的文化特性、价值认同和社会保障功能依然在社会基础建构中发挥着重要作用，能够对社会成员的风险感知与风险抵御形成有别于市场化领域的差别。此时，单位成员面临的社会风险能够通过中观单位组织与体制结构进行有效缓解，从而形成基于单位体制的风险感知结果与风险抵御效果。因此，体制内的单位组织，如大型国企对区域内社会风险分布起着特殊作用，并且能够从组织角度影响成员的风险感知水平与风险抵御能力。在东北"一城一企"发展区域中，体制内单位企业能够在更大程度上从城市社会经济结构构成角度对整个区域社会的风险分配产生影响，并进而影响成员的风险感知与风险抵御能力。譬如，部分城市在人员构成和社区资源获取方面具有国企和社区的高度重叠，使得社区工作非常便于开展。社区组织能够利用体制内的各种资源优势创新打造社区组织特性，在日常生活层面弥补了社区成员对于当前社会风险意识的负面判断，并通过单位与社区组织渠道增强了集体性社会风险的抵御能力。

在体制外场域中，由于国家在社会保障政策等方面，无论是制度设计还是执行力度均未完善，制度性保障不如体制内健全；在激

[①] 肖瑛：《风险社会与中国》，《探索与争鸣》2012年第4期。

烈的市场化竞争场域中，在开放的劳动力市场的压力下，体制外的社会成员只能尽可能依据自身收入水平选择或寻求相应的社会保险；体制外成员缺乏单位体制及单位组织来为其屏蔽风险或抵御风险。体制外市场竞争中的各类公司等实体的首要运营目标是利润最大化，仅仅基于有限的企业文化或企业内部政策帮助员工应对现代社会中的各类风险是远远不够的。因此，体制外社会成员相较于体制内成员更接近于市场经济中的原子式个体，其在社会归属感和态度价值认同方面与体制内必然存在较大差异，因此其风险感知水平与风险抵御能力与体制内成员相比亦必然存在体制性差异。所以，就风险感知与风险抵御而言，体制因素的制度性影响显著存在，并且通过体制内单位组织等发挥作用。

可见，当前中国社会由于体制维度的鲜明存在，不仅在社会整体上，更在特定区域社会中较多较强地保留了基于经济社会地位所形成的社会资源阶层和体制分布特性，使得已经进入风险社会时代的中国社会，其社会风险依然遵循体制区隔和稀缺资源等的分配逻辑，即社会成员所处的体制距离与风险分布、风险感知和风险抵御明显具有系统性相关。

总的来看，社会风险在社会体制的限制与影响下所形成的制度性差异主要体现在两方面：其一，社会风险分配逻辑的体制差异；其二，社会风险感知水平和风险抵御能力方面的体制差异。这种体制性的差异是中国渐进式市场化发展的结果，也是中国单位体制时代延伸的结果。中国风险社会的这种体制差异性使得全社会结构性和基础性的社会风险体系呈现出制度设计的独特性，并且会割裂社会群体在诸多方面的主观态度认知，包括社会信任、社会公平以及社会心态等。因此，从国家治理与社会整体发展的角度来看，基于体制所形成的社会风险差异并不能作为一种良性制度差异来有效推动社会整体的有序发展，难以成为一种减少社会风险的积极的制度性激励机制。社会发展的最终成效实际是由发展最差的领域决定的，正如木桶能装多少水是由最短的一块木板决定的；在社会风险方面也是如此，体制外社会成员的高风险感知显然会影响社会整体的多方面发展效果。近年来，中国政府已经开始通过制度设计与政策实施来减少由于市场化转型所引起的社会风险，提升社会安全感，理顺体制脱嵌与市场社会的发展关系。[①] 未来中国风险社会的发展策略应为实施同等的市场化，摒弃体制壁垒，让风险群体之间的风险分配逻辑尽可能趋于一致。譬如，现阶段国家正在探索实施的事业单位养老保险改革，目的之一即在于消除养老金制度体制内外的差异，打破体制内外双轨制，避免产生基于体制内外而形成的养老金政策运行风险。

第三节 微观结果的实证分析与检验

如前所述，中国风险社会与贝克基于反身现代性建构的风险社会相比，存在两个方面的差别：其一，中国本身是现代化后发国家，由于地域发展程度的不同而导致前工业化阶段、工业化阶段与后工业化阶段等交叉重叠存在。因此，从发展阶段上与贝克所指的具有高度个体化特征、体现反身现代性精神、有民众参与意识且基于西方社会经济发展阶段而形成的风险社会并不完全相同；[②][③] 其二，中国社会具有浓厚的制度建构特性。从20世纪80年代市场经济改革肇始至今，中国社会依然存在自身鲜明的制度特征：一是社会整体的城乡二元体制区分，二是为城市社会中体制内外的单位区分。虽然这两种根本性制度随着渐进式市场化的发展而呈现出一些弱化趋势或特征变化，但是其依然构成中国社会基础的重要制度因素。因此，对东北区域社会特性中大型国企社会资本作用在风险感知方面的微观结果进行实证检验时，必须立足于这种体制独特性，即对社会资本作用的微观主观风险感知结果的研究应"从中国各方面的制度结构，特别是最近30年的积极和社会变迁路径来讨论，

[①] 王绍光：《大转型：1980年代以来中国的双向运动》，《中国社会科学》2008年第1期。

[②] 肖瑛：《风险社会与中国》，《探索与争鸣》2012年第4期。

[③] 贝克、邓正来、沈国麟：《风险社会与中国：与德国社会学家乌尔里希·贝克的对话》，《社会学研究》2010年第5期。

风险不仅是客观存在的,也是社会的和文化的建构,跟人们的社会认同联系在一起,不同文化和社会情境下民众的风险感知、选择不完全一样"[1]。

体制区隔是一种具有特殊意义的区隔标志:体制是个人在社会中身份地位的主要关系标志,也是体现个人与国家和社会关系的主要依据,是中国社会结构的重要区隔特征,使得人们在利益分配、福利待遇、身份认同、单位归属以及社会态度认同等方面产生诸多差异;同时,体制也意味着社会成员的社会位置归属和社会角色塑造。[2]

因此,基于东北"一城一企"社会中大型国企社会资本作用来认识社会成员的主观认知差异,也就意味着在体制区隔中去审视人们的社会交往、价值选择、社会认同与心理感受。基于此,我们需要做出理论推断,并进行实证检验,研判体制区隔因素是否会影响到人们的风险感知,即社会成员是否会基于体制区分而导致其在社会风险感知方面也存在显著差异?我们认为,体制能够从更为宏大的制度层面形成风险感知的差异;并且,从体制区分角度来研究人们对社会风险感知,有助于理解中国风险社会的制度性内涵建构与表现特征。

基于体制区隔,对城市居民而言,意味着不同的体制归属和体制间沟通。从生活工作角度来看,体制内外是两种差异性的生存、生活与工作场域,身处其间人们的行为选择、发展空间、机会集合、收入回报机制等都存在一定的差异。这些体制差异一方面体现了人们的制度归属:体制内的场域与体制外的场域使人们在收入等社会资源分配方面具有不同的结果。体制内的政府、国企以及事业单位的人员,基本在市场化进程中保留了相当的既有分配原则,享受特定的福利政策待遇;而体制外社会成员则面对完全市场竞争,在市场化薪酬激励机制与开放的劳动力市场中面对各种不确定性与

---

[1] 肖瑛:《风险社会与中国》,《探索与争鸣》2012年第4期。
[2] 李路路、李汉林:《中国的单位组织:权力、资源与交换》,浙江人民出版社2000年版。

第七章 微观作用结果之一：体制区隔中的风险感知差异

风险。另一方面，体制差异也体现在人们的社会关系网络建构方面：人们在自身体制归属基础上，通过社会关系网络建构来跨越体制边界，形成超越体制限制的社会资本，从而导致差异性收入等回报结果。① 因此，我们对体制差异基础上的社会风险感知研究也从两个方面展开：被访者自身的体制归属与被访者社会网络建构的体制跨越。这两个方面分别反映了社会成员的正式制度属性与非正式社会关系网络的制度属性。

这就意味着，体制能够从两个层面涉及城市居民的工作与生活领域，形成宏观制度性的影响力，导致其对风险感知产生体制性的影响效果。一方面，体制形成城市居民自身的工作单位归属，进而确立城市居民在社会体制领域的位置。体制内成员集中于政府机关、事业单位和国有企业等国家财政支持单位，而体制外成员处于完全市场竞争与开放的劳动力市场领域。城市居民处于不同的体制领域，其工作发展、机会集合、社会福利保障与社会资源分配逻辑等均有不同。当国家与社会通过制度设计和政策规划影响市场化过程中风险分布时，这种体制差异性是否会进一步影响城市居民对社会风险感知的评估？

另一方面，体制并不仅仅局限于单位体制归属的影响，城市居民在日常工作与生活领域中能够通过关系往来与社会互动形成跨越体制的社会关系网络建构。体制内或体制外的城市居民，如果其社会关系网络建构仅仅局限于自身单位场域内，则其风险感知应该更多地受到同质性社会成员的影响。反之，如果城市居民通过关系交往建构了跨越体制的社会网络，则是否能够受到体制异质性对其风险感知的判断？

因此，我们将处于市场转型宏大叙事过程中的体制特性与个体风险感知联系起来，从体制区隔角度对风险感知进行差异性研究，探讨大型国企社会资本作用在微观层面的主观认知差异，并反映宏观社会结构、制度特征与微观作用结果之间的关联性。

---

① 边燕杰、王文彬、张磊等：《跨体制社会资本及其收入回报》，《中国社会科学》2012 年第 2 期。

基于上述分析，我们分别提出两个层面的研究假设，即关于体制归属假设与体制跨越假设。体制归属是城市居民基于工作单位性质而对自身体制属性的体现，而体制跨越则是从其日常社会关系网络建构角度反映体制属性影响的。

假设一：体制归属影响城市居民风险感知水平，并且体制内社会成员风险感知水平低于体制外社会成员风险感知水平。这是从体制归属角度进行的假设，探讨体制的刚性制度区隔对城市居民风险感知的影响。

假设二：城市居民的跨体制社会网络建构能够显著影响其风险感知水平。这是体制跨越假设，从日常生活中社会关系的非制度性社会网络建构来分析体制跨越对城市居民风险感知的影响。

数据来源：此部分所用数据来自2014年中国八城市（长春、天津、济南、上海、厦门、广州、兰州、西安）"社会网络与求职过程"（JSNET）主题调查。该调查由西安交通大学实证研究所主持。各城市社区和家户调查均经过严格的科学抽样过程，户内抽样依据具体年龄和职业经历等标准进行最后确定，共获得有效样本5445份，数据本身具有很高的代表性。

变量描述：因变量为风险感知，是一个综合指标，来自2014年JSNET调查问卷中"根据您个人的经历和感觉，您对以下各方面的社会安全状况打几分"的题目设计。从六个部分测量被访者对当前社会风险感知情况，包括：（1）食品安全。指提供的食品在营养、卫生方面满足和保障人群的健康需要，涉及食物的污染、是否有毒，添加剂是否违规超标、标签是否规范等问题。（2）财产安全。指财产所有人自己的动产、不动产和知识财产（知识产权）的安全状况，危及财产安全的原因主要分为盗窃、抢劫、抢夺、诈骗等。（3）人身安全。指人的生命、健康、行动自由、人格、名誉等的安全。（4）交通安全。指指人们在道路上进行活动、玩耍中，按照交通法规的规定，安全地行车、走路、避免发生人身伤亡或财物损失。（5）医疗安全。指医院在实施医疗保健过程中，患者不发生法律和法规允许范围以外的心理、机体结构或功能损害、障碍、缺陷或死亡。（6）个人隐私安全等。六个部选选项均为1~4，1为极不安全，2为不太安全，3为比较安全，4为非常安全。这六个维度的设计与测量，涵盖了生活与工作等多重领域，基本能够体现被访者对当前社会风险的感知判断。

核心自变量为体制归属与体制跨越。本书主要探讨基于体制而形成的风险感知差异，因此在操作化部分从两个角度对体制进行处理：其一，基于被访者自身的体制属性形成体制归属变量，即通过其工作单位进行体制内和体制外的划分。以被访者进入现在（最后/退休前/失业下岗前）的工作单位性质为准，党政机关、国有企业、国有事业与集体企业为体制内，个体经营、私营企业、外资/合资企业与股份制企业等为体制外，形成体制归属二分变量。其二，基于被访者在工作和生活中所建构的社会关系网络性质形成体制跨越变量，即测量其拜年网中社会交往对象有无在前述这些单位类型工作。如果其社会网络完全集中于体制内或完全集中于体制外，则被访者为未跨越体制者；如果其社会网络既有体制内关系又有体制外关系，则其为体制跨越者。因此，体制归属与体制跨越两个变量分别从被访者自身工作单位的体制属性与社会关系网络体制属性进行了区分，为进一步实证检验提供了分析基础。

控制变量涉及城市居民个人特征的常用变量，主要包括年龄、性别、受教育年限、党员身份与家庭收入等，同时在模型中纳入城市变量进行城市间比较。

调查数据中各城市样本构成如表7-1所示。

表7-1　　JSNET2014八城市数据基本构成

城市	样本量	百分比（%）
长春	597	10.96
济南	598	10.98
西安	801	14.71
天津	812	14.91
兰州	660	12.12
上海	807	14.82

续表

城市	样本量	百分比（%）
厦门	596	10.95
广州	574	10.54
样本总量	5445	100.00

表7-2为相关变量的统计描述。其中体制归属为二分变量，1代表体制内，0代表体制外，前者比例占59%；体制跨越变量亦为二分变量，1代表跨体制，0代表未跨体制。风险感知为综合变量，具体建构情况见表7-3。

表7-2　　　　　　　　相关变量统计描述

变量	均值	标准差	最小值	最大值
年龄	43.53	13.66	18	69
性别	0.47	0.49	0=女性	1=男性
受教育年限	12.71	3.43	0	19
党员	0.17	0.37	0=非党员	1=党员
家庭收入（万元）	9.08	8.56	0.2	100
体制归属	0.59	0.49	0=体制外	1=体制内
体制跨越	0.56	0.49	0=未跨体制	1=跨体制
风险感知	48.02	15.27	0	100

风险感知是基于被访者对食品安全、财产安全、人身安全、交通安全、医疗安全以及个人隐私安全六部分指标综合后得到一个风险感知因子；因子适用度KMO值表现很好，表明六个部分进行因子分析非常适合。为了更好地体现风险感知方面的具体差异，对该因子值按照等比例调整为0到100分数值，最小值为0，最大值为100，均值为48.02，标准差为15.27。风险感知调整后的因子值为连续数值，分值越高表明安全感越强，风险感知越低。具体分析及调整结果见表7-3。

表7-3 风险感知测量及其因子分析结果

因子分析结果	因子负载系数	因子调整分数	
食品安全	0.544	最小值	0
财产安全	0.741	最大值	100
人身安全	0.783	均值（标准差）	48.02（15.27）
交通安全	0.753	样本量	5445
医疗安全	0.698	解释度	48.5%
个人隐私安全	0.630	因子适用度KMO值	0.829

表7-4对风险感知建立多元线性回归分析的嵌套模型：模型一为基准模型，模型二和模型三分别放入体制归属和体制跨越变量，模型四则同时将两个体制变量纳入模型。

表7-4 关于风险感知体制差异的多元线性回归模型分析

	模型1	模型2	模型3	模型4
性别	2.151***	2.065***	2.134***	2.059***
	(0.423)	(0.429)	(0.423)	(0.429)
年龄	-0.142	-0.181	-0.143	-0.181
	(0.114)	(0.115)	(0.114)	(0.115)
年龄平方	0.207	0.235!	0.210!	0.236!
	(0.127)	(0.129)	(0.127)	(0.129)
受教育年限	-0.275***	-0.261**	-0.283***	-0.263**
	(0.079)	(0.082)	(0.079)	(0.082)
党员	0.361	-0.038	0.363	-0.037
	(0.592)	(0.598)	(0.592)	(0.598)
家庭收入	0.014	0.018	0.012	0.017
	(0.027)	(0.029)	(0.027)	(0.029)
城市（长春为参照项）				
济南	-0.542	-0.649	-0.598	-0.668
	(0.894)	(0.905)	(0.896)	(0.908)

续表

	模型1	模型2	模型3	模型4
西安	-4.019***	-4.410***	-4.058***	-4.422***
	(0.840)	(0.851)	(0.842)	(0.852)
天津	-2.445**	-2.670**	-2.469**	-2.678**
	(0.833)	(0.840)	(0.834)	(0.840)
兰州	-5.555***	-6.245***	-5.562***	-6.246***
	(0.870)	(0.898)	(0.870)	(0.898)
上海	-1.421!	-1.529!	-1.431!	-1.531!
	(0.861)	(0.868)	(0.861)	(0.868)
厦门	0.764	0.921	0.706	0.902
	(0.917)	(0.936)	(0.920)	(0.939)
广州	-1.127	-1.104	-1.162	-1.116
	(0.932)	(0.944)	(0.933)	(0.945)
体制归属		1.334**		1.337**
		(0.495)		(0.496)
体制跨越			0.358	0.116
			(0.443)	(0.449)
_cons	54.152***	54.453***	54.114***	54.441***
	(2.716)	(2.763)	(2.717)	(2.763)
N	5145	4912	5145	4912
R^2	0.028	0.032	0.028	0.032

Standard errors in parentheses ! $p<0.1$, * $p<0.05$, ** $p<0.01$, *** $p<0.001$

注：性别参照项为女性；党员参照项为非党员；城市参照项为长春；体制归属参照项为体制外；体制跨越参照项为未体制跨越。

表7-4结果显示，当分别将体制归属变量与体制跨越变量纳入模型2与模型3时，体制归属变量在模型2中显著，而体制跨越变量在模型3中不显著。当将两个变量同时纳入模型4时，体制归属变量继续保持在0.01水平显著，而体制跨越变量依然不显著。模型结果证实了假设一，即通过自身正式的工作单位性质所形成的身份体制归属影响了城市居民的风险感知；并且，体制内城市居民

第七章　微观作用结果之一：体制区隔中的风险感知差异 / 161

风险感知水平要显著低于体制外城市居民风险感知水平，即体制内城市居民能够基于六个维度的测量体现出更高的安全感。具体而言，如果一个体制内城市居民与一个其他各方面均与自身客观条件相同的体制外城市居民相比，其风险感知综合因子分值要多出1.34。这反映了体制成为一种制度建构的刚性边界，对城市居民风险感知水平形成了显著的体制区隔结果。但是，模型结果并没有证实假设二，即城市居民的跨体制社会关系网络建构并不能够显著影响其风险感知水平，日常生活世界中的跨体制社会资本对风险感知并不起作用。因此，基于城市居民日常生活社会关系的社会网络建构不能够形成跨越体制边界的影响因素，不能够影响城市居民基于刚性制度边界的体制归属而形成的风险感知结果。简言之，来自生活世界中社会网络建构而形成的体制跨越难以撼动体制身份的归属及其心理认同效果。

表7-4模型结果还表明，与长春城市居民风险感知水平相比，兰州和西安城市居民的风险感知处于最高水平，即这两个城市中居民存在高风险感知；天津和上海次之，但是高风险感知也较为明显；济南、广州与厦门在风险感知方面基本与长春持平，其中前两个城市在回归系数方面出现负数值而厦门呈现正数值，但结果均未显著。综合来看，兰州和西安两个城市中居民呈现了明显偏高的风险感知，反映了其城市居民在形成风险感知因子的六个测量维度上应该均有较高不安全感；而厦门是这八个城市中风险感知最低的，城市居民在综合风险感知因子方面体现了很高安全感，虽然回归系数值未显著，但是反映了与长春相比良好的趋势。值得注意的是，各模型解释力度均较小，表明虽然能够通过模型判断出中国城市居民在风险感知方面存在显著的体制归属差异，且未发现体制跨越方面存在系统性差异，但是对风险感知而言应该还存在更多更重要的影响因素尚需进一步探讨。

通过将体制性因素分解为正式身份体制归属与非正式社会关系网络跨体制建构两方面，本章考察了体制维度对中国城市居民风险感知的影响。基于对2014年"社会网络与求职过程"（JSNET）调查数据的分析，结果表明，中国城市居民的体制归属对其风险感知判断具有显著影响，而日常生活层面的跨体制社会关系网络建构并没有形成体制内外的显著差异。因此，中国城市居民风险感知的体制差异更多地体现在刚性的体制归属层面。基于体制不同而形成的风险感知差异是一种刚性的和制度性的差异，体现着一种明显的体制区隔和制度边界的影响结果。并且，这种风险感知差异不能被城市居民生活世界中跨越体制边界的社会关系网络建构弱化或消除，即跨体制社会网络的建构难以突破体制属性的刚性边界，无法有效地消解风险感知主体由于自身体制归属不同所导致的风险感知差异。同时，数据分析结果也表明城市居民在性别、受教育年限以及城市之间存在一定的系统性风险感知差异。

基于区域社会的体制特性，我们可以将研究发现进一步提炼归纳为三点：第一，体制内和体制外城市居民存在显著风险感知差异，并且体制庇护有助于降低体制内城市居民的风险感知；第二，信任在规避风险上往往发挥积极正向作用，信任度（包括人际信任和制度信任）越高则城市居民的风险感知越低；第三，网络社会中不同维度社会网络交往（春节拜年网和社交餐饮网）对城市居民风险感知影响一般产生负面反向作用。换言之，可以从体制、信任和社会网络交往角度进一步理解风险感知的差异性变化，理解正式和非正式制度下的不同作用机制和风险感知的内在关系逻辑。

为了结果稳健，我们再次根据数据分布结构特征将风险感知分为三个序次的等级：低度风险感知、中度风险感知和高度风险感知，并对相关核心自变量进行新的梳理（略）。

表7-5　　　　　　　　　　调整后的变量统计描述

变量	样本量	均值/百分比	标准差	最小值	最大值
控制变量（略）					
主观阶层					
下层	293	5.53%			
中层	3935	73.21%			
上层	1143	21.26%			

续表

变量	样本量	均值/百分比	标准差	最小值	最大值
体制归属	5192	0.593	0.491	0＝体制外	1＝体制内
信任因子					
人际信任因子	4903	67.91	11.03	0	100
制度信任因子	4903	51.24	17.18	0	100
社会网络交往					
拜年网因子	4973	35.23	15.67	0	100
餐饮网因子	5415	35.72	24.48	0	100
风险感知					
低风险感知	630	11.58%			
中风险感知	4146	76.21%			
高风险感知	664	12.21%			

为检验不同维度因素对城市居民风险感知的影响，使用序次 Logistic 回归建构嵌套模型。由于八城市所处地理空间位置偏差较大，在市场化发展水平、体制内外空间比例、拜年交往习俗以及餐饮社交等方面均存在一定的地区差异。因此，我们接受城市之间在这些方面存在偏差的前提，采用多层次模型中的随机截距模型进行分析，其中第一层为被访者个体，第二层为城市层次。个体层面模型的截距会由于城市不同而呈现一定偏差。

模型 1 为基准模型，体现控制变量对因变量的影响；模型 2 加入体制归属变量，检验体制归属的差异性影响；模型 3 在模型 2 的基础上加入信任变量，包括人际信任因子和制度信任因子；模型 4 在模型 3 的基础上加入社会网络交往变量，包括拜年网因子和餐饮网因子。模型 2、3、4 分别验证风险感知的体制庇护机制、信任维护机制和社会网络交往机制对风险感知的影响。表 7-6 为中国城市居民风险感知的多层次混合效应序次 Logistics 回归模型。

表7-6　中国城市居民风险感知的多层次混合效应序次 Logistics 回归模型

变量	模型1	模型2	模型3	模型4
男性	-0.291*** (0.066)	-0.291*** (0.069)	-0.313*** (0.073)	-0.329*** (0.078)
年龄	-0.012 (0.021)	-0.010 (0.022)	0.003 (0.023)	0.004 (0.024)
年龄平方	0.004 (0.023)	0.006 (0.023)	-0.003 (0.025)	-0.002 (0.026)
教育程度				
中学	0.581*** (0.139)	0.565*** (0.148)	0.564*** (0.161)	0.479** (0.176)
大学及以上	0.827*** (0.157)	0.800*** (0.167)	0.902*** (0.180)	0.765*** (0.198)
党员	0.095 (0.090)	0.154! (0.093)	0.211* (0.100)	0.239* (0.105)
已婚	0.290* (0.115)	0.298* (0.119)	0.235! (0.126)	0.233! (0.131)
本地	0.258** (0.096)	0.326** (0.102)	0.317** (0.109)	0.357** (0.114)
家庭年收入（对数）	0.094* (0.048)	0.129* (0.050)	0.093! (0.054)	0.032 (0.058)
主观层级				
中层	0.307* (0.145)	0.275! (0.149)	0.189 (0.157)	0.184 (0.164)
高层	0.799*** (0.162)	0.757*** (0.167)	0.508** (0.177)	0.483** (0.187)
体制内		-0.337*** (0.080)	-0.282*** (0.085)	-0.304*** (0.089)
人际信任			-0.010** (0.003)	-0.010** (0.004)

续表

变量	模型1	模型2	模型3	模型4
制度信任			-0.038***	-0.038***
			(0.002)	(0.002)
拜年网				0.006*
				(0.003)
餐饮网				0.004*
				(0.002)
两个切割点	略	略	略	略
随机截距	0.052!	0.077!	0.060!	0.056!
	(0.031)	(0.044)	(0.036)	(0.035)
样本容量	5207	4972	4491	4134
Log-likelihood	-3600.4743	-3381.947	-2884.2757	-2632.05

注：1. 括号中为标准误；
2. 参照项依次为：女性、小学及以下、非党员、未婚、外地、下层、体制外；
3. ! $p<0.10$，* $p<0.05$，** $p<0.01$，*** $p<0.001$。

表7-6中模型1为基准模型，不涉及核心自变量。模型2结果表明，体制归属能够导致城市居民对风险感知的系统性差异。与体制外城市居民相比，体制内城市居民的风险感知程度更低，体现了体制对纳入其中的社会成员的庇护效果。因此，假设一得以验证，即城市居民风险感知存在体制差异，且体制内社会成员风险感知低于体制外社会成员。

模型3则进一步同时加入人际信任和制度信任两个因子变量，结果显示体制归属显著性和变化方向保持不变，同时人际信任和制度信任均呈现负向显著性。这表明无论是人际信任还是制度信任，信任因子得分越高，则城市居民的风险感知程度越低，安全感越强。单从系数上看，制度信任对风险感知的影响力要大于人际信任，说明个人的制度信任，尤其以政府为代表的政府信任度越高则对降低城市居民风险感知作用越大。因此，人际信任与制度信任均能有效降低风险感知水平，假设二得以验证。

模型4则同时纳入拜年网和餐饮网两个因子变量，分析结果均呈正向显著。需要特别说明的是，拜年网与餐饮网同为测量社会网络的两种不同方法，虽然测量维度不同，但测量对象的网络建构具有一定的同一性。为避免共线性问题，模型测试时曾经将拜年网和餐饮网两个变量分别纳入模型，结果显示与同时纳入模型的数据显著性不存在实质性变化，不影响假设验证结果。因此，此处仍然选择二者同时纳入模型的数据结果进行解读，便于对比。模型4结果表明，餐饮网结果符合预期研究假设，其因子值的提高导致城市居民风险感知程度加剧；但拜年网结果则与研究假设相反，其因子值提升结果与餐饮网结果相同，对城市居民的风险感知亦呈现了显著的加剧作用。就餐饮网而言，由于其强调工具性的建构以及信息传播和风险放大的机制，导致对风险感知具有加剧作用；而强调关系维持与感情维系的拜年网，同样呈现如此显著结果，则说明网络交往的维度对风险感知的影响并不存在测量维度差异，拜年网交往行为和拜年网亲情资源在降低城市居民风险感知上并没有起到情感性社会支持作用；相反，拜年网可能在风险传播上的负面作用更显著。简言之，就风险感知而言，无论拜年网还是餐饮网，其测量分析结果均体现了社会网络交往的同向显著影响。因此，假设3a未能通过验证且获得与研究假设相反的结果，而假设3b则获得验证，即假设三得以部分验证。同时，从模型2开始至模型4，依次加入不同的核心自变量，所有核心自变量的分析结果均保持显著性和方向不变，体现了其对风险感知影响结果的稳定性。

　　结果显示：第一，体制内外城市居民的风险感知存在显著差异。体制内社会成员在国家权力和政策庇护下依旧保持着自身的场域环境和发展优势，体制外在市场化浪潮的冲击下难以避免改革所带来的风险，体制内社会成员的风险感知显著低于体制外社会成员。第二，信任作为维护社会团结和整合社会秩序以及实现社会控制、维护社会稳定的社会"润滑剂"，在减小城市居民风险感知和维护居民心理安全感上发挥显著作用；其中，人际信任和制度信任对风险感知影响均有正向积极作用。相比于人际信任，制度信任对降低风险感知的作用更显著。第三，社会网络交往作为一种风险传播的中介机制和风险的社会"放大站"，更多地扮演了一种负面角

第七章 微观作用结果之一：体制区隔中的风险感知差异 / 167

色。无论春节拜年网还是社交餐饮网均对城市居民风险感知均产生负向效果，扩大了风险传播范围，加剧了风险感知水平。在风险预防问题上，拜年网社会资本作为内嵌于拜年网中的一种亲情特质资源，并没有起到"拟亲情化"的社会支持作用，相反却与餐饮网社会资本相似均具有关系资本的"负作用"。另外，研究结果还显示性别、受教育程度、户籍、主观阶层地位对风险感知都有稳定的显著影响，个人年收入对风险感知无显著影响。

　　由于体制特性与单位体制变迁密切关联，信任和关系网络交往是建构社会资本的重要内涵，因此，对于体制庇护、信任维护和社会网络交往影响假设的检验，提示我们对当下社会体制结构转型和市场化深入改革中，更加重视与区域社会特性相关联的社会成员微观层面的风险感知问题，进而回溯性加强对相关社会资本作用的重视。首先，体制外非国有部门群体未享受国家资源优惠和政策倾斜的庇护，风险感知明显高于体制内群体；这种风险人为再分配和体制内外风险分配不均现象，很容易造成因体制差异过大而引起严重的社会风险冲突。这就需要进一步体制改革，打破体制壁垒和利益垄断，最大限度地实现体制内外的风险一致性。其次，体制内外的不同职业群体和利益群体往往是利益冲突的根源，当利益冲突通过风险感知系统表达出来时，就需要社会中的信任因素来进行一定的维护。如果要包容那些未来的不确定性、不安全感与难以预测的事件，社会需要一种基于文化情境的系统信任。[1] 因此，我们需要在体制差异和不同的交往场域中建立信任的维护机制，尤其是制度信任。最后，基于社会网络交往对城市居民风险感知的负向影响结果，需要我们更多地认识到网络社会中关系交往的负面功能影响。拜年社交和餐饮社交是中国人情关系的运行方式，也是个人动员和积累人脉关系资源的重要途径，在正式制度下公共活动参与不足的情况下往往会带来负向的消极影响。因此，需要政府部门进一步提高自身为人民服务和社会治理能力的正面形象，减少非正式网络负

---

[1] 翟学伟：《信任与风险社会——西方理论与中国问题》，《社会科学研究》2008年第4期。

面风险消息的传播行为,① 做好网络社会交往行为中风险问题的控制与预防。

应该承认,从群体分化与发展角度来看,不同社会群体的风险机会结构在不同的生命发展阶段均是不同的,并且可能会导致风险感知亦有差异。我们在探讨三个作用机制对个体主观风险感知的影响时,仅从体制维度进行宏观区分,在控制变量中加入家庭年收入和主观阶层两个变量进行控制,以突出核心自变量的影响作用,处理方法尚不够深入。进一步的研究如能对不同社会群体在不同生命发展阶段的风险机会结构进行差异一致性处理,应该能够更加深入地发掘风险感知的差异特征。另外,本书囿于问卷设计,所用因变量风险感知的类型只包括六种,不能全方面地测量居民对风险感知的态度;而就体制划分而言,亦需认识到体制内部之间以及体制外部之间同样存在分化,体制内部门也有垄断国有和普通国有,成员编制分在编和合同工,体制外也有首要和次要劳动力市场,其内部分化也存在风险感知差异。

从社会实践角度来看,探讨体制区隔对社会成员主观风险感知的影响,有利于认清当前中国风险社会的构成差异和制度特性,尤其是对单位体制色彩浓重且不同程度出现"一城一企"区域社会特性的东北社会而言,有利于政府在社会建设过程中实施有差异性的风险治理政策,对具体社会风险问题基于体制归属角度进行解决。同时,对中国城市居民风险感知的体制差异研究也能够将个体层次的风险感知与社会结构和社会制度特征结合起来,从而能够整合微观心理风险认知与宏观体制边界区隔,增进社会治理方式方法对不同社会群体的政策适应与策略调整。

总的来看,东北区域社会作为中国社会整体变迁和风险社会全球变迁在单位体制背景中的典型交汇地,身处其中的大型国企社会资本在宏观体制特性场域影响下,不仅反映了东北区域社会单位体制变迁中特定的体制影响和制度情境,更在体制区隔基础上通过主

---

① 陈云松、边燕杰:《饮食社交对政治信任的侵蚀及差异分析关系资本的副作用》,《社会》2015 年第 1 期。

观风险感知直接呈现了社会资本作用的微观结果。换言之，对社会成员风险感知的体制差异性研究，展现了东北社会"一城一企"区域社会特性中社会关系交往取向、社会资本建构和作用效果的体制区隔结果，使得风险感知成为反映单位体制变迁的微观折射。因此，在东北区域社会中，社会成员的主观社会认知受限于以大型国企为典型代表的单位体制限制，最终体现的是大型国企社会资本微观作用结果之一，即风险感知差异。

第八章　微观作用结果之二：单位依附中的归属感变迁[①]

　　东北"一城一企"区域社会中，社会成员在社会关系交往建构取向上呈现出了鲜明的单位依附特性；同时，宏观层面城市社会与大型国企的融合特性，以及微观层面社会成员在生产生活多维度多方面的相互依存特性，使得大多社会个体具有国企成员和城市居民的双重身份。在这种双重身份中，个体归属感的取向变化与东北单位体制时代变迁紧密相连，反映了大型国企社会关系网络建构与社会资本运作中单位情境和社会情境的共同影响力，成为大型国企社会资本微观作用的另一种主观效应结果。

　　因此，与大型国企紧密相关的城市归属感营造成为大型国企社会资本微观作用后果的第二个外在表现。在东北社会中，尤其是那些"一城一企"区域社会特性程度更高的地区，归属于大型国企与归属于所在城市，在较长的历史时期中具有一体化的含义。伴随着制度转型和国企社会职能的剥离，城市归属感演变出"职工"角色和"市民"角色的分化，[②] 单位归属感与城市归属感也在大型国企社会资本的作用之下呈现出有同构、有冲突的复杂差异性。密切的政企联系和地域内的高度认可会增进"职工"角色下的城市归属感而不利于"市民"角色下城市归属感的生成；大型国企内部社会资本的生成则对"职工"角色下的城市归属感和"市民"角色下的城市归属感均有显著促进作用。

[①] 本章部分内容已发表于《福建论坛》2020 年第 1 期，纳入本章时有较大修改。
[②] 王文彬、王佳珩：《从全面促进到分而视之：单位依附对国企成员城市归属感的作用变迁》，《福建论坛》2020 年第 1 期。

第八章 微观作用结果之二：单位依附中的归属感变迁

从大型国企社会资本的作用机制和作用结果的关联性来看，一方面，其符号效用和信任效用催生"职工"角色而非"市民"角色下的城市归属感。在"一城一企"区域社会特性较高的场域之下，大型国企社会资本中的密切政企联系和地域内高度认可，能够促进"职工"角色城市归属感的形成而不利于"市民"角色城市归属感的形成。另一方面，大型国企社会资本的整合效用则对城市归属感的产生具有广泛的促进作用。整合效用的产生来源于长期共同生活形成的"情感共同体"，因而在一定程度上具有超越制度变迁的稳定性，在"职工"向"市民"的角色演变过程中，大型国企社会资本仍然发挥着较为强大的整合效力。因此不论是"职工"角色还是"市民"角色，大型国企社会资本的整合效用都能够有效增进其城市归属感的形成。

基于前述，我们从传统典型的单位制延展开来，对以东北为典型区域的再分配经济体系城市中特有的组织形式和制度安排进行与归属感相关联的理论铺垫。单位组织中整合了资源分配权力与国家行政权力，形成从国家到单位再到个人的层级统治。[①] 在区域层面，城市中行政结构安排与资源分配形式造成个人对单位的全面依附。传统单位制下，国企成员的工作与生活内嵌于职工角色中，国企成员的社会生活角色集中以职工角色为主导，并以单位为中介形成空间上的城市归属感。

中国的国企改革是由单位体制变迁和市场转型发展共同推动的，国企成员对企业本身和所在城市的心理归属深刻折射了宏观体制变革中的微观变化。这种微观变化，集中反映为国企成员城市社会生活中从职工角色为主向市民角色为主的转变。在宏观制度变革推动下，当基于区域社会特性和单位依附变化而导致关系建构和社会资本运作逻辑变化时，国企成员角色转变是推倒重建还是渐进式过渡？典型单位制下职工角色对单位的全面依附对市民角色下城市归属感的形成有何影响？这些问题本身反映的恰恰是国企社会资本

---

① 刘平、王汉生、张笑会：《变动的单位制与体制内的分化——以限制介入性大型国有企业为例》，《社会学研究》2008 年第 3 期。

微观作用结果的表现,是在微观层面上对国企成员主观社会认知的解读。

可见,在东北区域社会"一城一企"特性中,国企成员从职工角色到市民角色城市归属感的转变,整体上反映了大型国企社会资本作用的微观结果,宏观上折射了单位制与市场化改革、社会结构重组间的重合与矛盾;中观上反映了国企成员社会关系取向变迁的侧影;微观上体现了个体受国企社会资本特性影响的适应情况。

当然,在体制转型稳步推进的同时,国企成员的角色变迁并非一帆风顺的。近年来东北地区深陷经济增长乏力、社会发展缓慢、人才流失严重的困局中。党的十八大以来,中共中央高度重视东北经济发展,专门出台支持东北振兴若干重大政策举措,然而,经济体制、社会结构逐步变迁的情况下改革效果却不尽如人意。在此背景下批判的矛头指向了单位个体的依附惯性,对单位依附惯性的批判集中于两处,一方面单位制下特有的行为模式与我们正在建设的市场体制行为模式相左,另一方面批判者们将单位依附惯性置于社区归属感的对立面,认为单位制式微是从单位走向社区的单向度转换。① 应该承认,单位制下国企成员对单位的全面依附,使其难以从职工角色中脱离,但在东北区域特征与体制转型的融合中,社会运行逻辑是复杂多元的。区域社会特性中单位依附是否具有差异性表现,尤其是对国企成员的城市归属感是否具有不同维度的作用,值得探索。

我们认为,以单位依附为核心对国企成员城市归属感的解读是一个了解国企社会资本微观作用结果的可行视角,但有必要对传统的单位依附概念进行分类细化。转型时期,国企成员不同形式的单位依附是社会多元运行逻辑的表征,通过对每种依附形式背后作用机制的深入挖掘,才能使改革与区域特征相适应,在区域范围内实现效用最大化。在对单位依附的研究中,具有代表性的是魏昂德提出的"新传统主义",他将单位依附分为:"工人对企业社会和经

---

① 田毅鹏、王丽丽:《转型期"单位意识"的批判及其转换》,《山东社会科学》2017年第5期。

济方面的依附,工人对领导在政治上的依附以及工人对直接领导的个人依附。"① 笔者沿用这一观点,并将对单位依附的划分调整为:对单位的身份地位依附、经济稳定依附、生活福利依附、政治晋升依附以及社会资本依附。通过探索单位依附对国企成员不同角色下城市归属感的影响,我们发现:典型单位制下形成的单位依附全面促进了国企成员职工角色下城市归属感的形成;受体制变迁与区域特征的双重影响,单位依附的分类细化蕴含了不同的依附机制,对国企成员市民角色下城市归属感的作用并不统一。

我们以东北地区大型国有企业职工群体为研究对象,考察区域社会特性,即"一城一企"条件下单位依附与城市归属感间的关联与作用机制。尝试回答以下问题:第一,当前国企成员对单位的依附形式和程度情况如何?第二,不同类型的依附是否对国企成员城市归属感具有差异影响?第三,单位依附对国企成员城市归属感的影响是否具有从职工到市民的角色差异?如有,则表明单位依附在单位体制变迁与市场转型发展中具有区域特征影响下的时代变化。对这几个问题的理论回答和实证检验,所回应的正是东北区域单位体制变迁中,国企社会资本在微观层面的作用结果之一,即单位依附中的归属感变迁。

第一节 多重依附与归属感

当前对城市归属感的研究对象主要涉及两个群体:一是流动人口的城市归属感问题,二是城市居民的城市归属感获得。此类文献虽与本研究的关注群体不同,但同属城市市民范畴,在把握群体性差异特征的基础上对本研究具有一定借鉴意义。通过对这类文献的梳理发现对城市归属感形成原因的探讨主要分为三类:关注制度分

---

① Walder, Andrew G., *Communist Neo-traditionalism: Work and Authority in Chinese Industry*, Berkeley: University of California Press, 1986, pp. 15 – 24.

割[①]与资源分配机制[②]的角色认同视角；测量个体经济收入[③]与公共服务获得[④]的社会交换视角；以及社会资本视角[⑤]。总体来说，虽然对城市归属感的研究不断深入，但对概念的使用较为笼统，缺乏更深入的理论视角，特别是忽略了转型时期城市归属感的结构性变化。本书将国企成员作为研究群体，以单位依附为研究框架，依据魏昂德的"新传统主义"[⑥]将单位依附细化为：对单位的身份地位依附、经济稳定依附、生活福利依附、政治晋升依附以及社会资本依附。关注转型时期单位依附对国企成员不同角色下城市归属感的影响。

（一）身份地位依附与城市归属感

角色认同理论认为：个体只有通过对群体角色的认同，才能将自己定位在某一群体之中，并产生归属感，视这个群体为"自我"，视群体之外为"他者"。依据史密斯的观点，角色认同能够对"自我"进行定义，不仅是因为它描绘了角色规范，更是因为它将那些相似的、互补的以及矛盾的角色有效地间隔开来。[⑦]制度安排通常是不同角色群体的划分依据。长久以来，受计划经济时期城乡二元社会结构的影响，城乡间的户籍、就业、教育、社会保障等一系列制度分割，迫使农民工既脱离了农民角色，又无法对城市市民角色完全认同，使这一群体对城市与乡村都缺少归属感。[⑧]城

[①] 王春光：《新生代农村流动人口的社会认同与城乡融合的关系》，《社会学研究》2001年第3期。

[②] 黄侦、王承璐：《农民工城市归属感与购房意愿关系的实证研究》，《经济经纬》2017年第3期。

[③] 朱力：《论农民工阶层的城市适应》，《江海学刊》2002年第6期。

[④] 侯惠丽：《城市公共服务的供给差异及其对人口流动的影响》，《中国人口科学》2016年第1期。

[⑤] 刘于琪、刘晔、李志刚：《居民归属感、邻里交往和社区参与的机制分析——以广州市城中村改造为例》，《城市规划》2017年第9期。

[⑥] Walder, Andrew G., *Communist Neo-traditionalism: Work and Authority in Chinese Industry*, Berkeley: University of California Press. 1986, pp. 15–24.

[⑦] Alfred R. Linde smith, Anselm L. Strauss, *Social Psychology*, New York: Holt, Rinehart and Winston, 1956, pp. 45–63.

[⑧] 陈丰：《从"虚城市化"到市民化：农民工城市化的现实路径》，《社会科学》2007年第2期。

乡制度的二元分割将农村居民和城市居民区隔为两个不同的角色群体，单位制结构下城市市民同样被划分为体制内与体制外两个不同的角色群体。

布迪厄提出"体制化关系的网络"是与某个团体的成员资格制度相联系的，获得这种成员资格身份，就为个体赢得声望以及为其获得物质的或象征的利益提供了保证。[①] 单位制社会结构中，人们在社会中的行动与交往需要以单位身份为前提。"单位身份赋予其成员社会行动的合法性、给予人们在社会上行为的资格。"[②] 单位组织中，成员拥有一致的社会身份，且与体制外群体相比，这一社会身份占据优势地位，并在不断的社会交往和社会参与中构建了共同的集体记忆。国企成员对单位身份地位的依附，使其区隔于体制外群体并在职工角色下形成集体记忆，对其职工角色下的城市归属感具有正向作用。

相比于职工角色，与社会转型相适应的市民角色在社会参与中强调地位的平等。国企成员对单位身份地位的依附，也是对国企优势地位的依附，与市民角色下多元主体平等参与社会治理的理念间产生张力。其次，国企成员通过对单位身份地位的依附不断强化了职工角色下的集体记忆，难以对市民这一角色群体产生认同。因此，国企成员对单位的身份地位依附会阻碍其市民角色下城市归属感的形成。由此提出假设1：国企成员对单位身份地位的依附对其不同角色下城市归属感的形成有显著影响，且作用方向不同。

假设1.1：国企成员对单位的身份地位依附越强，越容易形成职工角色下的城市归属感。

假设1.2：国企成员对单位的身份地位依附越强，越不容易形成市民角色下的城市归属感。

（二）经济稳定依附与城市归属感

在对城市居民城市归属感的诸多研究中，收入水平被研究者们

---

① ［法］布迪厄：《文化资本和社会炼金术》，包亚明译，上海人民出版社1997年版，第23—42页。
② 李汉林：《中国单位社会议论、思考与研究》，上海人民出版社2004年版，第18—19页。

认为是人口归属感获得的重要因素之一。① 交换理论视角下个体对组织的归属源于组织对个体需求的满足程度。霍曼斯提出：员工对企业的归属可以被看作一种"成本"支出，受企业支付"报酬"的影响。② 并且组织与个体的交换过程中充满不确定性和风险，"个体会对交换过程中存在的不确定性和风险进行评估，并通过重复多次的交互行为形成组织信任，最终演变为稳定的交换关系"③。因此，国企成员城市归属感的形成由城市中组织与个人间长期稳定的交换关系所决定。

传统的单位组织是利益交换与强制命令结合下的统治形式。④ 东北地区"一城一企"特征下，城企关系密切，政策倾斜较大，国企的生产与经营都处于优势地位，成员收入的稳定性能够得到有效保证。因此，国企在满足其成员需求的基础上，通过稳定性极大地控制了交换过程中的风险，国企成员对单位经济稳定依附对其职工角色下城市归属感的形成产生积极影响。

再分配经济体制到市场经济体制的转型中，国企强制命令的成分不断下降，取而代之的是国企在市场交换中垄断地位的形成。国企与个体间的交换依然存在，并且受国企垄断地位的影响，交换过程中的风险能够得到有效控制。因此，国企成员对单位经济稳定的依附对其市民角色下城市归属感的形成同样具有促进作用。由此提出假设2：国企成员对单位经济稳定依附对其不同角色下城市归属感的形成有显著影响，且都具有正向作用。

假设2.1：国企成员对单位经济稳定依附越强，越容易形成职工角色下的城市归属感。

假设2.2：国企成员对单位经济稳定依附越强，越容易形成市民角色下的城市归属感。

---

① 朱力：《论农民工阶层的城市适应》，《江海学刊》2002年第6期。
② George C. Homans, "Social Behavior as Exchange", *The American Journal of Sociology*, Vol. 63, No. 6, 1958.
③ 刘小平：《员工组织承诺的形成过程：内部机制和外部影响——基于社会交换理论的实证研究》，《管理世界》2011年第11期。
④ 刘平、王汉生、张笑会：《变动的单位制与体制内的分化——以限制介入性大型国有企业为例》，《社会学研究》2008年第3期。

(三) 生活福利依附与城市归属感

对城市公共服务的体验与感受是影响城市归属感最直接的因素，黄贤重认为，市民对城市当地的公共服务认同度越高，其城市认同度也相应越高。[①] 公共服务的获取以交换为基础，并涉及两种成员资格下不同的服务获取渠道。侯慧丽以公民权理论中的公民资格概念为基础，将公共服务的获取分为工业公民资格下的公共服务和社会公民资格下的公共服务，她认为城市提供的两种公共服务均对流动人口具有吸引力，流动人口在获得公共服务后，更稳定也更具归属感。[②]

单位制下国有企业与其成员进行交换的过程中，除了提供物质性资源外，还能为其成员提供多种稀缺资源。马利诺夫斯基提出："人们确实在市场交易中有追踪物质性的目的，但他们也动员并交换非物质性的资源。"[③] 单位对稀缺资源的控制造成其成员对单位生活福利的依附，并对其职工角色下城市归属感的形成产生积极影响。

转型时期，国企成员公共服务的获取资格由工业公民向社会公民转变，需求的承担主体从单位过渡到城市，由城市的公共服务体系或市场提供。但国企成员从职工角色向市民角色变迁的特殊性在于：能对不同承担主体提供的公共服务进行比较，个体对社会福利服务的刚性需求特征，使其对公共服务的期望只升不降。东北地区近年来经济增速缓慢严重影响了公共服务体系发育，相比于单位组织中多年的福利建设，城市公共设施、公共服务相对缺乏优势。其次，单位提供的生活福利以无偿、低偿为主，与市场渠道获取的公共服务相比价格优势明显。公共服务体验的落差巩固了国企成员对

---

① Joong-Hwan, "Social Binds and the Migration Intention of Early Urban Residents: The Effect of Residential Satisfaction", *Population Research and Policy Review*, Vol. 22, 2003.

② 杨晓军:《城市公共服务质量对人口流动的影响》,《中国人口科学》2017年第2期。

③ Bronislaw Malinowski, *Argonauts of the Western Pacific*, London: Routledge & Kegan Paoul, 1922. 转引自乔纳森·特纳《社会学理论的结构》（上），华夏出版社2001版，第262页。

单位生活福利的依附，并阻碍其市民角色下城市归属感的形成。由此提出假设3：国企成员对单位生活福利的依附对其不同角色下城市归属感的形成有显著影响，且作用方向不同。

假设3.1：国企成员对单位生活福利依附越强，越容易形成职工角色下的城市归属感。

假设3.2：国企成员对单位生活福利依附越强，越不容易形成市民角色下的城市归属感。

（四）政治晋升依附与城市归属感

"个人经常处在组织社会中，社会组织对于个人以及群体具有强烈的角色化力量，所谓的社会化和再社会化经常是通过组织中的角色化来实现的。"[1] 人们对自身角色的定义与认同离不开对组织的划定与参照。从自我角色认同到组织认同的延伸，是个体对自我与组织关系的定义，是将个体特质归类为组织特质的过程，是从"我"到"我们"的转变。国企成员对自身职工角色的定义源自对单位组织及其内部运行逻辑的认同；国企成员对自身市民角色的定义也是对市场经济及新型社会治理模式的肯定。郭晟豪、萧鸣政通过实证研究提出：组织中的角色认同对组织归属感的形成有显著的正向影响。[2] 高组织认同的成员在内心上与组织关系更加紧密，在界定自己与组织关系时，认为自己存在于组织内部，与组织不可分割。

传统单位制下，政治行政级别是资源配置的主要依据，意味着权力、资源分配以及利益的表达和实现。[3] 从上到下的科层制结构决定国企成员需要通过政治晋升获取更多资源。魏昂德曾提出西方企业中工资由不同类别的工种决定，而中国国有企业中不同工种之

---

[1] 毛丹：《赋权、互动与认同：角色视角中的城郊农民市民化问题》，《社会学研究》2009年第4期。

[2] 郭晟豪、萧鸣政：《认同还是承诺？国企员工组织中的认同、组织承诺与工作偏离行为》，《商业经济与管理》2017年第8期。

[3] 李汉林：《中国单位社会议论、思考与研究》，上海人民出版社2004年版，第18—19页。

间工资并无差别，差别在于政治行政级别的不同。① 行政级别高的领导往往还握有资源分配的权力，在国企成员对单位全面依附的背景下此种权力的效用得到放大。从角色认同的理论视角出发，国企成员职工角色的形成即包含了对单位制下资源分配逻辑的认同。因此，国企成员行政级别越高对单位的政治晋升依附越强，越容易形成职工角色下的城市归属感。

随着市场经济转型的不断推进，城市场域内的资源分配逻辑发生了转变，以市场交易为主的资源获取渠道代替了单位中的资源再分配。国企内部以行政级别为依据的资源分配逻辑与城市中市场资源分配逻辑的冲突，使国企成员难以形成市民角色下的角色认同与组织认同，阻碍其市民角色下城市归属感的形成。因此，国企成员对单位政治晋升依附，对其市民角色下城市归属感的形成具有负面作用。由此提出假设4：国企成员对单位政治晋升的依附对其不同角色下城市归属感的形成有显著影响，且作用方向不同。

假设4.1：国企成员对单位政治晋升依附越强，越容易形成职工角色下的城市归属感。

假设4.2：国企成员对单位政治晋升依附越强，越不容易形成市民角色下的城市归属感。

（五）社会资本依附与城市归属感

科尔曼认为社会资本是以其功能进行定义的，其不是一个单一体，而是以多种方式呈现的，但它们都反映了社会结构的某些方面，而且有利于身处同一结构中个人的某些行动。② 福山提出"社会资本是处于同一个共同体中的个人、组织通过长期与内部、外部对象的互动、合作形成的一系列认同关系，以及在这些关系背后积淀下来的历史传统、价值理念、信仰和行为范式"③。单位制下国

---

① Walder, Andrew G., *Communist Neo-traditionalism: Work and Authority in Chinese Industry*, Berkeley: University of California Press, 1986, p. 15–24.

② 科尔曼：《社会理论的基础》，邓方译，社会科学文献出版社1991年版，第75—82页。

③ 福山：《信任——社会道德与繁荣的创造》，远方出版社1998年版，转引自王彦斌《管理中的组织认同》，人民出版社2004年版。

企成员对单位社会资本的依附是对社会资本形成过程中所积淀的行为范式、交换规则以及单位场域内逻辑的建构与认同，因此国企成员对单位社会资本的依附越强，越容易形成职工角色下的城市归属感。

在角色转换过程中，一方面部分研究者认为：旧有角色下原始社会资本造成了个体社会交往的局限，并提出新型社会资本对社会地位提高与组织融入影响更大。[①] 另一方面，对国企社会资本的研究者认为："当人们的个人关系网络跨越两种体制时，将产生跨体制的社会资本，而跨越者的社会资本总量、家庭年收入、个人月均工资收入、获得工资以外的其他收入的机会均高于非跨越者"[②]，更利于转型时期城市归属感的形成。在东北"一城一企"区域特征下国企成员的角色转换有其特殊性，国企成员的角色转换是工作与生活的剥离过程，并非彻底的角色置换。转型期国企成员对单位社会资本的依附是其跨体制社会资本建立的基础，跨体制社会资本的建构带来收入与机会的增长，对国企成员市民角色下城市归属感的形成具有正向影响。从东北区域特征出发，国企与社区多有重合，国企成员对单位社会资本的依附同样有利于其市民角色下城市归属感的形成。因此，国企成员对单位社会资本依附越强，越容易形成市民角色下的城市归属感。由此提出假设5：国企成员对单位社会资本的依附对其不同角色下城市归属感的形成有显著影响，且都具有正向作用。

假设5.1：国企成员对单位社会资本依附越强，越容易形成职工角色下的城市归属感。

假设5.2：国企成员对单位社会资本依附越强，越容易形成市民角色下的城市归属感。

[①] 吕青：《新市民的社会融入与城市的和谐发展》，《江南论坛》2005年第2期。
[②] 边燕杰、王文彬、张磊等：《跨体制社会资本及其收入回报》，《中国社会科学》2012年第2期。

第二节　实证分析与经验支持

（一）数据与变量

本书使用数据来自 2017 年实施的"东北'一城一企'区域单位体制变迁中大型国企社会资本作用"的主题调查，在东北地区抽取大庆、吉林、长春三个城市中大型国有企业进行随机抽样，具体介绍见前面章节。数据包括国企成员的社会人口特征、城企关系、单位依附等模块信息，适合对国企成员的城市归属感做定量研究。

因变量是国企成员的城市归属感。史密斯将归属感定义为："单个个体对所属群体、空间的关系划定。"[①] 我们沿用这一观点，将国企成员的城市归属感定义为：国企成员在共同的社会记忆以及活动场域内形成的对自身和城市间关系的划定。并在此基础上进一步将国企成员城市归属感划分为：职工角色下城市归属感与市民角色下城市归属感。

城市归属感集中体现于城市人口的定居决策。何艳玲通过迁移意愿从反面对城市居民的归属感进行测量。[②] 米庆成将城市归属感区分为地区归属感与群体归属感，[③] 我们对国企成员的城市归属感的划分，涉及地域范围内群体角色转化带来城市归属感的变迁。典型单位制下，国企成员的工作与生活在单位中相互嵌入，国企工作职位的获得作为最主要的定居决策，反映出个人与城市的连接以单位作为中介。综上所述，我们将国企成员职工角色下城市归属感操作化为："是否会因为工作原因在当地安家"，"会"视为有职工角色下的城市归属感，"不会"视为无职工角色下的城市归属感。

战梦霞、高亚春、高炳安等认为城市归属感是对城市生活的认

---

① Smith, Anthony J, *Natinal Identity*. New York: Free Press, 1998, p.14.
② 何艳玲、郑文强：《"留在我的城市"——公共服务体验对城市归属感的影响》，《同济大学学报》2016 年第 2 期。
③ 米庆成：《进城农民工的城市归属感问题探析》，《青年研究》2004 年第 3 期。

同、融入以及依赖的主观感受。① 赵玉峰、颜小钗将城市归属感操作化为"我感觉自己属于这个城市"②。转型时期，国企成员社会生活的主导角色由职工向市民转移，市民角色下城市归属感的内涵在于工作与生活的剥离。我们从反面对国企成员城市归属感进行测量，即假如离开单位对城市是否不再有认同、融入以及依赖等感受，具体操作化为："假如您离开目前的单位，您在这个城市生活是否有局外人的感受"，"有"视为无市民角色下的城市归属感，"没有"视为有市民角色下的城市归属感。

核心自变量为单位依附，通过细化分为：身份地位依附、经济稳定依附、生活保障依附、政治晋升依附以及社会资本依附。李汉林提出单位身份的主要作用是使人们在社会上的行为具有合法性、给予人们在社会上行为的资格。③ 因此，对社会身份依附的操作化选取了问卷中关于单位对其成员身份赋予的题目：在对陌生人进行自我介绍时，您是否首先介绍您的工作单位？您的工作单位给与您的身份待遇是？您对您目前工作的社会声望满意程度如何？在本企业工作获得的社会地位对您选择留在本企业工作有多大影响？

经济稳定依附包括国企成员当前和未来的收入以及保障的稳定情况，结合问卷题目设置，具体操作化为：稳定的生活保障对您选择留在本企业工作有多大影响？您担心自己退休后的生活保障吗？您的基本工资是否在企业任何经营状况下都会得到保障？

国有企业的福利实践包含多方面的内容，基本可以分为福利资金投入和福利设施建设。④ 我们对生活福利依附的测量涉及国企成员对福利资金投入和部门建制的主观感受，具体操作化为：作为此企业员工，您觉得企业提供的生活便利是否优于其他企业？您对日

---

① 战梦霞、高亚春、高炳安：《农民工公共服务、落户意愿及城市归属感调查研究》，《兰州学刊》2018年第4期。

② 赵玉峰、颜小钗：《流动人口的主动参与、被动卷入与城市归属感——基于流动人口主体性的视角》，《统计分析》2018年第5期。

③ 李汉林：《中国单位社会议论、思考与研究》，上海人民出版社2004年版，第76—86页。

④ 韩亦、郑恩营：《组织印记与中国国有企业的福利实践》，《社会学研究》2018年第3期。

常生活配套设施的需要可以在单位或厂区内部得到何种程度的满足？

单位制下，政治行政级别往往意味着权力、资源分配以及利益的表达与实现。① 政治晋升依附为一个综合变量，结合问卷具体操作化为：在目前的工作中，请问您的职务级别是？假如您晋升一个级别，您的社会经济地位会？在您单位中，职位高低的不同在多大程度上影响个人社会经济地位的获得？

为了数据分析的简约性，对以上四种依附方式的测量分别采用主成分分析方法，提取上述四个指标的公因子，并通过标准化生成连续变量，数值越大意味着对单位依附越强。

对单位社会资本依附的测量借鉴了拜年网的测量方式。② 但由于我们测量的是对单位内社会资本的依附情况，网络结构差异以及网络顶端差异不明显，所以不在测量范围内，仅采用拜年网中对网络规模的测量，代表国企成员对单位社会资本依附的情况。即测量总拜年人数中单位的人所占比例，获得一个 0~100 之间的连续变量，在拜年人数中单位人所占比例越大，表明对单位社会资本依附越强。

其他控制变量都作二分处理包括：性别男性赋值为 1，女性赋值为 0；教育程度本科及以上赋值为 1，本科以下为 0；政治面貌党员赋值为 1，非党员赋值为 0；婚姻状况在婚赋值为 1，非在婚赋值为 0。对东北国企成员城市归属感的研究以城企高度融合的区域特征为背景，范欣、宋冬林经过测算认为长春、吉林、大庆三座城市都为单一结构城市，③"一城一企"特征明显，但这三座城市的"一城一企"特征强度并不相同，可能会对分析结果造成影响，因此模型中将地区作为控制变量。

---

① 李汉林：《中国单位社会议论、思考与研究》，上海人民出版社 2004 年版，第 18—19 页。
② 边燕杰：《城市居民社会资本的来源及作用：网络观点与调查发现》，《中国社会科学》2004 年第 3 期。
③ 范欣、宋冬林：《单一结构城市的认定及其经济增长效应研究——来自于东北地区的经验证据》，《学习与探索》2018 年第 6 期。

(二) 统计描述及分析策略

表 8-1 显示了主要变量的统计描述结果，并将样本分别按照职工角色和市民角色下有城市归属感和无城市归属感进行了统计描述。职工角色下，具有城市归属感的样本中有 54% 是男性，高于全样本中 53% 的比例；[1] 平均年龄为 37.43，高于全样本的平均年龄 37.17；50% 是本科以上学历，高于全样本中 49% 的比例；31% 是党员，高于在全样本中 29% 的比例；77% 是在婚状态，高于在全样本中 76% 的比例；经过标准化之后的身份地位依附、经济稳定依附、生活福利依附、政治晋升依附以及社会资本依附均值都高于全样本均值。市民角色下，具有城市归属感的样本中，50% 是男性，低于全样本中的比例；平均年龄 36.98，低于全样本的平均年龄；51% 是本科以上学历，高于全样本比例；30% 是党员，高于全样本中的比例。76% 是在婚状态，与全样本中比例相同；标准化后的身份地位依附、生活福利依附、政治晋升依附均值低于全样本均值，经济稳定依附与社会资本依附均值高于全样本均值。

表 8-1　　基本统计描述

变量	职工角色 有城市归属感 均值	标准差	职工角色 无城市归属感 均值	标准差	市民角色 有城市归属感 均值	标准差	市民角色 无城市归属感 均值	标准差
性别（男=1）	0.54	0.02	0.45	0.06	0.50	0.02	0.58	0.03
年龄	37.43	0.34	35.05	0.94	36.98	0.41	37.49	0.53
年龄平方/100	14.80	0.27	13.00	0.70	14.48	0.32	14.86	0.41
教育程度（本科以上=1）	0.50	0.02	0.45	0.06	0.51	0.02	0.47	0.03
政治面貌（党员=1）	0.31	0.02	0.19	0.04	0.30	0.02	0.28	0.03
婚姻状况（在婚=1）	0.77	0.02	0.66	0.05	0.76	0.02	0.76	0.03

---

[1] 此处受篇幅限制没有列出全样本的统计描述表格，有兴趣的读者可以与作者联系获取。

续表

变量	职工角色				市民角色			
	有城市归属感		无城市归属感		有城市归属感		无城市归属感	
	均值	标准差	均值	标准差	均值	标准差	均值	标准差
单位依附								
身份地位依附	0.07	0.04	-0.55	0.11	-0.10	0.04	0.17	0.06
经济稳定依附	0.05	0.04	-0.38	0.12	0.03	0.05	-0.04	0.06
生活福利依附	0.05	0.38	-0.41	0.10	-0.09	0.05	0.15	0.06
政治晋升依附	0.06	0.04	-0.45	0.14	-0.09	0.05	0.15	0.06
社会资本依附（%）	42.86	1.02	30.91	2.98	43.07	1.22	39.11	1.64

本研究采用了因子分析和二元 logistic 回归方法构建模型，分析软件为 stata14.0，分析过程分为两步：第一步，计算出个体对单位身份地位、经济稳定、生活福利、政治晋升依附的因子得分；第二步，通过二元 logistic 回归方法构建模型，研究身份地位依附、经济稳定依附、生活福利依附、政治晋升依附以及社会资本依附对国企成员在职工角色和市民角色中对城市归属感的影响作用。

（三）数据分析结果

第一，国企成员单位依附与其职工角色下城市归属感。表8-2显示，年龄、教育程度、政治面貌、婚姻状况以及地区都对职工角色下城市归属感的影响不具显著作用。性别对职工角色下城市归属感的影响在0.1的水平上显著，男性在职工角色下城市归属感形成的概率是女性的1.57［EXP（0.448）］倍。这可能是因为传统社会分工中，女性更多偏向家庭，男性更多偏向工作，国有企业女性在对抗社会风险时不仅受到体制庇护，同时也受到家庭庇护，甚至多数情况家庭庇护占据主导位置。而对国有企业男性来讲更多的是受到体制庇护，因此男性更容易形成职工角色下的城市归属感。

如表8-2模型2所示，国企成员对单位身份地位依附每增加一个单位，其形成职工角色下城市归属感的概率是前者的1.87［EXP（0.625）］倍，结果在0.01水平显著，假设1.1成立。即国企成员对单位的社会身份依附越强,越容易形成职工角色下的城市归属感。

表8-2　职工角色下城市归属感二元logistic回归模型

变量	模型1	模型2	模型3	模型4	模型5	模型6
性别（参照组：女）	0.448* (0.242)	0.432* (0.248)	0.494** (0.250)	0.495** (0.251)	0.459* (0.252)	0.501** (0.255)
身份地位依附		0.625*** (0.128)	0.522*** (0.136)	0.449*** (0.150)	0.406*** (0.152)	0.385** (0.152)
经济稳定依附			0.274** (0.128)	0.244* (0.130)	0.203 (0.132)	0.216 (0.134)
生活福利依附				0.172 (0.151)	0.142 (0.154)	0.138 (0.154)
政治晋升依附					0.263** (0.120)	0.235** (0.120)
社会资本依附						0.0140*** (0.00487)
控制变量	已控制	已控制	已控制	已控制	已控制	已控制
Constant	1.872 (2.310)	1.551 (2.362)	1.278 (2.384)	1.129 (2.392)	1.514 (2.415)	1.734 (2.448)
Pseudo R2	0.0307	0.0791	0.0879	0.0903	0.0995	0.1162
Observations	768	768	768	768	768	768

Standard errors in parentheses ***p<0.01, **p<0.05, *p<0.1。

如表8-2模型3所示:国企成员对单位经济稳定依附每增加一个单位,其职工角色下城市归属感的形成概率是前者的1.32 [EXP(0.274)]倍,结果在0.05水平显著,假设2.1成立。即国企成员对单位经济稳定依附越强,越容易形成职工角色下城市归属感。如表8-2模型4所示:国企成员对单位的生活福利依附对其职工角色下城市归属感的形成影响不显著,因此假设3.1没有得到验证。可能原因在于随着单位制的解体,国企单位原有的生活福利已无法完全满足当前福利需求的刚性增长,因此国企成员对单位的生活福利依附对其职工角色下城市归属感影响不显著。

由于国有企业内将行政级别作为资源分配依据，因此国企成员对单位的政治晋升依附不仅对其职工角色下城市归属感具有显著影响，当控制了政治晋升依附后，国企成员对单位其他资源依附的作用也会发生改变。如表8-2模型5所示，国企成员对单位政治晋升依附每增加一个单位，其职工角色下城市归属感形成概率是前者的1.30［EXP（0.263）］倍，结果在0.05水平显著，假设4.1成立。即国企成员对单位政治晋升依附越强，越容易形成职工角色下的城市归属感。在控制了政治晋升依附后，经济稳定依附的用作不再显著。也证明了单位制下，政治行政级别往往意味着权力、资源分配以及利益的表达和实现。①

国企成员对单位的政治晋升依附在具体情境中常常转变为对领导的个人依附，且国企成员单位内的社会网络具有"科层关联"的特征，因此不仅社会资本依附对国企成员职工角色下城市归属感的形成具有显著影响，在控制了社会资本依附的情况下，政治晋升依附的作用也会有所变化。如表8-2模型6所示，国企成员对单位社会资本依附每增加一个单位，其形成职工角色下城市归属感的概率为前者的1.01［EXP（0.0140）］倍，在0.01水平显著，假设5.1成立。即国企成员对单位的社会资本依附越强，越容易形成职工角色下的城市归属感。政治晋升依附的作用仍然显著，但作用程度有所下降。

第二，国企成员单位依附与其市民角色下城市归属感。如表8-3模型7所示，性别对国企成员市民角色下的城市归属感影响显著。男性形成市民角色下城市归属感的概率仅是女性的68%［EXP（-0.386）］，在0.05的水平显著，即女性国企成员更容易形成市民角色下的城市归属感。如上所述，女性在遭遇社会风险时更多受到家庭庇护，对家庭依附更强，血缘联系延伸为地缘联系，市民角色下的社区共同体就是地缘联系的一种制度化形式，因此女

---

① 李汉林：《中国单位社会议论、思考与研究》，上海人民出版社2004年版，第76—86页。

性对家庭、社区的依附更强，更容易形成市民角色下的城市归属感。

地区对国企成员市民角色下城市归属感的形成具有显著影响。如表8-3模型7所示，与大庆地区相比长春市和吉林市的国企成员更容易形成市民角色下的城市归属感。长春地区国企成员形成市民角色下城市归属感的概率是大庆的1.95［EXP（0.666）］倍，同样的情况吉林是大庆的2.64［EXP（0.972）］倍。这一现象可能受"一城一企"特征强度影响。调查数据显示，从主观上看75%的大庆国企成员认为城企关系密切，而这一比例在长春和吉林分别是72%和44%[①]。从客观上看，大庆地区党员比例为39%，显著高于长春的23%和吉林的25%，由于体制内对党员身份的看重，我们可以推测大庆地区受体制内运行逻辑影响更强。主客观两个方面都显示大庆市的"一城一企"特征强度高于长春市和吉林市。即"一城一企"特征强度越高，区域内的国企成员越不容易形成市民角色下的城市归属感。

如表8-3模型8所示，国企成员对单位身份地位依附每增加一个单位，其市民角色下城市归属感形成的概率比前者下降了29%［EXP（-0.337）-1］，在0.01水平显著，假设1.2成立。即国企成员对单位身份地位依附越强，越不容易形成市民角色下的城市归属感。如表8-3模型9所示，国企成员对单位经济稳定的依附每增加一个单位，其市民角色下城市归属感形成的概率是前者的1.17［EXP（0.153）］倍，结果在0.1水平显著，假设2.2成立。即国企成员对单位经济稳定依附越强，越容易形成市民角色下的城市归属感。如表8-3模型10所示，国企成员对单位生活福利依附每增加一个单位，其市民角色下城市归属感形成的概率比前者下降18%［EXP（-0.201）-1］，在0.05水平显著，假设3.2成立。即国企成员对单位生活福利依附越强，越不容易形成市民角

[①] 在调查问卷中对应题目是："当他人提及您所在的城市时，您是否会想到您的工作单位？"选项分别为"马上想到，认为息息相关""基本会想到，毕竟是本地知名企业""不会想到，会首先想到其他方面"，我们将前两个选择合并，视为主观上城企关系密切。

第八章 微观作用结果之二：单位依附中的归属感变迁

色下的城市归属感。在控制了政治晋升依附和社会资本依附后，生活福利的显著性有所下降，但仍然处于边缘显著水平。

表8-3 市民角色下城市归属感二元logistic回归模型

变量	模型7	模型8	模型9	模型10	模型11	模型12
性别（参照组：女）	-0.386** (0.156)	-0.353** (0.157)	-0.320** (0.159)	-0.327** (0.159)	-0.312* (0.160)	-0.308* (0.161)
教育程度（参照组：本科以下）	0.206 (0.171)	0.298* (0.174)	0.287* (0.174)	0.252 (0.176)	0.275 (0.177)	0.289 (0.177)
长春（参照组：大庆）	0.666*** (0.168)	0.715*** (0.171)	0.721*** (0.172)	0.732*** (0.173)	0.725*** (0.173)	0.732*** (0.174)
吉林（参照组：大庆）	0.972*** (0.261)	1.091*** (0.266)	1.053*** (0.267)	1.019*** (0.268)	0.986*** (0.269)	1.053*** (0.272)
身份地位依附		-0.337*** (0.0804)	-0.391*** (0.0861)	-0.303*** (0.0957)	-0.278*** (0.0965)	-0.288*** (0.0970)
经济稳定依附			0.153* (0.0840)	0.200** (0.0873)	0.213** (0.0879)	0.217** (0.0883)
生活福利依附				-0.201** (0.0957)	-0.176* (0.0964)	-0.182* (0.0969)
政治晋升依附					-0.185** (0.0840)	-0.213** (0.0849)
社会资本依附						0.00856*** (0.00298)
控制变量	已控制	已控制	已控制	已控制	已控制	已控制
Constant	0.811 (1.393)	0.869 (1.410)	0.673 (1.416)	0.872 (1.423)	0.655 (1.432)	0.663 (1.442)
Pseudo R2	0.0289	0.0468	0.0501	0.0544	0.0593	0.0675
Observations	768	768	768	768	768	768

Standard errors in parentheses ***p<0.01, **p<0.05, *p<0.1。

如表8-3模型11所示，国企成员对单位政治晋升依附每增加一个单位，形成市民角色下城市归属感的概率比前者降低了17%〔EXP（-0.185）-1〕，结果在0.05水平显著，假设4.2成立。即国企成员对单位政治晋升依附越强，越不容易形成市民角色下的城市归属感。

如表8-3模型12所示，国企成员对单位社会资本依附每增加一个单位，其形成市民角色下城市归属感的概率为前者的1.01〔EXP（0.00856）〕倍，结果在0.01水平显著，假设5.2成立。对单位社会资本的依附与身份地位、政治晋升等依附不同，国企成员从职工角色到市民角色的转变，单位制下的身份地位、政治晋升等逻辑将不再起作用，但单位内的社会资本依然有效，有助于跨体制社会资本的生成。因此，国企成员对单位社会资本依附越强，越容易形成市民角色下的城市归属感。

通过实证分析，假设1得到证实，国企成员对单位身份地位的依附对其不同角色下城市归属感的形成有显著影响，且作用方向相反。假设2得到证实，国企成员对单位经济稳定的依附对其不同角色下城市归属感的形成有影响，且都具有正向作用。假设3得到部分证实，国企成员对单位生活福利依附对其职工角色下城市归属感的形成作用不显著，但对其市民角色下城市归属感的形成具有显著的负向作用。假设4得到证实，国企成员对单位政治晋升的依附对其不同角色下城市归属感的形成有显著影响，且作用方向相反。假设5得到证实，国企成员对单位社会资本的依附对其不同角色下城市归属感的形成有显著影响，且都具有正向作用。

第三节　区域社会特性中的归属感变化

单位体制变迁与市场转型发展的双重叙事逻辑，引领了中国国企改革的进程，成为宏观制度发展的时代特征。对国企成员而言，基于单位依附变化的城市归属感则从微观层面折射了这种发展和变迁，形塑了国企社会关系网络建构及行动取向方面的特定主观态度，反映了国企社会资本的微观作用结果。在东北区域社会单位体

第八章　微观作用结果之二：单位依附中的归属感变迁 / 191

制变迁背景中，我们选择不同程度呈现"一城一企"区域社会特性的几个城市，探索传统单位依附在宏观制度变迁中所发生变化，及其对国企成员城市归属感的作用差异。单位制度的变革推动个体在城市社会空间中角色的转变并直接反映在个体对城市的归属感方面。在当前东北区域人才外流、人口流动负增长的情况下，社会成员的城市归属感是宏观单位体制变迁与市场经济制度改革成效的晴雨表，同时归属感的建构既是社会转型的结果反映，也是影响社会转型的推动力量。东北地区城企高度融合，"一城一企"区域特征明显，从国企成员的职工角色和市民角色分别探讨单位依附对城市归属感的差异性作用，集中反映了单位体制和市场转型宏观因素在区域特性中对微观社会成员的影响。

在实证分析中，我们依据魏昂德"新传统主义"进行了单位依附分类，将单位依附分为：身份地位依附、经济稳定依附、生活福利依附、政治晋升依附以及社会资本依附，并以单位依附为分析视角，对国企成员不同角色下的城市归属感进行解读，并提出了角色认同、社会交换和社会资本三种理论解释机制，从而回应了国企社会资本微观作用结果的具体呈现。

实证结果显示：国企成员对单位的身份地位依附、政治晋升依附对其职工角色下城市归属感的形成具有显著正向作用，对其市民角色下城市归属感的形成具有显著负向作用。从角色认同的理论视角出发，国企成员对自我的身份界定源于对体制内群体性角色及其所代表价值理念的认同，因此，对单位的身份地位依附与政治晋升依附对其职工角色下城市归属感的形成具有促进作用，对其市民角色下城市归属感的形成有阻碍作用。经济稳定依附对职工角色以及市民角色下城市归属感的形成都具有正向作用，生活福利依附对职工角色城市归属感的形成没有显著影响，但对市民角色城市归属感的形成具有负向作用。依据社会交换理论，城市归属感源于组织与个人之间的稳定性交换关系，其中即包括物质性交换又包括非物质性交换。在此基础上，研究发现也对交换理论做出了一定补充：非物质性交换如果无法满足成员的最高需求，不一定会促进其成员归属感的形成；但如果不能满足成员的最低需求，则会阻碍其成员归属感的形成。对单位社会资本的依附对职工与市民角色下城市归属感的形成都具有正向作用。这一发现与以往社会网络理论提出的原始社会网络带来交往限制的结论不同；相反，跨体制社会资本的建立除了对国企成员收入具有正向影响之外，对其转型期的社会融入同样具有促进作用。

在实践层面上，国企成员单位依附对其不同角色下城市归属感的影响反映了"一城一企"区域社会特性下，从国有企业延伸到城市的单位制逻辑与转型时期的市场逻辑和社会治理逻辑的重合与冲突。单位制逻辑与市场逻辑的重合在于都以稳定的契约关系规避社会风险，与新型社会治理逻辑的重合在于承认社会资本对个体经济地位获得和整体社会信任的正向作用。单位制逻辑与市场逻辑的冲突集中体现在单位制对层级的强调以及以层级为依据的资源分配准则，与市场中绩效分配规则的矛盾。单位制下城市社会管理模式呈现层级条块分割的状态，多元社会治理模式下呈现"网格化"[①]共同参与的治理特征。多重逻辑的冲突是国企成员在市民角色下城市适应的困难所在。

因此，当我们从大型国企社会资本微观作用结果角度对区域特性中单位依附与国企改革的关系进行全面审视时，能够发现：东北区域社会中，单位依附对社会转型的效应并非一概而论无偏差的。尽管单位依附一定程度上延缓了转型期国企成员的角色变迁，但在区域特征下仍然存在单位依附与改革逻辑相契合的部分。国企成员城市生活中从职工角色为主向市民角色为主的变迁，并非角色推倒重建的过程而是彼此融合的演进。因此，单位依附对国企成员不同角色下城市归属感的塑造，既是单位制度变革与区域市场环境持续互动的结果，也是社会个体在特定区域中对宏观制度变迁的心理折射，反映了国企社会资本建构与作用逻辑的在主观态度方面的微观结果。

最后，需要指出当前研究的不足之处：首先，国企成员不同角

---

① 文军：《从单一被动到多元联动——中国城市网格化社会管理模式的构建与完善》，《学习与探索》2012年第2期。

第八章 微观作用结果之二：单位依附中的归属感变迁

色下城市归属感的形成还受到诸多其他因素的影响，我们仅从这一群体的单位依附特征出发，缺少其他城市变量，东北地区"一城一企"区域社会特性下城企关系变量的缺少，使得本书的因果链条不够完整，导致对国企成员市民角色下城市归属感的解释不够直接。当前研究没有涉及城企关系对国企成员城市归属感的直接作用分析，因此，后续的研究如果可以将城企关系纳入模型中，探讨城企联系、单位依附与城市归属感间的相互关系，能够更好地解释东北"一城一企"区域社会特性下，个体、单位以及城市之间的联系与互动。其次，单位依附对国企成员不同角色下城市归属感的作用变化并不能完全反映社会结构的变迁状况，仅仅是作为社会结构变迁的一个侧面反映，因此，想要更全面、系统地把握社会结构的变迁应从更多元、更宏观的视角对其进行分析。

总的来说，基于本章的理论论述和实证分析，我们可以发现在东北"一城一企"区域社会中，大型国企社会资本对社会成员，尤其是国企员工归属感变迁的深度形塑影响，从单位依附和关系建构取向角度反映了其微观作用结果在主观认知态度方面的具体呈现。

第九章 微观作用结果之三：跨体制行动与社会资本衍生

在东北区域社会单位体制变迁背景中，受区域社会特性的结构性和情境性影响，跨体制行动及社会资本衍生成为大型国企社会资本微观作用后果的第三个外在表现。大型国企社会资本建构的社会基础和制度影响，使其在个人工作和发展以及城市经济社会运行方面都呈现了具有明显单位体制边界的作用结果。同时，在东北大型国企社会资本体制特性所导致的社会成员的风险感知差异和归属感变迁中，东北区域社会特性影响中的个体也往往容易实现跨体制的社会关系网络建构，实现单位体制和市场经济两种场域中的复合行为。

跨体制行动指大型国企员工在保留自身体制身份的同时，积极开展体制外生存和发展的行动倾向。跨体制社会资本是指个体在跨体制行动基础上实现的一种社会资本衍生结果，是成员建立起跨越体制内国有部门和体制外非国有部门的个人关系网络，以实现自身的生存和发展[①]。催生跨体制行动和实现跨体制社会资本衍生结果的作用根源，在于东北区域社会中大型国企社会资本的体制边界特性，包括信息效用下的异质性交往逻辑、符号效用下的异质性资源获取逻辑和整合效用下的情感性纽带逻辑。

东北大型国企在信息流中的类结构洞位置，使得大型国企员工获取异质性交往成为必然。国企员工社会资本构成以粘结性社会资本为主，社会交往对象主要为同样身处大型国企内部的同质性群

---

① 边燕杰、王文彬、张磊等：《跨体制社会资本及其收入回报》，《中国社会科学》2012年第2期。

体,但是,在单位制度变迁和市场化发展的宏观影响之下,大型国企社会资本的桥接性特征不断显现,需要国企员工更多地参与异质性群体的交往,构建桥接性社会资本。大型国企在信息流中的类结构洞位置,则进一步增强了这一异质性交往的信息优势,促进了跨体制行动和跨体制社会资本的衍生。

东北大型国企社会资本符号效用下的异质性资源获取,则是大型国企员工开展跨体制行动和建构跨体制社会资本的动力所在。高度同质性的信息和资源是大型国企员工社会资本建构的常态,而在渐进式市场转型形成体制内外两个差异巨大的资源场域之后,利用大型国企社会资本的符号效用到体制外获取异质性资源,便成为国企员工基于利益考量的理性行为。正是在这一异质性资源获取逻辑的驱动下,国企员工尝试建构跨体制行动关系网络,并在此基础上实现跨越体制边界的社会资本衍生,以同时获得来自体制内国有部门和体制外非国有部门的双重资源,进而形成自身在信息获取、资源占有、选择空间和经济回报上的优势。

东北大型国企整合效用带来的情感性纽带逻辑,则是约束大型国企员工保留体制身份的社会资本作用逻辑。如果没有情感共同体的牵制和稳定感的约束,离开体制另求生存将是更多国企员工利益最大化的理性选择。正是由于大型国企社会资本赋予的稳定感和对企业的高度信任,成为吸引部分跨体制行动者和跨体制社会资本占有者继续留在大型国企的情感性根源。可见,大型国企社会资本整合效用则更多发挥了挽留和黏合的作用。

因此,从东北区域社会单位体制变迁角度来看,"一城一企"区域社会特性成为跨体制行动的宏观结构性条件。基于这种行动的关系网络建构,不仅反映了东北单位体制特性中的社会关系网络的边界特性,而且在大型国企社会资本作用情境中引导了社会资本的新形塑,即跨体制社会资本。当然,这种跨体制行动和关系网络建构在市场经济发达地区亦有呈现,但由于单位体制边界过小而相对不明显。但是,在东北区域社会中,跨体制行动不仅反映了东北"一城一企"区域特性中社会关系网络建构的变化,而且所形塑的跨体制社会资本衍生结果亦成为大型国企社会资本多重作用机制的复合性结果，与社会资本的作用功能调整和情境适应相匹配，间接展现了大型国企社会资本作用的形态衍变与功能调整。

因此，本章重新审视东北区域社会二元体制社会特性，将大型国企转型纳入体制变迁视野中探讨其转型的社会基础。然后，我们基于情境—过程视角，在体制、市场和社会资本的互动关系中，探讨东北大型国企员工以适应与依附为核心逻辑的跨体制行为和关系网络建构。最后，我们以社会资本衍生结果为切入点，对跨体制社会资本进行了实证分析，并进行了国企与私企的相关组织情境的比较研究，更好地对东北大型国企社会资本第三个微观作用结果，即跨体制行动、关系网络建构和社会资本衍生做出理论导向的实证检验。

第一节 东北地域特性中的国企转型

长期以来，国企转型对于国企员工生存状态和行动选择的影响成为社会和学者关注的焦点。[①] 而随着国企市场化体制和现代企业制度的普遍确立，以及大型国企深度改革与劳动力市场重归相对稳定之后，除了主动或被迫离开的国企员工，留在国企内部的员工似乎或被迫或自愿地接受了这一制度转型的后果，学者对工人行动的关注焦点也更多地转向农民工、临时工、外来工等改革中涌现出的

[①] Lee Ching Kwan. "From Organized Dependence to Disorganized Despotism: Changing Labour Regimes in Chinese Factories". *China Quarterly*, Vol. 157, 1999；周长城：《国有企业中职工的社会地位与层化——某有限公司的个案研究》，《社会科学研究》1999年第2期；刘爱玉：《选择：国企变革与工人生存行动》，社会科学文献出版社2005年版；游正林：《也谈国有企业工人的行动选择——兼评刘爱玉〈选择：国企变革与工人生存行动〉》，《社会学研究》2005年第4期；冯仕政：《单位分割与集体抗争》，《社会学研究》2006年第3期。

新式工人群体。[1]

然而，通过对东北地域部分大型国企员工的实地调查，我们发现东北地域大型国企员工的行动取向产生了明显的分化。在国企持续性转型过程中，对转型过程适应良好的国企员工选择全身心投入所在企业工作，积极谋求职务晋升和工资增长以促进自身发展；但与此同时，部分国企员工在接受制度转型造成的地位下降、利益受损等诸多后果的同时，[2] 积极采取一种更为灵活的"跨体制行动"来弥补自身的利益损失，即在保留自己的国企员工身份的同时，将自身的工作重心放置于国企之外，积极通过社会兼职、个人理财投资等"跨体制行动"来同时获得来自体制外的资源，以获得自身的利益满足，同时也建构了自身跨体制关系网络并有利于其他社会资源的获取。这一基于情境理性计算的行动选择虽然不似大规模集体行动那般激进而剧烈，但作为在国企员工中广泛出现的普遍现象，这一行动的累积后果不可忽视，可视作国企员工在国企转型新时期的典型行动回应之一。

在党的十八大后，国企改革进入了新阶段，国企员工仍旧身处不断变迁转型的国企场域。在不断转型变迁的国企场域内，对国企员工行动新趋势的观察并未失去其理论意涵；而在单位制色彩浓厚、国企占据特殊地位的东北地域社会，国企和国企员工的生存发展对于东北地域社会摆脱当前的发展困局意义重大，审视制度变迁下的国企员工行动又多了一份现实意涵。因此，东北区域社会大型国企员工跨体制行动如何形塑社会资本新的衍生形态，其背后折射出的社会关系网络取向与逻辑是大型国企社会资本作用微观结果的体现。

---

[1] 万向东、刘林平、张永宏：《工资福利、权益保障与外部环境——珠三角与长三角外来工的比较研究》，《管理世界》2006 年第 6 期；蔡禾、李超海、冯建华：《利益受损农民工的利益抗争行为研究——基于珠三角企业的调查》，《社会学研究》2009 年第 1 期；汪建华：《实用主义团结——基于珠三角新工人集体行动案例的分析》，《社会学研究》2013 年第 1 期。

[2] 周长城：《国有企业中职工的社会地位与层化——某有限公司的个案研究》，《社会科学研究》1999 年第 2 期；刘爱玉：《国有企业制度变革过程中工人的行动选择——一项关于无集体行动的经验研究》，《社会学研究》2003 年第 6 期。

(一) 制度变迁与国企改制

伴随着改革开放的开启,中国社会由传统计划经济体制向中国特色社会主义市场经济体制转型,经历了深刻的结构调整和制度转型。国企作为中国"单位"的重要组成部分之一,其转型含义早已超越了普通的企业组织形式和生产模式的变迁,是中国社会结构转型的重要载体之一。总体看来,中国国有企业改革经历了四个较为明显的转型阶段。

首先是在改革开放前的传统单位制阶段。这一时期的国有企业是"单位"的重要组成部分,不仅承担生产过程的管理职能,同时也在政治和法律上代表党和政府。作为控制整个社会的组织手段,这一时期的国有企业是社会控制和管理的基本单元之一。国有企业员工与所在单位牢牢绑定,单位是员工唯一的经济来源和活动场域,国企员工完全依赖于单位组织成为这一时期国企劳动关系的主要特征之一。但在这一背景下,中国共产党所领导下的国有企业并未产生极权主义理论中的党和国家对人的极端控制和私人关系的消灭,也未产生集团主义理论中的多元集团行动,而是形成了魏昂德称作"新传统主义"的实用性庇护结构。[1] 政治忠诚在一定程度上转化为对个人的忠诚、员工对企业的依附在一定程度上被对直接领导的依附所代替。

其次是在20世纪90年代的国企市场化机制改革开启阶段。一种较为普遍的认识是,传统的单位体制在计划经济体制向社会主义市场经济的转变中,已经发生了诸多转变,在传统单位体制力量之外的市场和社会因素已经出现并与传统单位体制共存发展。[2] 这一时期,传统单位制结构有所松动,国有企业的自主权力有所扩大,国有企业不再是国家行政结构中的一个部件,而是拥有独立生产组织职能的经济实体,生产职能代替社会和行政职能成为国有企业的首要考虑因素。国有企业与自身职工关系的"内卷化"成为这一

---

[1] [美]魏昂德:《共产党社会的新传统主义》,龚小夏译,牛津大学出版社1996年版。

[2] 孙立平、王汉生、王思斌等:《改革以来中国社会结构的变迁》,《中国社会科学》1994年第2期。

第九章 微观作用结果之三：跨体制行动与社会资本衍生

时期国企劳动关系的重要特点之一，国有企业开始重视对员工个人的利益强化，通过自身的特殊地位和拥有的优势资源为职工提供相应的特殊福利如住房、子女顶替成为国有企业留住人才和维持企业稳定的重要手段，国企员工对企业的依附由"制度性依附"转向"利益性依附"，这一现象也得到了部分实证研究的证实。[①]

再次是在进入21世纪以后，国企市场化改革进一步深化，社会主义市场经济体制基本确立，现代化的企业制度也已经在国有企业中普遍确立，市场化元素成为国有企业中不可忽视的元素之一。但在这一背景下，具有鲜明中国特色的传统单位制元素如何存续和发展，则产生了两大不尽相同的判断：一种是以刘平、王汉生等为代表的"新单位制"和"新二元社会"判断，[②] 即在限制介入性大型国企中，体制因素依旧存在，但是已经由传统单位体制中外部化管理、以再分配为主的全民所有制，转变为以内部化管理为主的特定行业集团所有制的"新单位制"[③]。在这一背景下，体制因素与市场因素将会形成前者以局部地区和行业为依托形成与后者相持、渗透和互动的"新二元社会"社会结构。[④] 以李汉林为代表的路径依赖观点则认为传统单位体制并没有完结，而是伴随着制度环境变化，"单位"的一些特征随之变化，但因为中国社会主义制度的延续性，"单位"的一些根本性特征并未发生明显改变，单位与非单位将长期共存。[⑤] 这两种判断虽然在单位体制因素的存在形式和产生原因方面存在一定差异，但是在对待单位因素的存续问题上做出了基本一致的判断，这也是诸多从事单位研究的学者在研究中的共识，即传统体制并不会在短期内被市场机制取代而完全消失，

---

① 边燕杰：《市场转型与社会分层：美国社会学者分析中国》，生活·读书·新知三联书店2002年版。
② 刘平：《新二元社会与中国社会转型研究》，《中国社会科学》2007年第1期。
③ 李路路、苗大雷、王修晓：《市场转型与"单位"变迁再论"单位"研究》，《社会》2009年第4期。
④ 刘平、王汉生、张笑会：《变动的单位制与体制内的分化——以限制介入性大型国有企业为例》，《社会学研究》2008年第3期。
⑤ 李汉林：《变迁中的中国单位制度——回顾中的思考》，《社会》2008年第3期。

而是会在局部行业和地区得以保留，或衍生出新的延续形式，至少在现阶段，体制因素虽然有所演变，但仍然是中国社会不可忽视的影响机制之一，其与市场因素长期共存将成为一个较为稳定的中国社会的阶段性特征。

最后，以党的十八大召开为标志，国企改革进入"分类改革"的全新时期。[①] 国有企业的进一步改革建立在对不同类型国有企业的进一步细分之上，国有企业被分为公益类、主业处于充分竞争行业和领域的商业类和主业处于重要行业和关键领域的商业类国有企业三类，由此形成了不同的改革方案和方向。基于不同的改革方案和资源占有特性，不同类型的国有企业在企业运作、生产组织形式等方面也产生了显著的差异与分化，体制与市场强弱对比也因为国企性质和占有资源的差异而产生明显的不同。同时，在追求减少企业负担，提高企业生产效率的"全面市场化"目标之外，关于企业社会责任和社会职能的思考也对国企改革进程中体制因素的作用产生重新的思考，传统体制元素不再仅仅被视为企业发展的负担，而对体制元素的适当革新与回归被视作中国特色的管理经验之一。[②] 在国企改革越来越面临因为"过度市场化"而导致"效率"与"公平"的困境背景下，体制要素的积极作用和部分国企社会责任的回归是值得思考的重要解决途径之一。

（二）再议东北"一城一企"区域特性

回眸东北地域社会的历史沿革，大型国企始终在东北地域社会中占据重要地位。在计划经济时代，东北地区因为自身历史和地缘因素，率先确立起单位制度，并在长期的实践发展中形成具备自身鲜明特色的单位制度，单位在东北地区不仅仅是国有企业的一种存在形式，更成为社会整合的制度性安排。田毅鹏将这一独具特色的

[①] 黄群慧:《新国企是怎样炼成的：中国国有企业改革 40 年回顾》，《中国经济学人》（英文版）2018 年第 1 期。

[②] 韩亦、郑恩营：《组织印记与中国国有企业的福利实践》，《社会学研究》2018 年第 3 期。

第九章 微观作用结果之三：跨体制行动与社会资本衍生

单位制度总结为"典型单位制"，[①] "典型单位制"不仅是国有企业的组织形式，更成为社会共同体的组织样态，对东北老工业基地的社会发展和地域文化都产生了深远影响。

进入市场经济转型时代后，东北地区大型国有企业同样面临市场化转型的重要议题，市场因素的引入和现代化企业管理制度的引入，成为这一时期国企转型的鲜明特征之一。但相比其他地区，市场因素与体制力量复杂共生共存的特征在东北地域社会体现得更为明显。一是因为老工业基地的历史传统，东北地区拥有大量大型限制介入型国企的存在，在东北地区占有特殊地位和优势资源的大型限制介入型国企呈现出"单位制孤岛"的特性，[②] 呈现出迥异于完全市场化机制的运作逻辑和企业特征。同时，大型国企凭借自身的独特地位和拥有的丰富资源可以继续维持原有的单位特性或衍生出新的体制元素。二是东北地区的市场化程度相比发达地区较为落后，国有经济较为强势，市场化力量相对较为弱小，经济格局上的强弱对比难以在短期内改变。在大型国企占据相对强势地位的东北老工业基地，传统体制力量相较于其他地区更为强势，对社会结构的影响更为突出。[③] 三是长期身处"典型单位社会"而形成的东北地域文化中的单位制惯习，导致地域社会较为强烈的单位制认同和行为方式。由此形成东北地区体制色彩浓厚，市场与体制因素共存共生的地域社会特征。

由于上述特征的存在，形成了东北地区部分大型国企深深嵌入当地地域社会之中、与当地政府和社区频繁互动、占据特殊地位并对当地社会产生深远影响的"一城一企"区域社会特性，使得东北地区大型国企不仅仅肩负着经济建设的重任，而且还是地域社会中最为重要的社会实体之一，承担一定社会职能，并对地域社会的发展影响重大。紧密的城企联系和"单位办社会"的历史元素都

[①] 田毅鹏：《"典型单位制"的起源和形成》，《吉林大学社会科学学报》2007年第4期。

[②] 刘平、王汉生、张笑会：《变动的单位制与体制内的分化——以限制介入性大型国有企业为例》，《社会学研究》2008年第3期。

[③] 刘平：《新二元社会与中国社会转型研究》，《中国社会科学》2007年第1期。

使得体制元素与社会结构紧密结合，市场因素难以在短期内瓦解体制与当地地域社会的紧密联系，形成市场与体制共存，城市与国企紧密连接的独特宏观社会结构。一方面，"一城一企"现象便是这一宏观社会结构特征在城—企层面的形塑结果之一；另一方面，作为对地域社会影响深远的大型国企，"一城一企"也会成为国有企业保持体制特性和维持东北地域二元特性的重要基础。总体看来，东北大型国企的"一城一企"特性与东北地域社会的二元特性是一种密不可分、相互塑造的关系。

这一宏观社会结构在不同历史时期的演变，不可避免会对身处其中的国企员工产生直接或间接的影响，而在市场化进程开启之后，国企员工在制度转型中普遍承受来自传统体制因素和新兴市场因素的双重张力。这样的张力，不仅是东北区域大型国企社会资本建构内涵和运作逻辑的内在独特动力，也成为塑造身处其中的国企员工行动的重要社会因素，因而部分国企员工在行动选择上呈现出既不同于计划经济体制下的完全依附倾向，也不同于完全市场体制下的自由流动倾向，而选择一种更为复杂和灵活的跨体制行动倾向，从社会关系实践角度回应了东北区域社会单位体制变迁中大型国企社会资本作用的微观影响结果。

第二节　国企员工跨体制行动：适应与依附

（一）情境—过程视角中的国企员工行动

审视国企转型过程中的员工行动选择，宏观结构与微观个体互动的轨迹贯穿其间，国企员工的行动选择不仅是其自身意愿驱动的结果，也受到所处宏观制度环境和关系网络建构特性的双重约束，在国企制度转型的不同时期呈现出鲜明的时代特征。

在传统单位制时期，国企员工与单位高度绑定，形成在社会和经济方面依附于单位、在政治方面依附于工厂领导、在个人方面依附于直接领导的新传统主义结构。① 在这一制度背景之下,个人的行动选择空间被统一的计划分配加以规制和压缩,个人的生活境遇和工作经历呈现出一定的相似性;但与此同时,国企工人的行动选择并未出现极权主义理论所预设的、因为被全面控制而完全一致的表现,行动选择的分化因为国企员工的认知和意愿差异而出现。单位中的"积极分子"为了谋求单位内的职位提升和体制内资源分配上的优先权利,积极争取良好的"表现"和发展与直接领导的实用性工具关系成为必然选择;而部分在单位内遭遇困境的国企员工,在外部选择匮乏的情况下,以"集体懈怠"为典型的不顺从行为就成为表达其不满的行动选择。②

国企市场化改革开启之后,国企对员工的主要整合方式由政治分配式的计划经济模式转向利益吸引式的市场化模式,原有的严密控制结构有所松动;外部市场的产生也给予国企员工更为广阔的行动选择空间,离开国企谋求生存成为一种可行的选择。伴随着市场化改革的进一步进行,国有企业员工的分化日益明显,尤其是普通工人与中高层领导的差距相比计划时代显著扩大,国有企业中普通工人面临的普遍的地位和利益受损成为这一时期国企员工行动选择的重要诱因。

早期研究表明,地位受损工人群体的集体行动倾向受到大量正式制度和非正式制度的抑制,"无集体行动"成为国企转型中员工的行动倾向,取而代之的是国企员工的退出、消极性服从和呼请的行动选择,③ 而在公开的集体行动之外、非公开的日常抗争行为会成为更加隐蔽的国企发展中的"暗礁"。④ 总体看来,进入市场改革时代之后,宏观制度层面发生的"制度性依附"向"利益性依

---

① [美]魏昂德:《共产党社会的新传统主义》,龚小夏译,香港:牛津大学出版社1996年版。
② Zhou Xueguang, "Unorganized Interests and Collective Action in Communist China". *American Sociological Review*, Vol. 58, No. 1, February, 1993.
③ 刘爱玉:《国有企业制度变革过程中工人的行动选择——一项关于无集体行动的经验研究》,《社会学研究》2003年第6期。
④ 游正林:《也谈国有企业工人的行动选择——兼评刘爱玉〈选择:国企变革与工人生存行动〉》,《社会学研究》2005年第4期。

附"的转换以及外部市场的发育,给予这一时期国企员工更为广泛的行动选择空间,帮助国企员工产生更为多样的行动选择。

而在外部市场更为发达、国有企业市场转型更为彻底的珠三角地区,贾文娟对一家重型国企的研究表明"双重嵌入性"的结构特征依然对国企员工行动选择产生了深远影响。[1] 在追求效率的市场化目标与员工利益受损的张力之间,形成了"选择性放任"的车间政治结构,国企员工通过自身灵活的意识形态身份、单位网络和技术优势,选择性抵制部分市场化改革措施以维护自身利益和地位。

相比较而言,珠三角地区国企与东北地区国企处于两个截然不同的地域环境之中。首先,珠三角地区激烈的市场竞争格局显著增加了这一地区国企的市场竞争压力,也为国企员工提供了广泛的外部市场选择机会;而由于东北地区相对较为落后的市场化程度,以及大型国企所具有的经济社会主导地位,国企员工难以从地域社会中获得足够的外部市场支持。其次,在相当长的历史时期,身处"典型单位制"社会而形成的体制偏好不可避免会成为个人适应外部市场环境的障碍。总体而言,珠三角地区国企员工身处于一个市场相容性资源更为突出的地区,[2] 而市场排斥性资源特征在东北国企之中更为普遍。因此,跨体制行动成为东北地域社会中大型国企员工的行动选择,即部分国企员工在不放弃自身体制身份的前提下,同时积极寻求外部市场机会的行动选择倾向。

国企员工行动选择的变迁过程可作为审视宏观制度环境与微观个体互动的良好切入点之一。国企转型和"一城一企"特性塑造的独特制度和资源环境成为这一时期塑造国企员工行动最为重要的宏观机制;个体在这一宏观机制约束下的理性选择是催生国企员工不同行为选择的动力机制。从这一角度出发,关注个人与结构互动,并试图融合个人感受与制度环境的情境—过程视角与国企员工

---

[1] 贾文娟:《选择性放任:车间政治与国有企业劳动治理逻辑的形成》,中国社会科学出版社 2016 年版。

[2] 刘爱玉:《国企变革与下岗失业人员的行动回应》,《江苏行政学院学报》2006年第 4 期。

行动呈现出高度的契合性。

在新制度主义者看来,个体理性有限的原因并不仅仅是人们信息加工能力的影响,而是受到了特定制度环境的约束。正如倪志伟所界定的情境理性:"行动者的行动选择是受到嵌入于制度环境的成本与收益计算的影响",[1] 新制度主义尝试在微观个体的有限理性行动与宏观制度环境间建立联结。情境—过程的进一步完善源自学者研究国企工人行动选择时对"情境"和"过程"的引申和拓展:一方面,被情境约束的理性得以保留,国企员工身处由制度环境、物质环境及其形成的资源所构成的复杂情境,情境约束下的国企工人以满意而非收益最大化作为行动准则;另一方面,情境被进一步引申为吉登斯结构二重性立场上的情境,行动者的行动有一种权宜性取向,即根据情境选择适合自己的行动。[2]

由此,从情境—过程的角度,情境理性被定义为:"一定阶段(时期)的情境、对情境的认知与行动紧密相关,它们形塑了对于可选择的行动的成本与收益的认识,形塑了工人在这种认识下的选择与理性,这样的理性,便是情境理性。"[3] 这一定义避免了新制度主义将个人视为被制度和结构完全支配的结构功能主义倾向,将个人偏好、认知与情境的互动纳入了情境理性的框架,从而在个体感受、选择与制度环境之间建立联结。而"过程"视角的加入则是对中国制度转型的社会现实的结合,制度转型带来的是情境要素的不断变化,"过程"视角将情境要素视为一个动态变化、随制度转型而不断变化的过程,使得国企员工的情境理性行动是在一个不断变化的动态情境中展开的。从这一视角出发,可以清晰地呈现不同时期和地区体制与市场复杂共存所构建的不同制度基础和社会因素对国企员工行为的重要形塑作用:

---

[1] Nee, V., "Sources of New Institutionalism", in Mary Brinton & Victor Nee, *The New Institutionalism in Sociology*, New York: Russell Sage Foundation, 1995.

[2] 刘爱玉:《国有企业制度变革过程中工人的行动选择——一项关于无集体行动的经验研究》,《社会学研究》2003年第6期。

[3] 刘爱玉:《适应、依赖与机会结构——社会转型过程中的国企工人》,《江苏行政学院学报》2005年第4期。

如表9-1所示，对存在较为强烈的体制依附和体制偏好的国企员工而言，留在国企内部并积极获取体制内资源是最符合其情境理性的选择。在无市场的计划经济时代，会选择成为体制内的积极分子并积极融入"新传统主义"的国企体系。在市场机制欠发达的时期和地域，会选择继续留在体制内并谋求体制内的职务晋升和工资增加。在市场机制发达的时期和地域，利用外部市场资源抵制国企的市场化转型以维护自身在体制内的利益和地位成为其行动选择。

表9-1　　　　　　　　　国企员工行动类型

	体制疏离	体制依附
无市场	消极服从、集体懈怠	积极分子
市场欠发达	跨体制行动	体制内生存
市场发达	体制外生存	选择性抵制

而对存在较为强烈的体制疏离倾向的国企员工而言，摆脱体制束缚积极获取体制外资源是其行动目标。在计划经济时代，即便存在一定的疏离倾向，但由于市场机制的缺位，留在体制内是国企员工的必然选择，因此"集体懈怠"成为表达不满的行动回应之一；在市场机制产生之后，在市场机制发达、市场资源丰富的地区，体制外生存选择收益较高且风险较低，成为这一地区国企员工可以达成的情境理性行动之一；但在市场机制欠发达、市场资源不足的地区，离开体制的选择成为风险较大、收益较低的行为选择，因此，留在体制内，但将工作重心转移到体制之外便成为一种更为合理的行动选择。

由此可见，跨体制行动呈现出复杂的内在逻辑。一方面，这一行动的产生与东北"一城一企"的独特地域社会结构密不可分。市场机制的进入为东北地域大型国企工"跨体制行动"提供相应的选择空间和市场资源；同时，东北地域社会市场资源的缺乏和大型国企的强势存在，也成为限制国企员工自由选择体制外生活场域的重要约束情境。另一方面，由国企转型导致的体制因素变迁也成为跨体制行动产生的重要社会基础之一,国企员工在体制变迁过程中由于自身能力和际遇的差异形成了体制疏离和体制依附的分化,由此催生了对跨体制行动的不同选择偏好。综合看来,跨体制行动的产生,并不是国企员工的一时冲动,而是充分考虑东北地区"一城一企"地域特性和国企转型现状之后,结合自身偏好和际遇做出的情境理性选择,也是受到大型国企社会资本宏观体制因素和微观关系建构因素共同影响的结果。

(二) 市场、体制与社会资本

东北地域社会特性和国企转型引发的社会情境变化,是导致国企员工做出跨体制行动的制度诱因,而何种情境要素在国企员工的跨体制行动中发挥作用是分析的重点所在,也是借跨体制行动审视东北地域社会特性的关键。围绕着国企员工跨体制行动,本书提出了市场资源假设、体制依附假设、体制疏离假设和社会资本假设。

1. 市场资源假设

市场转型观点将中国的社会转型视作从再分配到市场的转向,社会资源的控制和分配方式将由政治结构控制转向市场制度分配。[1] 从这一理论视角出发,东北地域当前呈现的二元特性可视为从再分配向市场过渡的中间地带,伴随着市场化转型的进一步推进,市场机制将在社会机制中扮演更为重要的角色。因此,市场资源的占有类型和市场适应能力的强弱将成为国企员工行动选择需要考虑的重要因素。有学者将市场资源根据其在国企以外的市场机制中的适用性划分为市场排斥性资源和市场相容性资源,并认为市场相容性资源的占有会导致国企员工对市场的适应和对集体行动的回避,而市场排斥性资源的占有会导致国企员工对企业的依赖,并在依赖无法维系时转化为集体行动的动力。[2] 事实上,结合其对市场

---

[1] Victor Nee, "A Theory of Market Transition: From Redistribution to Markets in State Socialism". *American Sociological Review*, Vol. 54, No. 5, October 1989.; Nee, V. "Organizational dynamics of market transition: hybrid forms, property rights, and mixed economy in china", *Administrative Science Quarterly*, Vol. 37, No. 1, March 1992.

[2] 刘爱玉:《适应、依赖与机会结构——社会转型过程中的国企工人》,《江苏行政学院学报》2005 年第 4 期。

排斥性资源的具体界定:"不被市场需要的特殊技能、偏大的年龄结构、其他资源的欠缺和用工主体的农民工偏好。"我们可以发现,市场排斥性资源本质上并非一种可供利用和产生效益的资源,其背后恰恰反映的是国企员工相关市场资源的缺乏,而市场相容性资源才是决定国企员工市场适应能力的关键,也是市场转型观点所认可的会在市场机制下发挥重要作用的市场资源类型。越多市场相容资源的占有会帮助国企员工在市场化机制中拥有越好的选择机会和空间,而缺少市场相容资源的国企员工将难以在市场化机制下获得良好的生存环境,进而产生跨体制行动倾向。因此,我们可以得出跨体制行动中的市场资源假设。

假设一,在其他条件不变的前提下,市场相容资源占有较多的国企员工较少做出跨体制行动,而市场相容资源占有较少的国企员工倾向于做出跨体制行动。

按照吉登斯的观点,市场能力是决定社会阶层差别的核心原则,而资本、教育与技术和劳动力的占有状况是市场能力的具体决定要素。[1] 结合吉登斯的这一界定,我们可以将市场相容资源的占有具象化为国企员工所占有的受市场化机制所认可的物质资本和人力资本。一般而言,物质资本的占有最为重要和最具代表性的衡量依据是财富的多少和收入的高低,收入越高、财富越多的人在面对市场转型时无疑会掌握越多的主动性。人力资本对于国企职工市场适应能力则明显呈现出双向的影响:一方面,人力资本在成熟的市场经济体系中的重要作用得到肯定,人力资本的优势是增强国企员工市场适应能力的重要指标之一;[2] 另一方面,国企员工在大型国企内积累的人力资本在面对制度转型和场域转换时会面临"人力资本失灵"的困境,即国企员工所具有的特殊技能在外部市场中难以得到认可,未必会转换为国企员工适应市场的人力资本优势,

---

[1] Giddens Anthony, *The Class Structure of the Advanced Societies*, New York: Harper & Row, 1975.

[2] Schultz, T. W. "Institutions and the rising economic value of man", *American Journal of Agricultural Economics*, Vol. 50, No. 5, 1968.

而东北市场化不足的地域特性会加剧这一现象。① 可见，以受教育程度的人力资本是一种市场相容性资源，会提高国企员工的市场适应能力，进而降低集体行动倾向；而在国企场域内以职业和技术培训形成的人力资本是一种仅能在国企内部发挥效用，而难以成为市场机制下可用的人力资本，难以转换为国企员工的市场适应能力，而且会增加国企员工的跨体制行动的潜在成本。由此，我们得到市场资源假设的三个分假设。

假设 1.1 收入越低的国企员工越倾向于跨体制行动。

假设 1.2 受教育程度越低的国企员工越倾向于跨体制行动。

假设 1.3 国企技能培训越少的国企员工越倾向于跨体制行动。

市场转型的观点首先受到了来自权力维续论和机制共存论的挑战，权力维续论的观点认为虽然市场化趋势成为不可忽视的中国社会发展变迁趋势，但由于宏观调控的增强、单位制在盈利企业和事业组织中的巩固，影响中国社会最为重要的因素依旧是公共权力的大小而非市场能力的大小；② 而机制共存的论点则从路径依赖的逻辑出发，认为市场规律和权力原则同时制约着资源的配置，也同时支配着社会个体的行动选择。③ 上述观点都对市场转型仅以市场化机制和市场资源视角来解释个体行动的逻辑质疑，并尝试将在再分配经济体制中扮演重要角色的权力视角引入对转型后的中国社会研究之中。这也启示我们，仅以市场资源和市场机制来审视国企员工制度转型中的行动选择是难以准确把握这一选择背后的内在动机和社会基础的。

同时也需要认识到，以市场资源视角来审视身处东北大型国企场域内员工的跨体制行动，还存在一些缺陷。第一，专注于市场资

---

① 李培林、张翼：《走出生活逆境的阴影——失业下岗职工再就业中的"人力资本失灵"研究》，《中国社会科学》2003 年第 5 期；刘平：《"人力资本失灵"现象与东北老工业基地社会》，《中国社会科学》2004 年第 3 期。

② 边燕杰、张文宏：《经济体制、社会网络与职业流动》，《中国社会科学》2001 年第 2 期；刘欣：《中国城市的阶层结构与中产阶层的定位》，《社会学研究》2007 年第 6 期。

③ Zhou, X., "Economic transformation and income inequality in urban china: evidence from panel data", *American Journal of Sociology*, Vol. 105, No. 4, 2000.

源的观点割裂了市场资源与体制依赖的联结。从时间先后上看，国企员工对国企的制度性依赖远在市场资源的产生之前，员工对市场相容性资源和市场排斥性资源的占有能力不仅是员工自身奋斗的结果，体制的塑造同样扮演了极为重要的角色。市场资源的占有与体制依赖本质上是一种互构关系，而非单纯的受市场利用能力的影响。第二，忽略了不同地区市场化程度的差异，市场资源决定假设建立在市场机制占据主要地位和支配作用的前提之下。这一假设建立在较高的市场化基础之上，需要在一个具备较为丰富市场资源的市场化情境之中才能发挥作用，但由于历史因素和路径依赖的影响，不同地区的市场化水平呈现出显著差异。而在东北社会，老工业基地社会特性依旧突出，在市场化程度不够完备，外部市场发育不够成熟的制度条件下，市场资源假设是否生效仍然有待商榷。第三，按照市场转型理论的相应观点，随着中国社会的市场化转型和相应的制度环境转变，中国的国有企业在组织形式、社会责任和活动形式方面会出现向市场化机制下的私营企业趋同的趋势；但不管是在珠三角地区重型工业国企中出现的"选择性放任"现象，[1]还是组织印记下的国企社会责任的合理回归，[2]都表明即便是在市场化较为发达的珠三角地区，国企依然在生产组织形式和社会责任方面呈现出迥异于市场体制下私营企业的运作逻辑。国有企业始终面临体制与市场、传统与创新、效率与合法性、全民共有与代理人控制的多重张力，依旧是显著区别于市场化私营企业的独特场域，市场资源假设也并非国有企业员工行动唯一的支配性逻辑，由体制演变而衍生的体制依附和体制疏离假设也会成为国企员工行动的重要动因：

2. 体制依附假设

东北区域社会特性和大型国企体制情境形塑了东北地域社会个体较为强烈的体制依附和体制偏好。然而，即便现代化的企业制度

---

[1] 贾文娟：《选择性放任：车间政治与国有企业劳动治理逻辑的形成》，中国社会科学出版社2016年版。

[2] 黄群慧：《新国企是怎样炼成的：中国国有企业改革40年回顾》，《中国经济学人》（英文版）2018年第1期。

第九章 微观作用结果之三：跨体制行动与社会资本衍生

已经在国企普遍确立，具备较强市场适应能力的国企员工也具备在外部市场中收获更为丰厚回报的选择空间，但长期形成的体制依附和体制偏好难以在短期内改变，国企员工基于"满意"而非"利益最大化"的原则形成继续在体制内生存的行动选择。在 2003 年长春国企中发现的"下岗不离厂"的独特现象也可视作这一"满意"逻辑的早期体现。[1] 因此，当我们将国企跨体制行动者与体制内生存的行动者进行对比时，我们可以很明显地看出体制内行动者的经济元素之外的体制依附性因素，对于部分具备体制外生存能力而又在制度转型中利益受损的群体而言，长期对国企和体制制度性依附导致的体制依附成为束缚其自由职业流动的重要结构性障碍，迫使国企员工选择留在体制内。东北大型国企员工依附的是一种什么样的体制，大量研究都给予了相应的回答。

总的看来，东北地区大型国企员工面对的最为重要的制度环境无疑是长期对单位的制度性依附，这种依附远不是完全市场经济下，企业职工对企业收入的依赖，而是包含对企业多种体制资源的依附，且这一依附经历了对体制依附到对单位依附的变迁，[2] 但这一回答本质上是将国有企业视作一个与地域社会隔绝的封闭体系，存在自身不受外界干扰的运作逻辑，割裂了国有企业和地域社会的紧密连接和相互影响。而在体制依附的背景下，在传统的单位制要素变迁之外，东北地域内市场化程度偏低和以大型国企为绝对主导的经济格局都造就了一个大型国企特征突出的地域社会格局，这一格局既是单位体制变迁的外溢，也是老工业基地地域社会特性的延续和发展，长期身处这一场域内而塑造的浓烈的体制惯习也会进一步导致国企员工难以从外部市场找寻机会，因此我们可以得出东北国企员工行动中的体制依附假设。

假设二，在其他条件不变的情况下，体制依附强的国企员工更

---

[1] 刘少杰、潘怀：《制度场转变中的感性选择》，《吉林大学社会科学学报》2003 年第 2 期。

[2] 田毅鹏：《"典型单位制"对东北老工业基地社区发展的制约》，《吉林大学社会科学学报》2004 年第 4 期；刘平、王汉生、张笑会：《变动的单位制与体制内的分化——以限制介入性大型国有企业为例》，《社会学研究》2008 年第 3 期。

倾向于回避跨体制行动，而体制依附相对较弱的国企员工更倾向于跨体制行动。

假设 2.1 与体制外生存行动相比，单位依附越弱的国企员工越倾向于跨体制行动。

假设 2.2 与体制外生存行动相比，体制偏好越弱的国企员工越倾向于跨体制行动。

3. 体制疏离假设

我们将跨体制行动视作一种体制疏离性的日常抗争行动，将跨体制行动与体制内生存的行动相对比，可以明显发现这一行动中的疏离性元素，从这一视角出发，跨体制行动可以被视作国企员工对体制变迁适应不良的补偿性行动。詹姆斯·斯科特在对东南亚农民的反抗行动的研究当中对集体行动和日常抗争进行了明确的区分，认为这种日常抗争行动通常是无组织的、非系统的和个体的、机会主义的和自我放纵的、没有革命性后果，或其意图或意义而言，含有一种与统治体系的融合。[①] 虽然这一日常抗争行动的形式更为隐蔽，也不具备集体行动的高强度、高烈度，但这一日常抗争行动的累积性后果不可忽视。

在东北区域社会特性场域中，体制疏离的内在动因在于对单位和体制转型的不适应，这是从个体感受角度出发对集体行动的解释。虽然在制度转型中国企员工的地位下降和利益受损成为学者的共识，[②] 但在集体行动的心理学理论看来，资源不平等并不是集体行动形成的充分条件，而是由于资源不平等带来的不满、紧张和相对剥夺等心理因素才是形成"集体意识"的最重要来源，研究集体行动必须关注不满情绪、怨恨、剥夺感、认知等因素如何影响人

[①] [美]詹姆斯·C.斯科特：《弱者的武器》，郑广怀、张敏、何江穗译，译林出版社 2007 年版。

[②] 周长城：《国有企业中职工的社会地位与层化——某有限公司的个案研究》，《社会科学研究》1999 年第 2 期；唐军：《生存资源剥夺与传统体制依赖：当代中国工人集体行动的逻辑——对河南省 Z 市 Z 厂兼并事件的个案研究》，《江苏社会科学》2006 年第 6 期。

第九章 微观作用结果之三：跨体制行动与社会资本衍生

们从不满走向愤怒，并怎样相互影响最终采取行动的。[①] 游正林将集体不公正感视为集体行动何以可能的重要基础，[②] 而唐魁玉等对东北田钢工人集体行动研究可以视作对这一理论主张在东北地域环境中适用性的印证，工人集体行动意识的起源被指向工人对制度转型的不安，并将转型前后收入和福利的强烈对比和视作不安的重要来源。[③] 事实上，在转型前后形成鲜明对比的不仅是收入和福利的差异，国企劳动力市场也发生了深刻的演变，市场化改革前的国企劳动力市场是一个接近于内部劳动力市场运作机制的劳动力市场，[④] 稳定性是其突出特征，而伴随着市场化的展开和国企权力重心的下移，稳定预期逐渐被强调流动性的外部劳动力市场机制打破，"减员增效"的制度尝试更是加剧了这一不稳定预期，而市场化条件下国企绝对优势地位的丧失和竞争压力的增强同样会形成国企员工的不安感，从而造成危机意识的生成，诱发跨体制行动。由此，我们可以得出体制疏离假设。

假设三，在其他条件不变的情况下，与体制内生存相比，体制疏离强的国企员工更易出现跨体制行动。

假设3.1 在其他条件不变的条件下，对单位福利满意度越低的国企员工，更倾向于跨体制行动。

假设3.2 在其他条件不变的条件下，对自身工作稳定预期越低的国企员工，更倾向于跨体制行动。

假设3.3 在其他条件不变的条件下，对企业稳定预期越低的国企员工，更倾向于跨体制行动。

4. 社会资本假设

在情境—过程视角之下，社会资本一定意义上可被视作一种

[①] 蔡禾、李超海、冯建华：《利益受损农民工的利益抗争行为研究——基于珠三角企业的调查》，《社会学研究》2009年第1期。

[②] 游正林：《集体行动何以成为可能——对一起集体上访、静坐事件的个案研究》，《学海》2006年第2期。

[③] 唐魁玉、孙鑫欣：《国企制度变革中工人维权的集体行动分析——以东北田钢工人集体行动为例》，《甘肃行政学院学报》2012年第5期。

[④] 王彦军：《中国劳动力市场发展对人力资本投资的影响分析》，《人口学刊》2009年第3期。

"社会结构性资源",社会资本的产生更多的可被视作社会制度和社会结构性因素建构而非仅仅是个人摄取的结果。"宏观社会资本的产生和积累在很大程度上取决于一个社会的传统、文化以及积极的公共政策。"① 社会资本的建构和效用发挥与所处地域社会结构息息相关,而对身处这一地域社会中的社会个体而言,不同的宏观社会资本建构方式和作用机制会导致不同的个体社会资源获得方式,从而造就不同的行动方式,从这个意义上来说,作为一种社会整合和协调手段,社会资本可被设想为等级制调控和市场调节之外的第三种方式。②

综合看来,东北地域社会中的社会资本建构和作用机制带有明显的地域属性:(1)社会资本相对匮乏但效用明显;国有企业的企业社会资本和国企员工的个人社会资本都普遍面临相对匮乏的困境,但社会资本在地域社会中发挥出显著作用,对国企员工的生活工作都呈现出显著影响,也是国企员工分化的重要导引机制之一。③(2)社会资本具有明确的体制特性;东北地域社会中的社会资本生成和作用机制都带有明显的体制边界,体制内外的社会资本存在显著差异,而跨体制社会资本的构建会为国企员工带来丰厚的回报。④(3)国企员工社会资本的"关系"特征突出;区别于以弱连带性、功能单一性和偶发义务性为特征的西方社会资本特性,东北低于国企员工的社会资本呈现出显著的"关系"特征。首先,东北大型国企员工的社会资本是以"师徒制"和"长期工友"的拟亲情关系而形成的强关系纽带;其次,这一社会资本是基于长期

---

① 赵延东:《社会资本理论的新进展》,《国外社会科学》2003 年第 3 期。
② 张文宏:《中国社会网络与社会资本研究 30 年(上)》,《江海学刊》2011 年第 2 期。
③ 边燕杰、丘海雄:《企业的社会资本及其功效》,《中国社会科学》2000 年第 2 期;赵延东:《再就业中的社会资本:效用与局限》,《社会学研究》2002 年第 4 期;卜长莉、张江龙:《国企改革中社会资本的缺失与重建——对吉林省某国有企业的访谈调查及分析》,《长春理工大学学报》2004 第 4 期。
④ 王文彬:《社会资本情境及其差异性建构分析——东北国企干部、职工社会资本情境差异性原因的比较研究》,《社会科学战线》2008 年第 6 期;边燕杰、王文彬、张磊、程诚:《跨体制社会资本及其收入回报》,《中国社会科学》2012 年第 2 期。

的共同生活和工作而建构的复用性纽带；最后，是以长期的实用性互惠关系而建构的义务纽带。在珠三角地区国企员工的研究中，也呈现了国企员工之间紧密的社会网络所呈现出的情感性和稳定性特征。[1] 由此看来，"关系"特征显著的单位社会资本构建是东北地域大型国企员工社会资本建构最为重要的特征，会对国企员工的行动选择产生重要的影响。

通常而言，社会资本一般被认为是促进国企员工流动的重要社会资源之一，[2] 但这一结论未对社会资本建构的差异性进行细分，也未考虑不同地域社会环境下社会资本效用发挥的差异性。在"一城一企"区域社会特性中，国企员工的社会资本建构是否会因为其单位属性而失去其促进国企员工流动的效用仍然值得进一步思考：一方面，社会资本帮助国企员工在获取体制内资源和维持体制内良好关系方面发挥了重要作用，促进其自身的发展；但与此同时，过度单位化的社会资本构成也会成为国企员工职业流动的障碍，导致国企员工在市场化时代会面临异质性信息不足和体制外社会资本匮乏的困境。由此，可以形成社会资本假设。

假设四，不同的社会资本构成会对国企员工的跨体制行动产生显著影响，单位社会资本丰富的群体会倾向于回避跨体制行动。

在个体社会资本的测量中，通过个体社会网络成员中所蕴含的资源多少来衡量个体社会资本的"定位法"是被普遍接受的测量方法，[3] 而在操作化层面，拜年网和餐饮网是主要的测量途径。拜年网的"拟亲情化"属性与国企员工社会资本构成的"关系"特性呈现出较高的契合性，[4] 因此，对国企员工拜年网中单位网络和

---

[1] 贾文娟：《选择性放任：车间政治与国有企业劳动治理逻辑的形成》，中国社会科学出版社2016年版。

[2] 边燕杰：《城市居民社会资本的来源及作用：网络观点与调查发现》，《中国社会科学》2004年第3期。

[3] Lin N., Dumin M., "Access to occupations through social ties", *Social Networks*, Vol. 8, No. 4, December 1986.

[4] 邹宇春、敖丹、李建栋：《中国城市居民的信任格局及社会资本影响——以广州为例》，《中国社会科学》2012年第5期。

单位资源的测量是本书反映国企员工单位社会资本的重要维度；而由于餐饮网是以工具性目的为主的网络交往，①其对国企员工跨体制行动的影响机制较为复杂。一方面，其可能成为国企员工积极拓展自身社会网络边界，构建体制外社会资本的途径，进而推动跨体制行动的产生；另一方面，其可能依旧继承国企员工社会网络的单位特性，专注于体制内资源的获取，以获得体制内的收益，为了进一步检验餐饮网在跨体制行动中的作用机制，提出一对竞争性假设，因此形成社会资本的三个假设。

4.1 拜年网中单位社会资本丰富的国企员工倾向于回避跨体制行动。

4.2a 国企员工的餐饮网帮助其回避跨体制行动。

4.2b 国企员工的餐饮网帮助其开展跨体制行动。

第三节 跨体制社会资本衍生与国企关系认同

（一）基于实证分析的假设检验

问卷数据来自项目组所在长春一汽集团、吉林吉化集团和大庆油田开展的"一城一企"国企员工调研，具体介绍见前述章节。

因变量：国企员工跨体制行动的界定来源于问卷中"您未来经济收入的提升主要依赖于？"根据回答所反映的不同行动倾向，将之合并为不同行动取向：体制内生存取向（职务晋升、单位工资或奖金增加）、跨体制行动选择（兼职、个人理财投资）、体制外生存取向（创业、辞职跳槽）。虽然不同行动取向仅仅是国企员工的一种未来行为预期，但对于经济收入提升的主要途径判断反映出国企员工对当前所处情境的理性思考，本研究的重点在于比较跨体制行动者与体制内生存者的内在差异，因此将体制内

---

① 王文彬：《中国城市居民风险感知的体制差异——基于JSNET2014数据的分析》，《社会科学战线》2016年第6期。

第九章 微观作用结果之三：跨体制行动与社会资本衍生

生存和跨体制行动处理为二分变量，跨体制行动为 1，体制内生存为 0。

表 9-2　　国企员工跨体制行动

行动类型	您未来经济收入的提升主要依赖于：	频数	百分比
体制内生存取向	职务晋升	78	10.14
	单位工资或奖金增加	494	64.24
跨体制行动	兼职	44	5.72
	个人理财投资	72	9.36
体制外生存取向	创业	44	5.72
	辞职跳槽	37	4.81
总样本数		769	100

可以看出，在未来经济收入提升的主要途径方面，约 75% 的国企员工选择体制内生存方式，约 15% 的国企员工选择跨体制行动方式，而约 10% 的国企员工选择体制外的生存方式。这一现象说明身处东北转型国企场域中的国企员工在行动取向上产生了明显分化，部分员工产生了基于体制内生存的体制内发展的行动倾向，积极发展第二职业或谋求跳槽，以谋求更好的个人发展。相比于更为激进的体制外生存，跨体制行动成为部分国企员工相对保守和常见的选择。

自变量：个人收入：根据问卷中预设个人工资单收入变量划分为分组变量：3500 元以下为低收入组、3501~6000 元为中等收入组、6000 元以上为高收入组。

受教育程度：处理为二分变量，"大专程度及以下"与"本科及以上学历"。

国企技能培训程度：根据所在企业对员工技术培训的负责程度，分为技能培训程度高、技能培训程度一般和技能培训程度低三类。

单位依附：根据问卷中"我的工作和我的生活都离不开我的

单位"的回答，回答非常符合、比较符合和一般归类为单位依附高；比较不符合和非常不符合为单位依附低。

体制偏好：根据"在你心中较为理想的工作单位性质"的回答，党政机关归为体制偏好高。国有企业、国有事业归为体制偏好中。集体企业、集体经营、个体经营、私营企业、外资/合资企业、股份制企业归为体制偏好低。

单位福利满意度：对当前工作福利待遇方面的满意度，为五级量表，为了研究方便处理为三级量表：满意、一般、不满意。

个人稳定预期：根据"您认为您当前的工作是一份稳定的工作吗？"测得，归为稳定和不稳定。

企业稳定预期：根据"我从未想过我的企业会倒闭在多大程度上符合您的想法？"测得，原题为五级量表，为研究方便简化为符合、不符合。

拜年网中单位社会资本：根据拜年网（边燕杰，2004）测得，由"您给拜年的人中，与您同一单位的人所占的比例多大"和"您拜年的对象中，有以下哪些人群"两道问题复合而成，将拜年网中单位人占比超过50%和拜年对象中有单位上级领导和直接领导的回答均视为单位社会资本丰富的指标，两个标志均满足的视为单位社会资本丰富、满足其中一个视为单位社会资本中等、均不满足视为单位社会资本缺乏，得到一个关于单位社会资本的定序变量。

餐饮网：为了进一步凸显餐饮网的工具性功能，选择餐饮网中强调信息异质性和资本动员能力的题器"在这些餐饮场合中，您是否经常能结识新朋友"的回答得到。将"从不、很少"归为餐饮网弱、"有时"归为餐饮网一般、"较多、经常"归为餐饮网强。

如表9-3所示，市场资源假设、体制依附假设、体制疏离假设和社会资本假设下的自变量均与国企员工的行动选择呈现出一定的相关性，至于具体影响机制的判断，还需要进一步通过二元logistic模型加以检验，结果如表9-4所示回归模型。

表 9-3　国企员工跨体制行动主要变量统计描述

	体制内生存（%）	跨体制行动（%）	差异性检验
年龄（岁）	37.40	39.77	6.23**
男性	52.62	45.69	1.86
党员	30.77	27.59	0.46
市场资源假设			
收入分组			7.40**
低收入	31.78	42.73	
中收入	51.96	49.09	
高收入	16.26	8.18	
教育程度高	50.00	42.24	2.32
国企技能培训			25.84***
技能培训高	47.55	29.31	
技能培训中	40.21	41.38	
技能培训低	12.24	29.31	
体制依附假设			
高单位依附	76.22	63.79	7.77***
体制偏好			3.79
体制偏好高（参照）	29.05	21.55	
体制偏好中	43.84	43.97	
体制偏好低	27.11	34.48	
体制疏离假设			
福利满意高	31.29	12.93	16.06***
企业稳定	83.22	80.17	0.62
个人工作稳定	80.77	66.38	11.77***
社会资本假设			
餐饮网			3.39
餐饮网弱（参照）	6.64	8.62	
餐饮网中	34.44	25.86	
餐饮网强	58.92	65.52	

续表

	体制内生存（%）	跨体制行动（%）	差异性检验
单位社会资本			8.69**
单位社会资本弱（参照）	60.53	75.00	
单位社会资本中	34.91	22.41	
单位社会资本强	4.56	2.59	

***$p<0.01$，**$p<0.05$，*$p<0.1$。

表9-4　跨体制行动的二元 logistic 回归模型

	模型一	模型二	模型三	模型四
	跨体制行动	跨体制行动	跨体制行动	跨体制行动
控制变量	已控制	已控制	已控制	已控制
年龄	0.0292**	0.0386***	0.0374***	0.0392***
	(0.0128)	(0.0134)	(0.0136)	(0.0139)
市场资源假设				
低收入（参照）				
中收入	-0.266	-0.267	-0.185	-0.164
	(0.245)	(0.248)	(0.251)	(0.256)
高收入	-1.013**	-1.152***	-1.086**	-1.084**
	(0.440)	(0.446)	(0.449)	(0.455)
本科教育程度	0.0708	0.0863	0.133	0.127
	(0.260)	(0.263)	(0.267)	(0.271)
技能培训高（参照）				
技能培训中	0.453*	0.377	0.170	0.185
	(0.258)	(0.265)	(0.279)	(0.283)
技能培训低	1.316***	1.112***	0.835**	0.787**
	(0.303)	(0.319)	(0.340)	(0.345)
体制依附假设				
单位依附高		-0.645**	-0.613**	-0.556**
		(0.256)	(0.270)	(0.272)
体制偏好高（参照）				

第九章 微观作用结果之三：跨体制行动与社会资本衍生 / 221

续表

	模型一 跨体制行动	模型二 跨体制行动	模型三 跨体制行动	模型四 跨体制行动
体制偏好中		0.421 (0.297)	0.438 (0.299)	0.460 (0.301)
体制偏好低		0.678** (0.318)	0.658** (0.320)	0.600* (0.324)
体制疏离假设				
福利满意高			-0.600* (0.334)	-0.710** (0.352)
企业稳定			0.221 (0.317)	0.223 (0.321)
个人工作稳定			-0.534** (0.266)	-0.543** (0.270)
社会资本假设				
餐饮网弱（参照）				
餐饮网中				-0.949** (0.459)
餐饮网强				-0.738* (0.436)
单位社会资本弱 （参照）				
单位社会资本中				-0.566** (0.265)
单位社会资本强				-0.372 (0.652)
Constant	-2.882*** (0.578)	-3.102*** (0.632)	-2.671*** (0.681)	-1.821** (0.802)
Pseudo R2	0.0609	0.0814	0.0961	0.1122
Observations	620	616	616	614

Standard errors in parentheses ***p<0.01，**p<0.05，*p<0.1。

模型结果显示跨体制行动背后存在复杂的影响机制。

第一，控制变量中，党员和性别对国企员工的跨体制行动均不具备显著影响，而年龄越大的国企员工越倾向于做出跨体制行动，这在一定程度上否定了刘爱玉认为国企员工年龄偏大是一种市场排斥性资源的观点，① 但年龄对国企员工的作用机制较为复杂，也不是本书关注的重点，因此不作更多展开，仅将其作为控制变量使用。

第二，模型一是市场资源假设模型，在这一模型中，收入越高、技术培训越高的国企员工越倾向于回避跨体制行动而选择体制内生存，且这一影响均在 0.05 的置信水平上显著；而初始教育程度对国企员工跨体制行动的影响则没有得到实证模型的支撑，专业性人力资本相较于初始人力资本显示出更为重要的吸引力。

第三，模型二加入体制依附变量，模型结果显示，对单位依附越高的国企员工越倾向于回避跨体制行动，且在 0.05 置信水平上显著；体制偏好越强的国企员工越倾向于回避跨体制行动，且在 0.1 置信水平上显著。总体看来，在市场资源之外，国企员工长期身处大型国企的体制场域所形成的单位依附和体制偏好依旧显示出良好的整合效应，成为挽留国企员工的重要制度性因素。

第四，模型三加入体制疏离变量，模型结果显示，对单位福利不满意、觉得自身当前工作不稳定的国企员工更倾向于跨体制行动，且在 0.05 置信水平上显著；对企业稳定感的感知对于国企员工的跨体制行动的影响没有得到实证模型的支撑，根据模型三的结果，对单位福利的不满和对自身工作的不稳定感知成为驱使国企员工做出跨体制行动的重要因素，而由于大型国企自身的特殊地位和竞争优势，对企业稳定的担忧并不会成为国企员工跨体制行动的显著影响因素。

第五，模型四加入了社会资本变量，模型结果显示，单位社会资本越丰富和一般社会资本越强的人更倾向于回避跨体制行动，且

---

① 刘爱玉：《适应、依赖与机会结构——社会转型过程中的国企工人》，《江苏行政学院学报》2005 年第 4 期。

第九章 微观作用结果之三：跨体制行动与社会资本衍生

均在 0.05 的置信水平上显著，这也符合之前假设的理论推演，国企员工的社会资本具有明显的单位特性，单位社会资本的积累会帮助国企员工获得更好的单位内发展，也会导致国企员工在面对制度转型时缺少单位外部社会资本的支撑，进而导致国企员工对跨体制行动的回避。

综合前述实证分析，主要发现为：第一，市场资源假设得到部分验证，以物质资本、人力资本为核心的市场资源的占有是驱使国企员工跨体制行动的市场资源基础。具备较高人力资本、收入较高的国企员工具备在国企内获得进一步提升和发展的竞争优势，而部分收入较低，人力资本积累不足的国企员工则更为倾向于跨体制行动以获取更多的跨体制收益。但值得注意的是，国企员工专业性人力资本相较于初始人力资本，在推动国企员工回避跨体制行动方面扮演了更为重要的角色。

但国企在专业性人力资本积累上的优势，很大程度上来自长期维持稳定的劳动力市场和持续性的人力资本投资体系。而在开启国企市场化转型之后，在效率机制的指引下，国企劳动力市场的培育和发展都立足于促进劳动力流动，重视高流动性的外部劳动力市场建设。[①] 国企劳动力市场流动性的增强在带来劳动力配置效率提升的同时，也提高了国企维持人力资本优势的成本和难度。伴随着国企劳动力市场流动性和私企对国企人力资本的竞争性获取的进一步增强，国企的专业性人力资本优势将面临进一步压力。

第二，源于东北地区"一城一企"区域社会特性的体制依附和体制疏离假设也得到了模型的验证。长期身处东北地域社会和大型国企场域而形成的单位依附和体制偏好会显著降低国企员工的跨体制行动倾向，而大型国企依托自身资源优势提供的单位福利和稳定工作对于增强国企员工的归属感呈现出独特作用。

以体制福利和生活福利为主要特色的国企福利，往往被视作国

[①] 王彦军：《中国劳动力市场发展对人力资本投资的影响分析》，《人口学刊》2009 年第 3 期。

企市场化改革中的政策负担，去体制化成为一段时期国企改革的目标之一。但体制依附和体制疏离假设的验证则表明重视员工福利的国企管理传统并非一无是处，从社会责任的角度看，国有企业在组织福利方面并非先天不足。① 在累赘和负担之外，经过合理识别和调整的体制福利会成为国企重要的发展资源和优势之一，部分私营企业出于增强自身竞争力对国企住房、食堂等福利的借鉴也是国企体制福利优势的重要印证之一。② 因此，在面对被牢牢打上体制烙印的东北大型国企时，如何在持续推动市场化改革的同时，适当发挥体制元素在提升国企员工劳动积极性和忠诚度方面的积极作用，仍然值得进一步思考。

第三，东北地域社会中独特的单位社会资本生成和运作逻辑对国企员工跨体制行动的影响也得到了模型的验证。东北地区国企员工独特的社会资本建构对于其行动选择产生了重要的影响，基于国企单位的社会资本获取呈现出强大的整合能力，对于维持国企员工的稳定和抑制跨体制行动的产生具有重要作用。但值得注意的是，体制内社会资本的单调累积难以适应市场化机制的需要，高同质性的社会网络构建难以发挥提供异质性信息的资本功能。同时，强调情感性和复合功能的单位社会资本也会成为滋生腐败和特殊主义的温床。因此，在发挥单位社会资本积极作用的同时，增加体制外社会资本的积累与通过加强制度规范建设抑制单位社会资本的消极后果，是社会资本假设给予的重要启示。

(二) 比较中的国企社会资本衍生与关系认同

正是由于东北区域社会特性与大型国企社会资本的结构性和情境性影响，使得国企成员的社会关系建构和运作逻辑促成了较为典型的跨体制行为，反映了国企员工在特定的体制特性和关系场域中的适应和依附。然而，当跨体制行动成为员工个体关系建构的特定

---

① 韩亦、郑恩营：《组织印记与中国国有企业的福利实践》，《社会学研究》2018年第3期。

② Corinna – Barbara Francis. "Reproduction of Danwei Institutional Features in the Context of China's Market Economy: The Case of Haidian District's High – Tech Sector", *The China Quarterly*, No. 147, September 1996.

社会基础时，所形成的社会资本衍生结果，即跨体制社会资本又会在一定程度上左右个体自身对关系网络系统性、差异性的多重认同，进而在特定组织情境中影响国企社会资本的作用效果。因此，我们基于国企与非国企两种组织情境进行对比性探讨，以更好地理解大型国企社会资本衍生结果对国企组织情境中国企成员关系认同和社会认知的影响。

由于关系认同与情境因素紧密关联，会受到个体因素与组织、制度和文化等情境因素的影响，并且既有研究多涉及具体类型限制下的关系认同，譬如家庭关系认同、劳资关系认同、工作关系认同等，所以，有具体关系类型做限制关系认同一般理解起来无偏差，相对简单明确。但是，就中国语境中关系的丰富社会特性和文化含义而言，对关系认同本身的理解未必如具体类型的关系认同一样相对清晰。在主观偏好和客观情境的共同影响下，对关系认同本身的主观理解和诠释必然存在差异，而关系研究的多元选择取向亦充分表明了对关系本身主观理解上的多样性。有学者认为关系研究中具有四种不同的讨论路径，分别为"特殊主义和科层制、庇护主义、儒家社会伦理与关系，以及社会网络研究；同时亦体现出来讨论社会关系的不同脉络：侧重特定政治经济背景的制度视角、侧重伦理涵义的文化视角，以及社会网络分析所代表的结构视角"[①]，这在很大程度上体现了关系本身丰富社会内涵与特性所导致的多样理解与分析指向。可见，关系本身并非单一维度，而是具有复杂社会维度与多样理解的，是多维客观条件与多元主观阐释的综合结果。因此，对不同的关系使用者而言，所谓同样的关系，恰如西方人"一千个人心中有一千个哈姆雷特"，中国人理解起关系来可能"仁者见仁，智者见智"。而中西之外，在不同的制度、组织、文化和地域情境条件下，对关系的理解和认同也必然不会是一成不变的，而应是多维度的。

如果将关系中的中国特质提炼出来，除了社会文化等特性外，

---

① 纪莺莺：《文化、制度与结构：中国社会关系研究》，《社会学研究》2012年第2期。

体制应为其中一种独特的制度性因素。作为关系网络和体制因素的结合，跨体制社会资本不仅形成了独特的社会关系网络属性，而且在渐进式市场化导致的体制区隔的社会建构中形成了跨体制群体的收入优势。①

跨体制社会资本拥有者，处于"跨体制关系场域，其核心交往圈没有明显的体制区隔，而是涵盖两种体制"②，通过主观能动性来运作和动员核心交往圈嵌入的资源，形成有效的、动态的跨体制社会资本；同时，这种跨体制的社会资本能够通过相互关联或互为条件的作用机制来提升其收入，包括家庭收入、个人收入和其他额外收入等，并已经获得经验证明。可见，跨体制社会资本优势形成的关键在于需要关系网络跨越体制的人发挥主观能动性，破除"地位效用论"对关系网络本身的低估，拓展"网络效用论"认为的网络结构特征自然形成社会资本的刻板认识，从而能够在最现实的社会生活层面贴近"运作效用论"，凸显个体的运作和动员等目的性行为和过程。由于主观能动性是个体活生生的、动态的和具有认同偏好导向的个体意识体现，因此理论上拥有跨体制社会资本的人，与未拥有者相比，对关系的主观理解和能动表现会存在一定的差异。

同时，虽然社会网络特性反映了社会生活中个体客观的关系往来情况，其建构过程却会受到制度、职业、文化以及地域因素等的影响。但总的来说，社会网络中的跨体制建构属于个体自身的社会行为，即个人是否具有跨越体制的网络属性，需要立足于自身交往行为导致的网络建构。初步研究已经表明，"体制跨越在很大程度上是个人层面问题，社会行动者如何认同关系运作是关系行为主义问题，有待深入发掘"③。因此，通过跨越体制的关系网络来沟通

---

① 边燕杰、王文彬、张磊等：《跨体制社会资本及其收入回报》，《中国社会科学》2012年第2期。
② 边燕杰、王文彬、张磊等：《跨体制社会资本及其收入回报》，《中国社会科学》2012年第2期。
③ 边燕杰、王文彬、张磊等：《跨体制社会资本及其收入回报》，《中国社会科学》2012年第2期。

体制分割所导致的资源运作障碍,涉及个体主观角度对关系本身的理解、认知和认同的根本问题。那么,拥有跨体制社会资本是否会导致更高的关系认同结果,这种结果在不同关系认同维度上是一致的吗?基于关系认同的多维理解与跨体制网络优势的主观建构基础,理论上可以认为拥有跨体制社会资本的人在关系的整体性认同上,与未拥有跨体制社会资本的人相比,存在一定的差异,即前者由于自身关系优势而会呈现出更积极的关系认同结果,并且这种结果在不同维度关系认同上亦应存在不一致性。

总之,对拥有跨体制社会资本者而言,具有同时运作两种体制内资源的优势和关系动员能力,预示其对关系使用有着更高的认同。同时,由于关系认同的多维存在,其关系认同很可能存在不同的侧重或差异。因此,我们提出整体关系认同和多维度关系认同的两个假设。

假设1:求职过程中使用关系时,当把关系认同作为一个整体认知概念时,与未拥有者相比,拥有跨体制社会资本者的关系认同具有显著差异,即更加倾向于对关系使用的积极认可。

假设2:当对关系认同多维分解时,与未拥有者相比,拥有跨体制社会资本者的关系认同会呈现差异性的显著结果。

假设2-1:从关系的建构属性而言,与未拥有者相比,拥有跨体制社会资本者会更倾向于认可关系的从众认同和强度认同。

假设2-2:从关系的环境特性而言,与未拥有者相比,拥有跨体制社会资本者更倾向于认可关系的文化认同和公平认同。

假设2-3:从关系的使用过程特性而言,与未拥有者相比,拥有跨体制社会资本者更倾向于认可关系的能力认同和竞争认同。

进一步,我们选择企业组织作为影响关系认同的具体情境因素,试图通过区分国企与非国企两种组织情境,重点探讨国企对跨体制社会资本拥有者关系认同的限制性影响。

历年改革的成效积累使得国企在摆脱原有体制特性的同时,又不断塑造出了新的单位制特性,并鲜明地体现在其经济运作、内部劳动力市场分化与组织管理等方面。有学者曾明确指出,在变动的单位制中,体制内的分化导致新单位制的生成,突出地体现在限制介入性大型国有企业方面。① 可以说，传统国企发展为新国企，一方面，保留了传统单位文化色彩，在人员管理和工作关系等方面尚存单位制的影响；另一方面，其新单位制特征与市场薪酬机制和市场竞争机制也在不断交互影响。受东北地区"一城一企"区域社会特性影响，大型国企的存在、变革和发展与所在城市的社会经济发展关联更为密切，城企互为影响、高度融合。这种"一城一企"区域特性，在社区建设、就业指向、价值观念和基层治理等方面，深刻地影响着区域内社会成员，最终形成了特有的工作和生活场域，呈现了独特的新型大国企的组织发展特性。可以说，当前国企已然形成了与非国企截然不同的两种企业组织情境。因此，在宏大的转型社会中，大型国企成为中央政府实施社会发展、经济增长与社会基础治理的政策依托和制度保障的平台。因而，大型国企对社会形成的体制依附性和对市场空间的竞争压力，最终导致处于国企工作和生活场域的员工更多地受到国企薪酬体制、分配机制以及管理方式等特性的影响，其结果也体现在国企成员的社会关系网络建构、关系使用以及对关系认同的态度方面。在具有"一城一企"格局的区域社会中，这种情况尤甚，社会成员的社会财富分配机制认同与风险分配机制认同的主观逻辑差异②深受国企新单位特性影响，进而也影响到关系使用者对关系认同的理解和态度。

非国企则是中国市场经济发展的直接产物，从来就是以效率、效益和市场竞争为首要目标的，是完全市场化环境的体现。非国企与国企同为工作组织，既有作为企业组织发展运作的共性，又有企业组织制度建构的差异性。因此，国企与非国企是两种边界相对更为清晰且场域特性迥然相异的组织情境。在企业目标设定、企业文化、薪酬和晋升机制以及职场关系建构等方面都具有各自的独特性。对于非国企成员而言，由于非国企更多与市场空间融合，价值观念和行为逻辑多样化会使得关系建构和使用中出现更多的变异

---

① 刘平、王汉生、张笑会：《变动的单位制与体制内的分化——以限制介入性大型国有企业为例》，《社会学研究》2008 年第 3 期。

② 何艳玲、汪广龙：《中国转型秩序及其制度逻辑》，《中国社会科学》2016 年第 6 期。

性。因此，与新国企这样特定的组织情境场域相比，非国企环境中跨体制社会资本拥有者的关系网络优势能够带来更多有价值的使用效果，反映在主观关系认同上就会体现出与未拥有跨体制社会资本者在关系认同方面更多的不一致性。相应地，这种情况也可以反衬出国企组织情境对成员关系认同更高的限制性影响。

我们的关注重点在于国企作为组织情境对跨体制社会资本拥有者关系认同的限制性影响，因此我们提出假设3：受到国企组织情境的限制性影响，与未拥有者相比，跨体制社会资本拥有者客观上虽然拥有网络优势，但其主观上对各维度的关系认同则不存在系统性的显著差异。体现为竞争性的分假设：

假设3-1：受到国企组织情境限制性影响，与未拥有者相比，跨体制社会资本拥有者对各维度的关系认同均没有显著差异。

假设3-2：没有受到国企组织情境影响，与未拥有者相比，跨体制社会资本拥有者至少在一个维度关系认同上呈现显著差异。

此处使用2014年"社会网络与职业经历"数据（相关介绍见前述章节）。

变量选择：作为因变量的整体关系认同和各维度关系认同：在JSNnet2014问卷中，E12题器要求被访者根据自身经历和态度，对托关系办事，比如找工作时托关系，进行关系认同的五级量表测量，从非常同意（原始赋值为1，为保持模型结果一致性，调整为5）到非常不同意（原始赋值为5，调整为1）。测量维度分别为托关系办事时，"大家都这么做"、"是中国文化传统"、"个人能力有限才做"、"不违法公平原则"、"要抢在别人前面"和"关系越铁越有把握"。

对六个维度的关系认同进行因子分析，得到一个综合因子，视为整体关系认同。为方便比较，将该因子值等比例调整为百分数，最大值100，最小值0，因子值越高表示对求职过程关系使用更强烈的认可，即关系认可程度更高。整体关系认同因子的KMO值为0.774，表明建构的整体关系认同因子具有很好的适用度。具体结果见表9-5。

表 9-5　　　　　　　　整体关系认同因子分析结果

关系认同维度	因子负载系数	调整后因子值	
关系从众认同	0.728	最小值	0
关系文化认同	0.718	最大值	100
关系能力认同	0.486	均值（标准差）	56.76 (16.12)
关系公平认同	0.479	样本量	5330
关系竞争认同	0.730	解释度	41.8%
关系强度认同	0.681	因子适用度 KMO 值	0.774

同时，根据研究需要，结合数据分布情况，将六个关系维度分别处理为六个二分变量（"非常同意"、"同意"和"既不同意也不反对"为1，"不同意"和"非常不同意"为0），并根据测量内容指向分别命名为关系的从众认同、文化认同、能力认同、公平认同、竞争认同和强度认同，即对关系认同进行多维分解。

跨体制社会资本：基于被访者在工作和生活中所建构的社会关系网络，形成跨体制社会资本变量，即测量被访者拜年网中社会交往对象有无在不同性质的单位类型工作。如果被访者的社会网络既有体制内关系又有体制外关系，则为拥有跨体制社会资本；如果其社会网络完全集中于体制内或完全集中于体制外，则为未拥有跨体制社会资本。

企业组织情境：为了突出企业维度的比较，仅筛选分别具有典型代表意义的国企和非国企进行对比研究。JSNet2014 问卷中被访者工作单位性质的选项共8类，样本数据显示国有企业最多，占比37.06%，其次为私营企业，占比为22.02%，两者相加接近60%。需要说明的是，由于很多国企在合资和股份制方面都进行了部分改革，因此，这两个选项较容易误导被访者对于单位性质判断。由于选项中已经明确提供了国有企业选项，默认被访者能够根据自己的工作性质，做出正确的判断选择，不会由于企业合资程度和股份制情况而影响其是否为国企员工的判断。因此，本书在剔除"党政机关""国有事业"和"其他"选项后，仅保留企业维度选项，并视国有企业和集体企业为国有企业（赋值为1），将私营和外资等

第九章 微观作用结果之三：跨体制行动与社会资本衍生 / 231

视为非国有企业（赋值为0），生成企业组织情境二分变量。

控制变量包括：年龄（为连续变量）、年龄平方、性别（男=1，女=0）、教育程度（为分组变量，小学及以下=1，中学各项=2，大学以上=3）、党员身份（中共党员=1，其他=0）和个人月收入的标准分（为避免共线性问题，个人月收入取对数后再求标准分）。

由于关系认同维度展开较多，出于简洁目的，我们对整体关系认同和各维度关系认同的回归结果均不展示空模型和变量嵌套模型，仅在表9-6中展示了整体关系认同的多元线性回归结果与各维度关系认同的二元逻辑斯蒂回归结果。其中，整体模型为基于整体关系认同因子值的多元线性回归分析结果。结果显示，在控制了相关变量的情况下，与未拥有者相比，拥有跨体制社会资本者的回归系数为正值（0.465）且具有统计显著性，体现了对关系认同更强烈的同意程度。因此，分析结果表明，当把关系认同作为一个整体概念时，拥有跨体制社会资本者与未拥有者相比，呈现了系统性的显著差异，更加倾向于对关系使用的积极认可。因此，假设1得以证明。

表9-6 整体关系认同多元线性回归结果与各维度关系认同二元逻辑斯蒂回归结果

	整体模型	维度模型1	维度模型2	维度模型3	维度模型4	维度模型5	维度模型6
	整体认同	从众认同	文化认同	能力认同	公平认同	竞争认同	强度认同
年龄	0.325***	0.00357	0.0619***	-0.0108	0.0139	0.00410	-0.0159
	(0.121)	(0.0200)	(0.0170)	(0.0179)	(0.0158)	(0.0176)	(0.0211)
年龄平方	-0.462***	-0.0217	-0.0854***	0.00953	-0.0263	-0.0139	0.0129
	(0.135)	(0.0218)	(0.0189)	(0.0200)	(0.0178)	(0.0195)	(0.0233)
男性	0.335	-0.0208	0.0773	-0.152**	-0.0709	0.0125	0.0691
	(0.466)	(0.0760)	(0.0663)	(0.0687)	(0.0611)	(0.0679)	(0.0809)
中学各项	-1.623	-0.00711	-0.542***	-0.175	-0.245*	-0.502***	-0.494***
	(1.058)	(0.149)	(0.149)	(0.167)	(0.138)	(0.155)	(0.187)
大学以上	-1.275	0.371**	-0.375**	-0.446**	-0.304**	-0.357**	-0.397*
	(1.155)	(0.170)	(0.164)	(0.180)	(0.151)	(0.171)	(0.206)

续表

	整体模型	维度模型1	维度模型2	维度模型3	维度模型4	维度模型5	维度模型6
	整体认同	从众认同	文化认同	能力认同	公平认同	竞争认同	强度认同
党员	-4.191***	-0.360***	-0.394***	-0.325***	-0.467***	-0.303***	-0.326***
	(0.607)	(0.0962)	(0.0842)	(0.0856)	(0.0806)	(0.0864)	(0.101)
月收入标准分	2.515***	0.236***	0.233***	0.0519	0.200***	0.241***	0.266***
	(0.270)	(0.0435)	(0.0387)	(0.0398)	(0.0359)	(0.0394)	(0.0457)
跨体制社会资本	0.465*	0.138*	0.0749	-0.0769	-0.212***	0.0506	0.302***
	(0.471)	(0.0760)	(0.0666)	(0.0698)	(0.0619)	(0.0682)	(0.0806)
常数项	54.13***	1.532***	0.317	1.793***	0.430	1.484***	2.312***
	(2.721)	(0.454)	(0.386)	(0.408)	(0.356)	(0.402)	(0.485)
Adj/PseudoR²	0.054	0.045	0.036	0.080	0.019	0.022	0.024
P	0.000	0.000	0.000	0.000	0.000	0.000	0.000
N	4,632	4,708	4,705	4,697	4,692	4,677	4,686

注：*表示 $p<0.1$，**表示 $p<0.05$，***表示 $p<0.01$；括号内为标准误。

但是，当对关系认同进行多维度分解后，维度模型1到维度模型6的分析结果表明，在对应的6个关系认同维度上，跨体制社会资本拥有者的关系认同结果并不一致，而具有一定的显著性差异。具体而言：在关系建构属性方面，相比未拥有者而言，拥有跨体制社会资本者在关系的从众认同和强度认同方面具有正向显著，即更倾向于认同关系的从众维度和强度属性维度，假设2-1得以证实；在关系环境特性方面，与未拥有者相比，拥有跨体制社会资本者在公平认同维度具有负向显著，即更倾向于不同意，而在文化认同上则无显著差异，假设2-2部分得以证实；在关系使用过程特性方面，拥有跨体制社会资本者在能力认同和竞争认同方面与未拥有者相比则不存在显著差异，假设2-3未获得证实。因此，表9-6结果表明，由于本身拥有优势网络位置，当关系认同作为整体性认知态度时，跨体制社会资本拥有者存在显著的、更为积极的关系认同倾向；而当区分多维度的关系认同时，则其在不同的关系维度上存在差异性的表现。

表9-7将国企和非国企组织情境中跨体制社会资本在各关系认同维度的差异性结果进行了汇总（限于篇幅，仅展现跨体制社会资本的比较结果）。

表9-7　　企业组织情境中跨体制社会资本拥有者各维度关系认同差异性汇总

关系认同维度	从众认同		文化认同		能力认同	
企业组织情境	国企	非国企	国企	非国企	国企	非国企
跨体制社会资本	0.166	0.306**	0.004	0.107	-0.00	-0.098
关系认同维度	公平认同		竞争认同		强度认同	
企业组织情境	国企	非国企	国企	非国企	国企	非国企
跨体制社会资本	-0.148	-0.125	-0.001	-0.079	0.204	0.310**

在国企组织情境中，与未拥有者相比，跨体制社会资本拥有者在不同维度关系认同方面均没有形成显著性差异，假设3-1得以证实，由此反映出国企所形塑的新单位制特性作为组织情境对关系认同的限制性影响。新国企特定制度环境中的高度统一的价值观、行为导向和认同心理，深刻影响企业成员，使得身处其中的跨体制社会资本拥有者，虽然占据了关系网络的结构位置，拥有了跨体制优势，但无论在哪个关系认同维度，与未拥有者相比均未形成主观上系统性的显著差异。

这就意味着，对于拥有跨体制社会资本的国企成员，即使其社会关系网络建构涵盖了体制内和体制外单位，但是由于身处国企场域，社会关系实践逻辑受到国企等级制度、组织文化价值观和单位工作特性的高度限制和影响。这种限制性影响会进一步反映在主观层面，表现为跨体制社会资本拥有者与未拥有者相比，在主观关系认同各维度均没有显著差异。我们认为可能的原因在于三方面。一是国企成员的社会关系建构同质化较高，跨体制社会资本作用空间有限。尤其在"一城一企"区域特性城市中，国企成员的跨体制关系网络虽然一定程度上存在，但是建构价值较难体现。二是国企成员的社会关系使用内倾程度较高。因为国企新单位制特性影响，使得国企成员在劳动收入、福利待遇、发展机遇、晋升空间以及风险规避等方面都更多依赖国企本身，拥有跨体制社会资本的国企成员向体制外使用关系带来的回报有限；因此跨体制社会关系网络能给其带来的实质性效果较低，导致其主观关系认同方面难以呈现系统性显著差异。三是国企组织情境影响远高于非国企，对成员具有更为一致的行为价值观影响。国企组织情境能够强力影响成员的日常行为逻辑与价值认同逻辑，对拥有跨体制社会资本的国企成员而言，虽然在网络建构和资源动员基础上形成了一定的跨体制优势效果，但其主观价值观念认同方面未发生基于具体网络特性的改变。

  作为辅助性的对比，在非国企组织情境中，与未拥有跨体制社会资本者相比，跨体制社会资本拥有者显著倾向于对关系从众和关系强度认同的更高认可；而在其他各维度关系认同方面，与未拥有者相比则保持一致性，未呈现显著差异。非国企组织情境中，相对缺乏较为统一的组织价值观和行为导向，更多的是利益化导向的原子式个体。因此，对拥有跨体制社会资本者而言，其更加认可关系从众认同与关系强度认同，不仅反映出个体在关系使用方面的随大流意识倾向，而且也反映出即使占据了跨体制网络优势，在非国企组织情境中亦需更加依赖和认可关系的强度属性，以此来发挥跨体制优势效应。因此，非国企组织情境中显著和不显著结果同时存在的情况，也反衬出在国企组织情境中跨体制社会资本拥有者受到了更大的限制性影响。

  总的来看，探讨跨体制社会资本拥有者在整体关系认同和各维度关系认同方面的差异性，以及当其处于国企组织情境时受到的影响和变化，有助于我们发现大型国企社会资本作用的特定情境性影响。大型国企社会资本在区域特性、体制特性和组织情境的共同影响下，其作用发挥引导了员工的跨体制行动，并形塑了作为社会资本衍生结果的跨体制社会资本，进而使其作为一种特殊网络建构，在整体关系认同和不同维度关系认同方面呈现了国企与非国企两种具体组织情境的显著差异性。

总结与讨论

　　基于前述章节的分析，以东北区域社会单位体制变迁为制度背景，结合东北"一城一企"区域社会特性的影响，本书相对较为全面地分析了东北大型国企社会资本的宏观体制特性和"一城一企"作用场域、中观多元作用机制和微观多重作用结果等，从多方面多维度分析东北单位体制变迁与区域社会特性是如何结构性和情境性地形塑大型国企社会资本的内涵建构和作用特性。同时，正是由于东北大型国企社会资本与区域社会特性的融合、互动与彼此形塑，体现了对区域社会成员的多重作用机制，以及对社会价值认同和行为取向等的深度影响，才使其在东北单位体制变迁中成为引领区域社会建构优势视角、推动社会建设特性发展的重要因素，成为东北城企融合趋势中对区域社会特性发展具有积极引领作用的灯塔，而非市场化改革中的阻碍区域社会特性发展的体制孤岛。

　　具体而言，本书立足于单位体制变迁和城企融合发展时空演变下的东北社会，以大型国企社会资本的内涵建构和作用特性为研究切入点，在大庆、吉林和长春三个不同程度体现"一城一企"区域社会特性城市中，通过对大型国企和城市居民的实地调研，对东北地域社会情境中的大型国企社会资本进行更为深入的审视，从宏观作用场域、中观作用机制和微观作用后果多个维度展开剖析。主要研究了东北单位体制变迁与区域社会"一城一企"特性对大型国企社会资本宏观作用场域的结构影响，分析了大型国企社会资本以体制依附为特性的中观多元作用机制，涉及信息、符号、信任和整合效用机制，并对东北大型国企社会资本微观作用的结果进行了多维呈现，包括国企成员的风险感知、归属感和跨体制行动及社会资本衍生等体制内生的变动趋势。我们在本章进行相应的总结并进行讨论。

第一，大型国企社会资本具有多层次、多来源和多功能的建构特性和作用特性。大型国企深嵌于东北地域结构之中，因此其社会资本的内涵建构和运作特性是在中国社会整体制度转型和地域社会特性叠加形成的复杂时空场域中进行的，因而呈现出多层次、多来源和多功能的特征。

多层次是指大型国企社会资本包括作为法人个体的企业社会资本、作为国企员工个人社会资本集合的企业社会资本和作为员工集体的企业社会资本。作为法人个体的纵向联系、横向联系和社会联系；企业中个体被用以服务于企业生产运作的个人社会资本；企业内部生成的集体社会资本都能成为企业发展的重要关系资源，构成大型国企社会资本。

多来源是指大型国企社会资本同时来源于结构性的客观资源优势和认知性的主观信任优势。外部可观察的企业社会网络、企业管理制度以及企业组织形式等结构性客观资源和内部抽象化的共享价值理念、稳定信任关系以及企业形象等认知性主观资源均可构成大型国企社会资本的重要来源。

多功能是指大型国企社会资本在粘结性功能基础之上，桥接性功能也有所体现。大型国企的功能发挥仍以熟人社交、同质交往和边界封闭的粘结性功能为主，但伴随着市场化元素的引入，普遍社交、异质交往和边界开放的桥接性功能在大型国企社会资本功能发挥中也日益得以体现。

第二，大型国企社会资本作用的发挥离不开东北区域社会单位体制以及独特的"一城一企"区域社会特性场域。以城企依赖、城企同构和城企互联为特征的"一城一企"区域社会特性，反映出大型国企在东北地域社会中扮演的独特角色以及与东北地域社会的紧密连接，因而形塑了大型国企社会资本的主要社会作用和社会意义。在纵向时间维度上的单位制度转型中、横向空间维度中的地域体制分化中，以及大型国企员工在复杂时空演变基础上形成的新型依附关系中，"一城一企"区域特性得以彰显，成为大型国企社会资本内涵建构和机制运行的关键场域。

首先，单位制度变迁中体制与市场的二元共生特征贯穿大型国企转型、运作和生产的全过程，且对大型国企社会资本发挥相对独立且不可替代的重要作用。纵观国企市场化体制改革的进程，市场化机制的引入、深化和单位体制的相对衰退使得东北大型国企社会资本呈现鲜明的二元复合性。体制与市场的共生和博弈导致大型国企社会资本运作方式，既与传统计划经济时期的单位全面主导有所差异，又迥异于完全市场化运作的私营企业社会资本逻辑。

其次，地域分化中形成的新二元体制社会特性赋予大型国企社会资本独特的作用基础。经历了持续深入的国企现代化改革和体制市场化改革之后，国企更为关注自身经济生产职能和经济生产中的效率。但在诸多历史和现实因素制约下，东北区域社会的体制色彩仍颇为浓厚，由此形成了大型国企社会资本以与政府纵向联系为关系基础、以体制—市场资源集聚为资源基础和以地域内居民广泛认同为认知基础的社会资本作用根基。

最后，大型国企员工对所在企业在保有传统依附关系的同时，衍生出"新型体制依附"[1]，为大型国企社会资本作用的进一步发挥创造了新的条件。在偏向传统的制度变迁推动下，体制力量在市场作用下依旧葆有活力，大型国企依旧能够在经济收入、住房保障和医疗关照等传统依附领域为国企员工提供便利；同时，大型国企员工对企业依附的内容又衍生出相应的"稳定感"和"保障感"，大型国企成为国企员工面对市场转型压力和风险时的避风港。这既是大型国企社会资本重要的作用后果之一，又进一步增强了大型国企社会资本作用对大型国企及大型国企员工的重要意义。

第三，在东北"一城一企"区域社会特性场域之中，大型国企社会资本的生成依赖于大型国企在地域社会中扮演的多重角色，社会资本的建构主体呈现出城企融合发展背景下的多重变化。

作为特殊企业的大型国企，依托自身占有的密集资源和规范化企业运作，形成大型国企社会资本生成的资源优势和制度优势。资

---

[1] 王文彬、孙雯：《国企职工体制依附的新演进：基于"一城一企"区域社会网络的分析》，《社会科学战线》2020年第2期。

源优势刺激其他行为主体开展与大型国企的持续性资源交换关系，促进社会资源在大型国企社会网络中的流动和累积；制度优势降低企业内部运作和外部合作中的道德风险，促进互信互惠、长期稳定合作关系的建立。

作为地域长子的大型国企，造就了大型国企在地域社会中的深认同、好形象和高认可。具体体现为：大型国企的价值理念得到地域居民的深度认可；大型国企在地域社会之中享有广受赞誉的良好形象；大型国企得到地域居民的高度认可和信赖。上述特征为认知层面大型国企社会资本的生产创造了广泛空间。

作为情感共同体的大型国企，通过长期的共同生活和情感互动起到了塑造国企员工稳定感和社会资本体制边界的作用。对内促进工作稳定感和人际关系稳定感的产生，发挥整合功效统一国企员工的价值理念；对外则成为拓展社会资本边界和获取异质性资源的体制区隔，由此形成了大型国企社会资本对内整合、对外区隔的独特样态。

第四，在多样化生成路径的引领下，大型国企社会资本通过信息效用、符号效用、信任效用和整合效用等多元机制对大型国企自身发展与东北区域社会特性发展产生影响。

一是信息效用。一方面，通过密切的政企联系，将对企业发展意义重大的优质可靠信息优先传递给大型国企，帮助大型国企第一时间获得来自政府部门的优质信息并服务于自身的经济生产；另一方面，大型国企处于体制—市场中介的类结构洞位置进一步增强了大型国企在信息传递中的优势地位。

二是符号效用。通过资源优势和规范运作，建立起大型国企在经济合作中良好口碑和大型国企员工在社会互动中的良好形象。最大化地降低大型国企在合作中的道德风险和大型国企员工在互动中的信任风险，为大型国企通过合作谋求发展和大型国企员工通过互动提升业绩扫清了障碍。

三是信任效用。以长期的共同生活和情感互动为基础，推动了内部信任机制的产生，内部网络的同质性和紧密性对信任的产生起到了道德约束的功能；此外，资源优势和稳定感的存在催生了国企员工对所在企业的高度认可和信赖。

四是整合效用。通过内部情感性连接将国企员工塑造成高度同质、深度凝聚的整体,并对地域社会个体产生了整合效用,成为整合国企员工乃至地域社会个体重要的"黏合剂"。同时生成了社会资本的体制边界,大型国企员工的社会资本积累呈现出明显的体制区隔。

第五,大型国企社会资本造就了低风险感知、一体化城市归属感以及跨体制行动与社会资本衍生等一系列微观作用后果。

低风险感知来自大型国企社会资本的符号效用、信任效用和整合效用。大型国企社会资本的符合效用帮助大型国企成为国企员工应对市场转型压力和不确定性风险的"避风港",信任效用帮助大型国企员工凝聚起应对风险的合力和信心,整合效应帮助大型国企员工形成相应的稳定感和保障感。在三者的共同作用下,大型国企员工呈现出低风险感知的普遍状态。

一体化城市归属感受到大型国企社会资本符号效用、信任效用和整合效用的差异化影响。来自大型国企社会资本符号效用提供的紧密政企联系和信任效用提供的地域内高度认可,两者都能够催生"职工"角色下的城市归属感,但不利于"市民"角色下的城市归属感生成。整合效用提供的情感联系则具有超越制度变迁的整合效率,对"职工"和"市民"角色下的城市归属感均有积极作用。

跨体制行动和社会资本则依赖于大型国企社会资本信息效用下的异质性交往逻辑、符号效用下的异质性资源获取逻辑以及整合效用下的情感性纽带逻辑得以产生。信息效用和符号效用催生了大型国企员工获取异质性资源和信息的能力和动力,而整合效用则是促使大型国企员工保留体制身份的情感纽带。

综合来看,虽然"一城一企"区域社会特性在不同城市典型程度不一,但就东北地区整体而言,大型国企发展的顺利与否不仅对其自身生存至关重要,而且通过社会资本的建构特性和作用特性深度地影响所在城市的经济社会发展。在"一城一企"场域中大型国企社会资本的广泛作用空间和独特作用后果,也是促进国企发展的重要内生性优势之一,形成了具有特定区域发展特性的独特社会资本。以优势视角合理利用这一大型国企社会资本特性，改善并优化东北社会建设和社会治理的现实社会问题，促进东北区域社会中的城企融合发展，有利于更好地服务于东北经济和社会发展大局，实现全面振兴东北的战略目标。

进一步地，我们可以从不同层次的视角来进行总结和讨论。从宏观社会资本视角出发，"一城一企"场域的存在揭示了大型国企对东北区域社会蕴藏的深远意义和独特价值。这一场域特性也为东北社会提供了独特的社会资本优势，大型国企社会资本在团结凝聚社会力量、促进地域社会相对稳定、提升居民稳定感和保障感等方面均发挥了重要作用。因此，对大型国企社会资本而言，从经验认识到政策调整的关键在于如何正确引导其发挥内生优势，帮助东北地域社会实现城企融合的特性发展。

从中观社会资本视角出发，东北地区大型国企在与当地政府、当地社会的频繁互动中建立起紧密联系和信任关系，成为其获得相应资源和信息优势的重要关系基础，在地域社会中积累的良好企业形象和优秀企业口碑，同样成为大型国企未来发展宝贵的无形财富。当然，在竞争激烈的全球化时代，过度本地化和政治化的社会网络构建亦会成为制约东北地区大型国企开拓外部网络、与其他类型企业合作和参与全球竞争的不利因素之一。因此，积极调整社会政策并引导大型国企在维持原有社会资本优势的前提下，努力开拓外部网络，寻求与其他地区、其他类型企业的合作共赢对于大型国企乃至东北社会的未来发展极为关键。

从微观社会资本视角出发，国企员工的社会资本运作具有明显的体制边界，主要集中在区域社会和大型国企内部，且呈现出同质性、封闭化、强连接的特点。高度整合的社会网络构建帮助国企员工维持了良好的单位内人际关系，也有利于国企维护员工的团结和劳动积极性。但过度集中的单位内部网络会导致国企员工难以获得单位之外的社会资本，不利于对外部有利资源和信息的及时掌握。这就需要更多地从政策角度推动国企员工的社会资本发挥对城市社会建设的引导作用，并积极跨越体制边界获取单位外的社会资源。

同时，三个层次视角的认识也意味着东北区域社会单位体制变迁中的时代要求。东北区域社会市场化改革的持续深入、地域社会的体制性分化，以及区域社会特性的持续演进发展，都在不断地对大型国企的社会经济意义和社会资本作用发挥提出挑战。大型国企需要重新思考自身在经济维度的价值、在社会维度的意义以及在地域社会的地位，尊重并积极回应东北区域特性，结合城企高度融合的"一城一企"发展模式，以大型国企社会资本为结合点，在社会建设、社区治理、城企融合发展、风险抵御等多方面积极影响东北区域社会发展，推动社会进步。以多功能、多层次和多来源的大型国企社会资本建构和影响为基础，大型国企要致力于摆脱固有的体制僵化"孤岛"印象，真正承担起地域社会长子的重担，努力成为东北"一城一企"区域模式发展航程中的"灯塔"。

当然，我们需要清楚地认识到，上述这些发现主要仅针对东北"一城一企"区域社会中大型国企员工展开，并在单位体制变迁背景中结合东北地域社会特性，对当前东北大型国企社会资本的构成、生成路径、作用场域、效用机制和作用后果进行了较为全面的分析和概括。但由于未对民营企业等体制外企业数据进行特定采集和对比，国企组织场域的独特性和大型国企社会资本的独特性尚需进一步的对比分析；同时，针对在调查中展现出的诸如大型国企社会资本地域化困境、大型国企社会资本的体制区隔以及国企员工的跨体制行为机制等，其内在影响机制和外在组织情境还有待进一步研究和发掘。

总的来看，本书引入社会资本的视角，重新审视了东北区域社会呈现出的独特地域社会特性，从而确立东北区域社会单位体制变迁中大型国企社会资本研究的特殊性，强调了东北区域典型单位体制内生性研究优势视角，对东北区域大型国企社会资本作用进行了区域发展特性中的解析。进而，研究了东北大型国企社会资本在单位体制变迁与区域社会特性共同影响中的建构内涵、结构重塑、作用机制以及微观结果，对大型国企社会资本的特性建构与作用特性以及演进变化趋势等进行了实证研究，突出了大型国企社会资本在宏观作用场域中，基于多元中观作用机制所形成的多重微观作用结果，彰显了其在城企融合视角中对东北社会发展独特的引领意义和社会价值。

在总结和讨论之余，我们从研究整体设计角度做一些简要总结和回应。

首先，本书通过社会调查和实证分析，初步实现了研究目标。第一，理论目标方面：在国内外已有的研究成果基础上，对东北单位体制变迁，尤其是东北区域大型国企社会资本作用特性与变化进行了分析，提炼概括东北区域大型国企单位体制与区域社会特性关系，集中于大型国企社会资本的生成路径与作用场域的分析。第二，实践目标方面：通过问卷调查获取的数据和个案调查获取的经验材料，对东北"一城一企"背景中大型国企社会资本与城市资源的融合发展特性，对大型国企社会资本作用机制及其演进，以及对国企体制内外社会成员风险感知、风险抵御、归属感以及跨体制行动和社会资本衍生等进行了剖析。第三，社会政策目标方面：通过对东北区域单位体制变迁和大型国企社会资本作用的分析，力图使得东北区域在一城一企特性中凝练出自身的优势发展策略，在传统经济与人力资源视角之外，从社会基础层面提出了对社会价值认同、行为规范以及风险意识的诸多区域特性优势策略，从而为整体消除东北区域发展危机，实现东北区域社会发展创新提出了新的思路。

其次，本书立足东北"一城一企"区域社会特性，凝练并强化了东北地域社会发展的优势视角。通过大型国企社会资本的研究而将东北单位体制特性与"一城一企"特性融合起来，突出凝练东北区域单位体制特性，与东北经济社会发展危机进行对应研究，通过大型国有企业社会资本切入角度形成东北区域单位体制特性的创新优势视角，强调发挥大型国企社会资本建构特性和作用特性基础上对社会认同和风险抵御方面的扬长避短效应。因此，本书认为大型国企社会资本的体制特性和组织情境对于东北区域社会发展具有特定现实性影响。在东北大型国企新单位制与城市社区高度融合的区域发展特性中，大型国企社会资本对于社会认同和社会风险抵御等方面具有独特作用。在中国渐进式市场化进程中，东北区域在积极深化市场化改革的同时，应努力发挥既有的"一城一企"区域社会特性优势，扬长避短，通过大型国企社会资本的宏观体制性、中观组织性和微观能动性等作用与区域社会城市建设和社区发展融合衔接，积极互动，促进合作与共赢，实现区域特性优势发展并最终推动社会正向进步。

最后，当前研究立足东北区域发展危机的社会关系基础，对大型国企社会资本的作用进行研究，可以更好地反映中国单位体制变迁的实质，能够在区域社会特性中更好地理解区域社会特性中的作用结果，包括社会成员的主观社会认知变化。因此，从大型国企社会资本角度对东北区域发展危机的社会基础进行深入解读，能够跳出对东北区域发展危机的传统经济学与人力资源方面的研究局限，有助于政府和社会对东北区域发展危机中的大型国企形成新的优势视角，在体制比较的基础上对东北大型国有企业扬长避短，对宏观、中观和微观社会资本形成新认识与新定位。通过大型国企社会资本的桥梁作用来增强体制内经济组织凝聚力与城市社会建设效果，发挥东北区域大型国企的社会资本正向作用，扬长避短突出其对社会成员抵御社会风险、增强社会认同等的作用。同时，有利于东北区域发展危机中体制改革的社会性指导和社会建设的决策指导。

在一定程度上，我们希望当前研究能够为东北发展危机提供基于区域单位体制特性和城企融合特性双重结构性因素的反思，从实证经验研究角度为东北区域经济社会发展做出基础性的贡献，从更广泛的社会层次对东北社会中大型国企社会资本形成新的认识，推动东北"一城一企"区域社会特性中大型国企社会资本对社会建设的积极正向作用。

附录一　东北"一城一企"区域单位体制变迁中大型国企社会资本作用（调查问卷2017）

1. 问卷编号：

2. 样本序号：

3. 受访者单位：

4. 采访地点：

问卷说明

先生/女士：您好！

　　我们正在进行一项社会调查，目的是了解东北区域单位体制和"一城一企"中大型国企特性，并凝练自身发展优势，为实现东北区域社会发展提出有效对策。您的合作对于我们了解相关信息和制定社会政策提供帮助，为东北走出"发展困境"提供解决办法，对提升东北人民生活水平具有十分重要的意义。

　　对于问卷中问题的回答，没有对错之分，您只要依据平时的想法和实际情况回答就行。对于您的回答，我们将按照《中华人民共和国统计法》第三章第十四条之规定，对您所提供的信息和回答严格保密，并且只用于学术分析。在以后的科学研究、政策分析中发布的是大量问卷的信息汇总,而不是您个人的具体信息,不会造成您的信息泄露,请您不要有任何顾虑。

东北"一城一企"区域单位体制变迁中大型
国企社会资本作用研究课题组
2017 年 5 月

A 部分

填空题请直接填写,选择题请在符合您情况的选项下打钩,除注明多选的题目外,其余皆为单选。

A1. 您的性别:

男 ··· 01
女 ··· 02

A2. 您的出生年份是:_____年(请填写四位数字)。

A3. 您的民族:

汉 ··· 01
蒙 ··· 02
回 ··· 03
满 ··· 04
其他_____ ··· 05

A4. 您所获得的最高教育程度:

大学专科及以下 ··· 01
大学本科 ··· 02
硕士 ··· 03
博士 ··· 04

A5. 您的政治面貌:

共产党员 ··· 01
民主党派 ··· 02
共青团员 ··· 03

群众 …………………………………………………… 04

其他 …………………………………………………… 05

A6. 您目前的婚姻状况：

已婚 …………………………………………………… 01

未婚 …………………………………………………… 02

离异 …………………………………………………… 03

丧偶 …………………………………………………… 04

A7. 您目前工作的单位名称是：_____

A8. 您目前工作的单位主要提供的产品或服务是：_____

A9. 您目前是否与用人单位或雇主签订了书面劳动合同？

签有无固定期劳动合同 ………………………………… 01

签有固定期限劳动合同，期限为_____年 …………… 02

没有签订劳动合同 ……………………………………… 03

A10. 您在此单位一共工作了多少年？（向上取整）记录：_____年。

A11. 您的月总收入（包括单位工资和其他经济收入）大概是_____元。

A12. 您的工资单所列的月总收入_____元。

A13. 您去年的年终奖奖金是_____元。

A14. 您的月收入多大比例来自现单位？_____%。

A15. 您近些年是否获得过自我提升、发展机会（如升学、出国，但不包括升职）：

是（接填 A16 题）……………………………………… 01

否（跳填 A17 题）……………………………………… 02

A16. 您获得这种机会的途径来源于：

单位内部给予 …………………………………………… 01

家庭资源提供 …………………………………………… 02

自己争取的社会上机会 ………………………………… 03

其他 ……………………………………………………… 04

A17. 您的工作单位给予您的身份待遇是：

正式员工身份 …………………………………………… 01

附录一 东北"一城一企"区域单位体制变迁中大型国企社会资本作用（调查问卷2017）

管理人员身份 …………………………………… 02
临时工 …………………………………………… 03
其他_____ …………………………………… 04

A18. 您在目前单位享有的编制是：

公务员编制 ……………………………………… 01
参照公务员管理编制 …………………………… 02
事业编制 ………………………………………… 03
工勤编制 ………………………………………… 04
无编制 …………………………………………… 05

A19. 在您目前的工作中，请问您的职务级别是：

无级别 …………………………………………… 01
基层副职 ………………………………………… 02
基层正职 ………………………………………… 03
中层副职 ………………………………………… 04
中层正职 ………………………………………… 05
高层副职 ………………………………………… 06
高层正职 ………………………………………… 07
其他 ……………………………………………… 08

A20. 您对目前这份工作下列方面的满意程度如何？

	非常满意	满意	一般	不满意	非常不满意
薪酬待遇	01	02	03	04	05
晋升制度	01	02	03	04	05
个人发展空间	01	02	03	04	05
培训机会	01	02	03	04	05
同事关系	01	02	03	04	05
福利待遇	01	02	03	04	05
休假制度	01	02	03	04	05
工作稳定感	01	02	03	04	05
社会声望	01	02	03	04	05

A21. 您请人在外就餐的频率是:
从不 …………………………………………………………… 01
很少 …………………………………………………………… 02
有时 …………………………………………………………… 03
较多 …………………………………………………………… 04
经常 …………………………………………………………… 05

A22. 您被请在外就餐的频率是:
从不 …………………………………………………………… 01
很少 …………………………………………………………… 02
有时 …………………………………………………………… 03
较多 …………………………………………………………… 04
经常 …………………………………………………………… 05

A23. 您陪朋友在外就餐的频率是:
从不 …………………………………………………………… 01
很少 …………………………………………………………… 02
有时 …………………………………………………………… 03
较多 …………………………………………………………… 04
经常 …………………………………………………………… 05

A24. 在这些餐饮场合中,您是否经常能结识新朋友?
从不 …………………………………………………………… 01
很少 …………………………………………………………… 02
有时 …………………………………………………………… 03
较多 …………………………………………………………… 04
经常 …………………………………………………………… 05

A25. 通常情况下,除了家人或亲戚之外,您一天与多少人有联系?(联系方式包括电话、短信、信件、上网、见面) _____人。

A26. 在本地(注意:"本地"是指调查所在地),您有多少个关系密切,可以向他/她借钱(5000元为标准)的朋友/熟人?(不包括亲属) _____人。

A27. 总的来说,每年春节期间,您通过手机短信、电子邮件、QQ、微博、微信等通信工具拜年的人数大概有多少人?_____。

A28. 在您给拜年的人中，与您同一单位的人占的比例有多大？_____%。

A29. 在春节期间，您拜年会去谁家？（多选题）
单位上层领导家 …………………………………………… 01
单位直接领导家 …………………………………………… 02
单位同事家 ………………………………………………… 03
客户/合作伙伴家 …………………………………………… 04
父母长辈家 ………………………………………………… 05
亲戚朋友家 ………………………………………………… 06
谁家都不去 ………………………………………………… 07

B 部分

填空题请直接填写，选择题请在符合您情况的选项下打钩，除注明多选的题目外，其余皆为单选。

B1. 在您心中较为理想的工作单位性质是（单选）：
党政机关 …………………………………………………… 01
国有企业 …………………………………………………… 02
国有事业 …………………………………………………… 03
集体企业 …………………………………………………… 04
个体经营 …………………………………………………… 05
私营企业 …………………………………………………… 06
外资/合资企业 ……………………………………………… 07
股份制企业 ………………………………………………… 08
其他_____ ……………………………………………… 09

B2. 在对陌生人进行自我介绍时，您是否会首先介绍您的工作单位？
是 …………………………………………………………… 01
否 …………………………………………………………… 02

B3. 您的工作单位是否为您提供了以下配套设施？

	是	否
住房	01	02
学校	01	02
医院	01	02
食堂	01	02
商场	01	02
体育馆	01	02
上下班交通	01	02

B4. 这些服务设施门店是否以您的单位命名？（例如一汽下属医院直接命名为一汽职工医院）。

  是 ·· 01
  否 ·· 02

B5. 您目前生活和居住的区域是否以您所在的单位命名？

  是 ·· 01
  否 ·· 02

B6. 您对日常生活配套设施的需要可以在单位或厂区内部得到何种程度的满足？

  非常满足 ·· 01
  比较满足 ·· 02
  一般 ·· 03
  不太满足 ·· 04
  非常不满足 ··· 05

B7. 这些服务设施是否为本区域内非单位职工提供服务？

  是 ·· 01
  否 ·· 02

B8. 您参加哪种社会保障项目？（可多选）

  城市医疗保险 ·· 01
  新型农村合作医疗保险 ······································· 02

公费医疗	03
城市/农村基本养老保险	04
商业性医疗保险	05
商业性养老保险	06
其他	07
没有任何保险	08

B9. 您的社会保险参保方式是？

单位出全资进行参保	01
单位出资一部分进行参保	02
完全自己购买	03
社区组织参保	04
其他_____	05

B10. 在以下项目中，您的单位在何种程度上对您负责？

	完全负责	比较负责	一般	比较不负责	完全不负责
退休养老	01	02	03	04	05
失业保险	01	02	03	04	05
住房公积金	01	02	03	04	05
医疗卫生	01	02	03	04	05
因公致残	01	02	03	04	05
文化补习	01	02	03	04	05
技术培训	01	02	03	04	05
调解纠纷	01	02	03	04	05
子女上学	01	02	03	04	05
子女就业	01	02	03	04	05
择偶问题	01	02	03	04	05
家庭矛盾	01	02	03	04	05
文体活动	01	02	03	04	05

B11. 您认为您所工作的单位在社会上地位如何？

| 很高 | 01 |
| 较高 | 02 |

一般 ……………………………………………………… 03
　　较低 ……………………………………………………… 04
　　很低 ……………………………………………………… 05
B12. 当他人提及您所在的城市时，您是否会想到您的工作单位？
　　马上想到，认为息息相关 ……………………………… 01
　　基本会想到，毕竟是本地知名企业 …………………… 02
　　不会想到，会首先想到其他方面 ……………………… 03
B13. 假如您离开目前所在的单位，您在这个城市生活是否会有"局外人"的感受？
　　是 ………………………………………………………… 01
　　否 ………………………………………………………… 02
B14. 在此单位工作，您是否能明确您未来晋升路径？
　　能，晋升路径是严格按部就班的 ……………………… 01
　　不能，晋升方式总是在变化 …………………………… 02
　　不好说，得看在单位有没有关系 ……………………… 03
　　完全不能，个人、机遇等影响因素很大 ……………… 04
B15. 政治身份为共产党员在您的企业担任领导是否有优势？
　　是 ………………………………………………………… 01
　　否 ………………………………………………………… 02
B16. 依据您的判断，在您企业想要晋升，政治身份在何种程度上发生影响？
　　影响非常大 ……………………………………………… 01
　　影响比较大 ……………………………………………… 02
　　影响一般 ………………………………………………… 03
　　影响比较小 ……………………………………………… 04
　　影响非常小 ……………………………………………… 05
B17. 您未来经济收入的提升主要依赖于：
　　职务晋升 ………………………………………………… 01
　　单位工资或奖金增加 …………………………………… 02
　　兼职 ……………………………………………………… 03
　　个人理财投资 …………………………………………… 04

创业 ·································· 05
辞职跳槽 ······························ 06
其他 ·································· 07
B18. 您在多大程度上有创业意愿（辞职创业）？
非常想创业（接填 B18a 题） ············ 01
比较想创业（接填 B18a 题） ············ 02
一般（接填 B18a 题） ·················· 03
不太想创业（跳填 B19 题） ············· 04
完全不想创业（跳填 B19 题） ··········· 05
B18a. 您为什么产生创业的想法？（可多选）
为了增加经济收入 ······················ 01
为了转换生活城市 ······················ 02
为了减少上级约束 ······················ 03
为了摆脱企业内部晋升体系约束 ········· 04
为了拥有更高的社会地位 ················ 05
为了实现个人创业梦想 ·················· 06
为了将自己的能力创造出更大的价值 ······ 07
其他：_____ ······················· 08
B18b. 您现今为何没有进行创业？（多选题）
缺乏资金 ······························ 01
缺少政策条件 ·························· 02
技术原因 ······························ 03
市场不成熟 ···························· 04
缺乏关系 ······························ 05
对创业风险担忧 ························ 06
觉得创业过于劳心费力 ·················· 07
其他：_____ ······················· 08
B18c. 假如您日后进行创业，会选择在东北吗？
会 ···································· 01
不会 ·································· 02
B19. 您认为下列因素对您选择留在本企业工作有多大影响？

	影响 非常大	影响 比较大	一般	几乎 没影响	完全 没影响
可观的经济收入	01	02	03	04	05
稳定的生活保障	01	02	03	04	05
相对轻松的工作环境	01	02	03	04	05
潜在的升职空间	01	02	03	04	05
解聘流程正规，不会轻易失业	01	02	03	04	05
难得进入该企业，十分珍惜，不愿离开	01	02	03	04	05
管理者不会任人唯亲	01	02	03	04	05
管理者关心下属生活困难	01	02	03	04	05
管理者有良好的生产经营能力	01	02	03	04	05
自己在本企业已建立个人威信	01	02	03	04	05
在本企业工作获得的社会地位	01	02	03	04	05
因家庭所在地的制约	01	02	03	04	05
融洽的同事关系	01	02	03	04	05

B20. 您担心自己退休后的生活保障吗？
非常担心 …………………………………………………… 01
比较担心 …………………………………………………… 02
一般 ………………………………………………………… 03
比较不担心 ………………………………………………… 04
完全不担心 ………………………………………………… 05

B21. 您认为您目前的工作是一份稳定的工作吗？
是 …………………………………………………………… 01
否 …………………………………………………………… 02

B22. 您在企业中扮演的角色为？
法人代表（接填 B_ a 部分） …………………………… 01
部门领导（接填 B_ a 部分） …………………………… 03
普通员工（在办公室内）（接填 B_ a 部分） ………… 04

操作工人（在车间内）（跳填 B_ b 部分）·················· 05
临时工（跳填 B_ b 部分）······························ 06
其他（跳填 B_ b 部分）································ 07

B_ a 部分

Ba1. 你是否会为了一份重要合同的签署而与您的客户保持频繁联系？

是 ··· 01
否 ··· 02

Ba2. 最近一个月，你有多少天主动联络客户、生意伙伴等人以维持良好的关系？_____。

Ba3. 您在单位的月工资收入符合下列哪种情况？

	符合	不符合
1. 我的收入完全来自单位的工资和奖金	01	02
2. 我的月收入是基本稳定的，波动很小	01	02
3. 我的月收入主要包括基本工资和奖金两部分	01	02
4. 每年年终，我有一笔较大的年终奖金	01	02
5. 年终奖励的多少，在我们单位主要是根据职位等级来决定的	01	02

Ba4. 您的收入中奖金的主要来源（可多选）：

政府项目津贴 ···································· 01
企业整体收益 ···································· 02
单位部门效益 ···································· 03
团队项目收益 ···································· 04
个人业绩 ·· 05
个人客户提成 ···································· 06
无任何奖励 ······································ 07

Ba5. 您认为下列选项在何种程度上影响您企业的整体收益？

	影响非常大	影响比较大	一般	比较没影响	完全没影响
国家资金的投入	01	02	03	04	05
政府指定项目的合作	01	02	03	04	05
政府优惠政策、便利条件的提供	01	02	03	04	05
市场机会的获取	01	02	03	04	05
与其他企业合作	01	02	03	04	05
生产成本降低	01	02	03	04	05
市场规模	01	02	03	04	05
服务品质的提升	01	02	03	04	05
企业领导个人能力	01	02	03	04	05
技术的进步	01	02	03	04	05
工作人员的付出	01	02	03	04	05
企业良好的信誉	01	02	03	04	05

Ba6. 您是否有过在机关单位任职经历？

是（接填 Ba7）………………………………………………… 01

否（跳填 Ba8）………………………………………………… 02

Ba7. 您在机关任职时处于何种级别？

省级及以上 …………………………………………………… 01

厅级 …………………………………………………………… 02

处级 …………………………………………………………… 03

科级 …………………………………………………………… 04

科级以下 ……………………………………………………… 05

Ba7a. 此任职经历对您如今工作提供了何种程度的便利？

程度非常大 …………………………………………………… 01

程度比较大 …………………………………………………… 02

一般 …………………………………………………………… 03

比较没有 ……………………………………………………… 04

完全没有 ……………………………………………………… 05

Ba8. 您是否在跨行业其他企业出任过管理、经营或领导职务？

是（接填 Ba9）………………………………………………… 01

否（跳填 Ba10）……………………………………………… 02

Ba9. 在出任其他企业管理经营过程中，您所掌握的资料和人际积累对您现在的工作提供了何种程度的便利？
程度非常大 …………………………………………… 01
程度比较大 …………………………………………… 02
一般程度 ……………………………………………… 03
比较没有 ……………………………………………… 04
完全没有 ……………………………………………… 05

Ba10. 作为此企业员工，您觉得企业提供的生活便利是否优于其他企业员工？
是 ……………………………………………………… 01
否 ……………………………………………………… 02

Ba11. 您将企业发展途径寄希望于？（可多选）
国家政策倾斜 ………………………………………… 01
当地政府扶持 ………………………………………… 02
企业市场开拓 ………………………………………… 03
企业合并与兼并 ……………………………………… 04
企业领导能力提升 …………………………………… 05
工作人员对企业的忠诚 ……………………………… 06
员工工作积极性提高 ………………………………… 07
产品质量提升 ………………………………………… 08
生产效率提高 ………………………………………… 09
其他：_____ ……………………………………… 10

Ba12. 当您的企业获得项目盈利时，您认为以下哪种情况最符合盈利资金的分配和使用？
按职称等级分配 ……………………………………… 01
按工龄长短分配 ……………………………………… 02
按职位高低分配 ……………………………………… 03
按部门权限分配 ……………………………………… 04
按工作强度分配 ……………………………………… 05
按技术难度分配 ……………………………………… 06
按工作时间分配 ……………………………………… 07

按生产效率分配 …………………………………… 08
按销售合同签署数量分配 ………………………… 09
人均分配 …………………………………………… 10
不分配，充作企业资产 …………………………… 11

Ba13. 您企业的配套服务设施的使用情况与以下哪种情况更相符？

按工作年限不同，优先权利不同 ………………… 01
按职位高低不同，优先权利不同 ………………… 02
所有职工同等使用 ………………………………… 03
其他：_____ …………………………………… 04

Ba14. 假如您晋升一个级别，您的经济社会地位（基于收入、教育、职业因素相对于其他人的经济和社会地位的总体衡量）会？

提升非常大 ………………………………………… 01
提升比较大 ………………………………………… 02
提升一般 …………………………………………… 03
基本不提升 ………………………………………… 04
完全不提升 ………………………………………… 05

Ba15. 您认为下列选项是否符合您企业目前状况？

	是	否
本企业中设有中国共产党的党委会或党支部	01	02
本企业聘请了退休的政府官员担任职务或顾问	01	02
本企业的重要场合会请有关政府官员出席	01	02
本企业从财务上支持和参与政府组织的各项活动	01	02
本企业的领导人在行业协会中任职	01	02
本企业能找到熟悉的政府官员，会为企业说话	01	02
本企业对政府政绩工程投资	01	02
本企业获得了重要的政府合同	01	02
本企业领导人是政府部门的咨询顾问	01	02
本企业领导人是人大代表或政协委员	01	02
本企业成为政府骄傲和依赖的企业	01	02
本企业重要经营事项请示有关官员或请其出席	01	02

B_ a 部分结束。

B_ b 部分

Bb1. 下面是关于单位月工资收入的描述，是否符合您的情况？

	符合	不符合
1. 我的收入完全来自单位的工资和奖金	01	02
2. 我的月收入是基本稳定的，波动很小	01	02
3. 我的月收入主要包括基本工资和奖金两块	01	02
4. 每年年终，我有一笔较大的年终奖金	01	02
5. 年终奖励的多少，在我们单位主要是根据职位等级来决定的	01	02

Bb2. 您的收入中奖励的主要来源（可多选）：

政府项目津贴 ………………………………………… 01
企业整体收益 ………………………………………… 02
单位部门效益 ………………………………………… 03
团队项目收益 ………………………………………… 04
个人业绩 ……………………………………………… 05
个人客户提成 ………………………………………… 06
无任何奖励 …………………………………………… 07

Bb3. 作为此企业员工，您觉得企业提供的生活便利是否优于其他企业员工？

是 ……………………………………………………… 01
否 ……………………………………………………… 02

Bb4. 您将企业发展途径寄希望于？（可多选）

国家政策倾斜 ………………………………………… 01
当地政府扶持 ………………………………………… 02
企业市场开拓 ………………………………………… 03
企业合并与兼并 ……………………………………… 04
企业领导能力提升 …………………………………… 05
工作人员对企业的忠诚 ……………………………… 06

员工工作积极性提高 …………………………………… 07
产品质量提升 ………………………………………… 08
生产效率提高 ………………………………………… 09
其他 …………………………………………………… 10

Bb5. 您企业的配套服务设施的使用情况与以下哪种情况更相符？

按工作年限不同，优先权利不同 …………………… 01
按职位高低不同，优先权利不同 …………………… 02
所有员工同等使用 …………………………………… 03
其他 …………………………………………………… 04

Bb6. 假如您在单位内晋升一个级别，您的社会经济地位（基于收入、教育、职业因素相对于其他人的经济和社会地位的总体衡量）会有什么变化？

提升非常大 …………………………………………… 01
提升比较大 …………………………………………… 02
提升一般 ……………………………………………… 03
基本不提升 …………………………………………… 04
完全不提升 …………………………………………… 05

B_ b 部分结束。

以下问题请统一作答。

B23. 当您的直接主管想让您做某件事情时，通常他/她会如何做呢？

命令你如何去做 ……………………………………… 01
跟你讨论这项工作 …………………………………… 02
既命令你如何做，同时也和你进行讨论 …………… 03
其他 …………………………………………………… 04

B24. 您本人的社会经济地位（基于收入、教育、职业因素相对于其他人的经济和社会地位的总体衡量）与您单位中的同龄人相比？

较高 …………………………………………………… 01
差不多 ………………………………………………… 02

较低 …………………………………………… 03
不好说 ………………………………………… 04

B25. 在您单位中，职位高低的不同在多大程度上影响个人社会经济地位（基于收入、教育、职业因素相对于其他人的经济和社会地位的总体衡量）的获得？

影响非常大 …………………………………… 01
影响很大 ……………………………………… 02
影响一般 ……………………………………… 03
基本没影响 …………………………………… 04
完全没影响 …………………………………… 05

B26. 依据您的判断，您在单位中的晋升受下列哪些方面的影响？

	完全依赖	比较依赖	一般	基本不依赖	完全不依赖
晋升职称	01	02	03	04	05
工龄增长	01	02	03	04	05
业务成绩	01	02	03	04	05
提升学历	01	02	03	04	05
提升技术	01	02	03	04	05
与领导关系好	01	02	03	04	05
群众关系好	01	02	03	04	05
家庭背景好	01	02	03	04	05
在单位中有一批有影响力、有权势的朋友为你说话	01	02	03	04	05

C 部分

填空题请直接填写，选择题请在符合您情况的选项下打钩，除注明多选的题目外，其余皆为单选。

C1. 您认为您所在的城市经济发展水平如何？

非常发达 …………………………………………… 01

比较发达 …………………………………………… 02

一般 ………………………………………………… 03

欠发达 ……………………………………………… 04

非常不发达 ………………………………………… 05

C2. 您所在城市的经济发展状况对您企业的经济效益有何种程度的积极影响？

影响非常大 ………………………………………… 01

影响比较大 ………………………………………… 02

影响一般 …………………………………………… 03

几乎没有影响 ……………………………………… 04

完全没有影响 ……………………………………… 05

C3. 您的企业是否承担了一些社会职能？

是（接填 C3a）…………………………………… 01

否（跳填 C5）……………………………………… 02

C3a. 您的企业开展了以下哪些方面的活动？（可多选）

吸纳下岗再就业工人 ……………………………… 01

与当地学校、技校签订劳务合同 ………………… 02

向社会大众科普专业知识 ………………………… 03

公益慈善活动 ……………………………………… 04

对社区群众开展技能培训 ………………………… 05

投资所在社区基本建设 …………………………… 06

其他：_____ …………………………………… 07

C4. 您企业所开展的社会活动与下列机构合作关系如何？

	非常紧密	比较紧密	一般	比较不紧密	完全不合作
中央政府	01	02	03	04	05
省级政府部门	01	02	03	04	05
市级政府部门	01	02	03	04	05
区级政府部门	01	02	03	04	05
街道办事处	01	02	03	04	05
社区	01	02	03	04	05

C5. 请依据您的实际情况，对下列情况进行回答：

	非常多	比较多	一般	比较少	非常少
同事是本地人	01	02	03	04	05
同事毕业于当地学校	01	02	03	04	05
同事的父母也在本企业工作或退休	01	02	03	04	05
同事因为工作在这个城市安家	01	02	03	04	05
同事将父母或子女接到本地居住	01	02	03	04	05
同事依据技术学校就业合同进入企业	01	02	03	04	05

C6. 与您同行业私营企业的发展对您单位经营而言有什么影响？
有很大积极影响 …………………………………… 01
有较大积极影响 …………………………………… 02
积极影响一般 ……………………………………… 03
有一些消极影响 …………………………………… 04
有很大消极影响 …………………………………… 05

C7. 您认为您的企业在以下行为中，相比同行业其他私营企业在以下方面是否有优势？

	非常有优势	比较有优势	一般	比较没优势	完全没优势
政府合作的获取	01	02	03	04	05
政策信息的掌握	01	02	03	04	05
与政府相关部门的联系	01	02	03	04	05
当地银行贷款	01	02	03	04	05
土地、工厂租用的优先获得	01	02	03	04	05
税务的减免	01	02	03	04	05
市场机会的争取	01	02	03	04	05
客户的挖掘	01	02	03	04	05
争取合作企业的信任	01	02	03	04	05
消费者的认可	01	02	03	04	05

C8. 您企业的配套服务设施（如学校、医疗等）是否给您企业创造经济收入？

是 ·· 01

否 ·· 02

不清楚 ··· 03

C9. 假设您去私企任职，您的社会经济地位（基于收入、教育、职业因素相对于其他人的经济和社会地位的总体衡量）较现在相比会有什么变化？

有很大提升 ·· 01

有较大提升 ·· 02

有提升，但不大 ··· 03

基本不会提升 ·· 04

完全不会提升 ·· 05

C10. 您的基本工资是否在企业任何经营状况下都会得到保障？

是 ·· 01

否 ·· 02

C11. 您进入该企业的方式是？

国家分配 ·· 01

接替父母 ·· 02

校园招聘 ·· 03

经人介绍 ·· 04

社会招聘 ·· 05

其他：_____ ·· 06

C12. 以下说法在何种程度上符合您的想法？

	非常符合	比较符合	一般	比较不符合	非常不符合
我从未想过企业会倒闭	01	02	03	04	05
我会在这家企业工作一辈子	01	02	03	04	05
不管业绩怎么样，我的企业都不会裁员	01	02	03	04	05
只要在这儿工作我就不担心生活保障	01	02	03	04	05
我想要/已经在我的单位厂区内安家	01	02	03	04	05

续表

	非常符合	比较符合	一般	比较不符合	非常不符合
我希望我的子女/亲戚也能在这儿工作	01	02	03	04	05
我的工作和生活都离不开我的单位	01	02	03	04	05

C13. 下列现象若发生在您的企业中，您觉得是否合理？

	是	否
管理干部的产生不经过员工选举而是上层直接任命	01	02
管理者个人有权奖惩下级员工	01	02
管理者个人有解聘、聘用下级员工的权力	01	02
管理层收入没有最高界限	01	02
管理者因为照顾部分员工而违反经营制度导致收益减少	01	02
普通员工由于良好道德品质而得到提升	01	02
普通员工不能参加生产和经营管理	01	02
普通员工不能参加分配制度的制定	01	02
临时聘用员工不享受"五险一金"待遇	01	02
临时聘用员工可以凭借工作表现得到"转正"机会	01	02

D 部分

填空题请直接填写，选择题请在符合您情况的选项下打钩，除注明多选的题目外，其余皆为单选。

D1. 您企业与政府的紧密联系是否使得企业经营状况有所提升？
是 ………………………………………………………… 01
否 ………………………………………………………… 02

D2. 您是否会因您企业与政府的紧密联系而不为企业未来担忧？
是 ………………………………………………………… 01
否 ………………………………………………………… 02

不清楚 ………………………………………………………… 03

D3.（见图一：）在您的单位中，有些人处在单位的上层，有些人处在单位的下层。图一的梯子要从上往下看。最高"10分"代表最顶层，最低"1分"代表最底层。（高位补零）

D4.（见图一：）您认为您自己目前在哪个等级上？注意："10"分代表最顶层，"1"分代表最底层。记录：_____分

D5.（见图一：）您认为与您同一时期进入单位的人在哪个等级上？注意："10"分代表最顶层，"1"分代表最底层。记录：_____分

D6.（见图一：）您认为您刚入职时在哪个等级上？注意："10"分代表最顶层，"1"分代表最底层。记录：_____分

D7.（见图一：）您认为在您退休时，您将处在哪个等级上？注意："10"分代表最顶层，"1"分代表最底层。记录：_____分

图一：

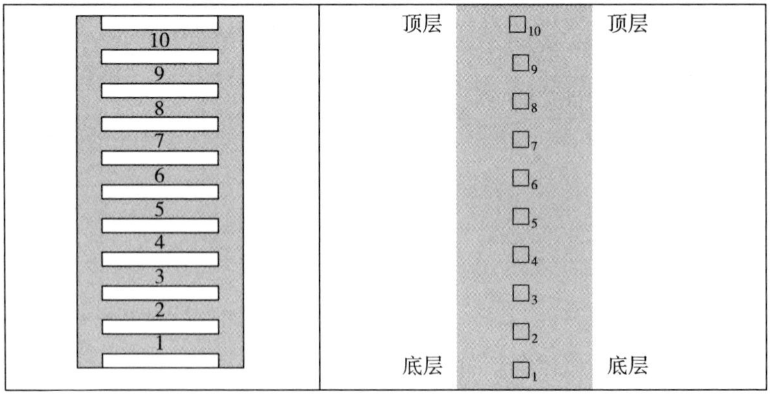

D8. 您是否对您的企业有归属感？

是 …………………………………………………………… 01

否 …………………………………………………………… 02

D9. 在单位没有要求的情况下，您是否会参加您单位组织的公益活动？

是 …………………………………………………………… 01

否 …………………………………………………………… 02

D10. 当有人说您的企业不好时，您是否会感到不高兴？

是 …………………………………………………………… 01

否 …………………………………………………………… 02

说不清 ……………………………………………………… 03

D11. 如果您的企业遭遇难关，您是否愿意主动无报酬加班工作？

是 …………………………………………………………… 01

否 …………………………………………………………… 02

D12. 您的企业在工资发放上，是否通过本地银行办理？（如您在长春，工资发放使用吉林银行账户）

是 …………………………………………………………… 01

否 …………………………………………………………… 02

D13. 您是否会因工作关系在此地安家？

是 …………………………………………………………… 01

否 …………………………………………………………… 02

D14. 您的企业是否受益于"振兴东北老工业基地"的政策便利？

是 …………………………………………………………… 01

否 …………………………………………………………… 02

结语

谢谢您参与我们的调查。我们会严格遵守科学研究的伦理及中国有关法律的规定，为您提供的所有信息保密。除了本研究目的之外，不向任何单位和个人泄露，并愿意为此承担法律责任。谢谢您的理解和配合。

十分感谢您的配合！谢谢您！

附录二　访谈提纲

（一）访谈开场语

您好，我是社会学系学生，现正在做一个有关东北区域单位体制变迁中大型国企社会资本作用研究，想对您做一个访谈，可能要耽误您半个小时的时间。本次访谈主要通过问答的形式进行，我将依照相关法律规定，对您的个人信息以及整个访谈内容进行严格保密！为保证访谈的有效性，请您如实地回答每个问题，如果没有疑问的话，我们就开始吧！在正式开始之前，我还想征求一下您的意见：您是否同意我对访谈进行录音，录音仅由研究者掌握，绝不外传。

（二）访谈提纲

1. 十分感谢您能接受我的访谈，首先请问您的基本信息，包括姓名、年龄以及在单位的职位。

2. 您这个职位是主要负责什么的呢？您在此职位上工作多久了？

3. 目前您在单位的工资收入有多少？都由哪些部分组成呢？

4. 您单位工资标准主要依据什么衡量呢？能给我们讲讲您上次升职或加薪的经历吗？

5. 能给我们说说您单位的工作人员层级结构吗？实现这种行政序列的提升最需要依靠的是什么？

6. 请问您企业属性、产权结构是怎样的？

7. 在您的工作任务完成过程中，需要托关系吗？这种人情交往对您的工作而言重要吗？

8. 在您找工作的过程中有过给予您重大帮助的人吗？能给我们讲讲您认识他的经过吗？

9. 您平时跟领导的关系如何？平时是否觉得需要讨好领导，还是觉得领导权力有限，干群关系平等？

10. 据您观察，在您企业工作的固定职工（有编制的人员）和合同工的工作效率相比是否一致？

11. 您觉得您在此单位工作和私企员工或者个人灵活就业人员相比，有什么区别？

12. 您企业最吸引您在此工作的特质是什么呢？

13. 相比私营企业，您企业拥有的最突出的优势是什么呢？

14. 相比私营企业，您企业目前存在的最大问题是什么？

15. 在您企业和政府的关系中，假如失去政府导向，企业经营状况将会如何？

16. 请问您如何看待现在许多单位逐渐取消"编制"这一做法？

17. 假如离开现在的工作单位，您会选择何种类型的单位任职？为什么？

18. 请问您是否考虑过独自创业？又为何没有进行创业呢？

19. 请问您如何看待大型国企的社会责任问题？

20. 请您据您的经验和理解，谈谈您单位与所在城市关系。

采访的步骤

（一）确定并联系受访者，商定访谈时间与地点。

（二）观察访谈环境，必要时与受访者协商调整，使之更有利于访谈过程的顺利进行。

（三）开始访谈并记录。

（四）对访谈进行反思与评估。

可能遇到的问题以及对策

（一）受访者拒访。具体对策是：更换以具有相近的人口特征，同样有可能提供最大差异性信息，且乐于接受放访谈的受访者。

（二）访谈地点存在相对较强的外在干扰（如噪声等）。具体对策是：与受访者协商调整，要么设法阻抑干扰，仍在同一个地方进行访谈；要么更换到一个更为适宜的地方进行访谈。

（三）访谈过程中受访者出现不耐烦情绪。具体对策是：访谈紧抓要点，速战速决，必要时可根据受访者的"兴奋点"进行调整，待其慢慢表现出积极情绪时，再将访谈拉回主题。

（四）访谈过程中被第三者打断。具体对策是：如果第三者适合参与，且其与原受访者都同意一同参与，可以以一对多的形式进行访谈；如果第三者不适合参与，或不愿意参与访谈，可恳请第三者予以支持和配合，暂缓打扰。

（五）被访谈者敷衍回答。具体对策是：尽早结束访谈，已获访谈资料作废。

访谈所需器材备注

记录本、笔以及个人证件、带有足够电量的录音笔、访谈提纲。

参考文献

一　中文著作

边燕杰:《市场转型与社会分层:美国社会学者分析中国》,生活·读书·新知三联书店 2002 年版。

边燕杰、吴晓刚、李路路:《社会分层与流动:国外学者对中国研究的新进展》,中国人民大学出版社 2008 年版。

陈文府:中国劳资关系多样性的立体图景,载荣兆梓等《通往和谐之路:当代中国劳资关系研究》,中国人民大学出版社 2010 年版。

费孝通:《乡土中国》,生活·读书·新知三联书店 1985 年版。

苟志效、陈创生:《从符号的观点看——一种关于社会文化现象的符号学阐释》,广东人民出版社 2003 年版。

黄光国:《人情与面子:中国人的权力游戏》,载黄光国《中国人的权力游戏》,巨流图书公司 1988 年版。

贾文娟:《选择性放任:车间政治与国有企业劳动治理逻辑的形成》,中国社会科学出版社 2016 年版。

金耀基:《人际关系中人情之分析》,载杨国枢、余安邦《中国人的心理》,桂冠图书公司 1988 年版。

李汉林:《中国单位社会:议论、思考与研究》,上海人民出版社 2010 年版。

李路路、李汉林:《中国的单位组织:权力、资源与交换》,浙江人民出版社 2000 年版。

李培林:《当代中国阶级阶层变动(1978~2018)》,社会科学文献出版社 2019 年版。

李培林:《另一只看不见的手:社会结构转型》,社会科学文献出版社 2005 年版。

梁漱溟：《中国文化要义》载《论中国传统文化》，生活·读书·新知三联书店 1988 年版。

林丹：《风险社会理论及其对中国的影响》，人民出版社 2013 年版。

刘爱玉：《选择：国企变革与工人生存行动》，社会科学文献出版社 2005 年版。

刘建军：《单位中国——社会调控体系中的个人、组织与国家》，天津人民出版社 2000 年版。

陆学艺：《当代中国社会阶层研究报告》，社会科学文献出版社 2003 年版。

石军伟：《社会资本与企业行为选择——一个理论框架及其在中国情境中的实证检验》，北京大学出版社 2008 年版。

佟新：《从工人集体行动看社会主义的文化传承》，载佟新《中国劳动关系调研报告》，中国言实出版社 2009 年版。

吴清军：《国企改制与传统产业工人转型》，社会科学文献出版社 2010 年版。

杨雪冬：《风险社会与秩序重建》，社会科学文献出版社 2006 年版。

游正林：《西厂劳工——国有企业干群关系研究（1976—2006）》，中国社会科学出版社 2007 年版。

翟学伟：《关系与中国社会》，中国社会科学出版社 2012 年版。

张翼：《国有企业的家族化》，社会科学文献出版社 2002 年版。

周雪光：《组织社会学十讲》，社会科学文献出版社 2003 年版。

二　中文论文

贝克、邓正来、沈国麟：《风险社会与中国：与德国社会学家乌尔里希·贝克的对话》，《社会学研究》2010 年第 5 期。

边燕杰：《城市居民社会资本的来源及作用：网络观点与调查发现》，《中国社会科学》2004 年第 3 期。

边燕杰：《关系社会学及其学科地位》，《西安交通大学学报》（社会科学版）2010 年第 3 期。

边燕杰：《论社会学本土知识的国际概念化》，《社会学研究》2017

年第 5 期。

边燕杰:《网络脱生:创业过程的社会学分析》,《社会学研究》 2006 年第 6 期。

边燕杰、郭小弦、李晓光:《市场化与社会资本的变迁:1999—2014》,《开放时代》2020 第 4 期。

边燕杰、丘海雄:《企业的社会资本及其功效》,《中国社会科学》 2000 年第 2 期。

边燕杰、王文彬:《跨体制社会资本及其收入回报》,《中国社会科学》2012 年第 2 期。

边燕杰、约翰·罗根等:《"单位制"与住房商品化》,《社会学研究》1996 年第 1 期。

边燕杰、张磊:《论关系文化与关系社会资本》,《人文杂志》2013 年第 1 期。

边燕杰、张文宏:《经济体制、社会网络与职业流动》,《中国社会科学》2001 年第 2 期。

卜长莉、张江龙:《国企改革中社会资本的缺失与重建——对吉林省某国有企业的访谈调查及分析》,《长春理工大学学报》(社会科学版) 2004 年第 4 期。

蔡禾:《论国有企业的权威问题——兼对安基·G. 沃达的讨论》,《社会学研究》1996 年第 6 期。

蔡禾、李超海、冯建华:《利益受损农民工的利益抗争行为研究——基于珠三角企业的调查》,《社会学研究》2009 年第 1 期。

陈福中:《改革开放以来国有企业改革的实践和制度创新》,《兰州学刊》2021 年第 1 期。

陈云松、范晓光:《社会资本的劳动力市场效应估算:关于内生性问题的文献回溯和研究策略》,《社会学研究》2011 年第 1 期。

程秀英:《消散式遏制:中国劳工政治的比较个案研究》,《社会》 2012 年第 5 期。

程秀英:《循环式国家:转型中国的符号式劳动治理机制探析》, 《社会》2015 年第 2 期。

崔月琴、丁惠平:《有限理性思路的扩展与补充——基于组织决策视野中的思考》,《社会科学战线》2007年第4期。

冯仕政:《单位分割与集体抗争》,《社会学研究》2006年第3期。

高岭、赵文哲、郭宏福:《国有企业研究的过去、现在与前沿动态追踪——对1998年以来CSSCI和SSCI数据库的文献计量分析》,《清华社会学评论》2020年第1期。

韩亦、郑恩营:《组织印记与中国国有企业的福利实践》,《社会学研究》2018年第3期。

何艳玲、汪广龙:《中国转型秩序及其制度逻辑》,《中国社会科学》2016年第6期。

胡安宁、周怡:《一般信任模式的跨部门差异及其中介机制》,《社会》2013年第4期。

胡迟:《国企改革:四十年回顾与未来展望》,《经济纵横》2018年第9期。

黄群慧:《新国企是怎样炼成的:中国国有企业改革40年回顾》,《中国经济学人》(英文版)2018年第1期。

黄先碧:《关系网效力的边界——来自新兴劳动力市场的实证分析》,《社会》2008年第6期。

纪莺莺:《文化、制度与结构:中国社会关系研究》,《社会学研究》2012年第2期。

揭爱花:《单位:一种特殊的社会生活空间》,《浙江大学学报》(人文社会科学版)2000年第5期。

李钘金:《车间政治与下岗名单的确定——以东北的两家国有工厂为例》,《社会学研究》2003年第6期。

李汉林:《变迁中的中国单位制度回顾中的思考》,《社会》2008年第3期。

李汉林:《中国单位现象与城市社区的整合机制》,《社会学研究》1993年第5期。

李汉林、李路路:《单位成员的满意度和相对剥夺感——单位组织中依赖结构的主观层面》,《社会学研究》2000年第2期。

李黎明、李晓光:《社会资本动员如何影响社会支持获取?——理论拓展与因果检验》，《山东社会科学》2019 年第 5 期。

李黎明、许珂、李晓光：《社会网络、体制分割与收入分配公平感——基于职场上级交往的视角》，《现代财经（天津财经大学学报）》2019 年第 5 期。

李路路：《"单位制"的变迁与研究》，《吉林大学社会科学学报》2013 年第 1 期。

李路路：《论"单位"研究》，《社会学研究》2002 年第 5 期。

李路路：《向市场过渡中的私营企业》，《社会学研究》1998 年第 6 期。

李路路、李汉林：《单位组织中的资源获得》，《中国社会科学》1999 年第 6 期。

李路路、李汉林：《单位组织中的资源获取与行动方式》，《东南学术》2000 年第 2 期。

李路路、王修晓、苗大雷：《"新传统主义"及其后——"单位制"的视角与分析》，《吉林大学社会科学学报》2009 年第 6 期。

李路路、朱斌：《当代中国的代际流动模式及其变迁》，《中国社会科学》2015 年第 5 期。

李璐璐、苗大雷：《市场转型与"单位"变迁——再论"单位"研究》，《社会》2009 年第 4 期。

李培林：《老工业基地的失业治理：后工业化和市场化——东北地区 9 家大型国有企业的调查》，《社会学研究》1998 年第 4 期。

李培林：《另一只看不见的手：社会结构转型》，《中国社会科学》1992 年第 5 期。

李培林、张翼：《国有企业社会成本分析——对中国 10 个大城市 508 家企业的调查》，《中国社会科学》1999 年第 5 期。

梁福秋：《理性与选择——西蒙的有限理性理论与科尔曼的理性选择理论比较研究》，《科教导刊》2011 年第 26 期。

梁童心、齐亚强、叶华：《职业是如何影响健康的？——基于 2012 年中国劳动力动态调查的实证研究》，《社会学研究》2019 年第 4 期。

梁玉成：《市场转型过程中的国家与市场——一项基于劳动力退休

年龄的考察》,《中国社会科学》2007 年第 5 期。

梁玉成:《现代化转型与市场转型混合效应的分解——市场转型研究的年龄、时期和世代效应模型》,《社会学研究》2007 年第 4 期。

刘爱玉:《国企变革与下岗失业人员的行动回应》,《江苏行政学院学报》2006 年第 4 期。

刘爱玉:《国有企业制度变革过程中工人的行动选择——一项关于无集体行动的经验研究》,《社会学研究》2003 年第 6 期。

刘爱玉:《适应、依赖与机会结构——社会转型过程中的国企工人》,《江苏行政学院学报》2005 年第 4 期。

刘爱玉、王培杰:《下岗、失业工人的行动选择分析:以厦门市调查为例》,《中共福建省委党校学报》2005 年第 4 期。

刘林平:《企业的社会资本:概念反思和测量途径——兼评边燕杰、丘海雄的〈企业的社会资本及其功效〉》,《社会学研究》2006 年第 2 期。

刘平:《"人力资本失灵"现象与东北老工业基地社会》,《中国社会科学》2004 年第 3 期。

刘平:《新二元社会与中国社会转型研究》,《中国社会科学》2007 年第 1 期。

刘平、王汉生、张笑会:《变动的单位制与体制内的分化》,《社会学研究》2008 年第 3 期。

刘少杰、潘怀:《制度场转变中的感性选择》,《吉林大学社会科学学报》2003 年第 2 期。

刘欣:《当前中国社会阶层分化的多元动力基础——一种权力衍生论的解释》,《中国社会科学》2005 年第 4 期。

刘欣:《市场转型与社会分层:理论争辩的焦点和有待研究的问题》,《中国社会科学》2003 年第 5 期。

刘震、林镇阳:《基于文献计量的国企改革四十年研究热点变迁及阶段划分》,《学习与探索》2018 年第 12 期。

路风:《单位:一种特殊的社会组织形式》,《中国社会科学》1989 年第 1 期。

罗家林、张雪华、梁文潮：《国企冗员解决机制探究》，《当代经济》2001年第4期。

彭玉生：《社会科学中的因果分析》，《社会学研究》2011年第3期。

平萍：《制度转型中的国有企业：产权形式的变化与车间政治的转变——关于国有企业研究的社会学述评》，《社会学研究》1999年第3期。

阮丹青、周路、布劳等：《天津城市居民社会网初析》，《中国社会科学》1990年第2期。

孙立平、王汉生、王思斌等：《改革以来中国社会结构的变迁》，《中国社会科学》1994年第2期。

孙梦瑶：《国内关于国企改革中工人集体行动研究的文献综述》，《才智》2011年第20期。

孙永生：《基于按照对象选择的企业员工分配公平问题探析》，《企业人力资源管理》2016年第14期。

孙远太：《从依附到合作：国有企业内部劳动关系再形成研究》，《江苏社会科学》2009年第5期。

唐军：《生存资源剥夺与传统体制依赖：当代中国工人集体行动的逻辑——对河南省Z市Z厂兼并事件的个案研究》，《江苏社会科学》2006年第6期。

唐魁玉、孙鑫欣：《国企制度变革中工人维权的集体行动分析——以东北田钢工人集体行动为例》，《甘肃行政学院学报》2012年第5期。

田毅鹏：《"单位研究"70年》，《社会科学战线》2021年第2期。

田毅鹏：《"典型单位制"对东北老工业基地社区发展的制约》，《吉林大学社会科学学报》2004年第4期。

田毅鹏、胡东森：《"单位本位"现象的发生及其与单位衰减的关联》，《江苏行政学院学报》2021年第1期。

田毅鹏、王浩翼：《后单位背景下国企劳动纠纷及消解之道——以C市A厂为例》，《福建论坛》（人文社会科学版）2018年第3期。

佟新：《国有工业企业简单控制型的劳动关系分析》，《开放时代》2008年第5期。

佟新：《延续的社会主义文化传统——一起国有企业工人集体行动的个案分析》，《社会学研究》2006年第1期。

万向东、刘林平、张永宏：《工资福利、权益保障与外部环境——珠三角与长三角外来工的比较研究》，《管理世界》2006年第6期。

汪和建：《解读中国人的关系认同》，《探索与争鸣》2007年第12期。

汪建华：《实用主义团结——基于珠三角新工人集体行动案例的分析》，《社会学研究》2013年第1期。

王立宏：《关于内部劳动力市场运作机制的分析》，《社会科学辑刊》2004年第1期。

王绍光：《大转型：1980年代以来中国的双向运动》，《中国社会科学》2008年第1期。

王天夫：《社会研究中的因果分析》，《社会学研究》2006年第4期。

王文彬：《东北国企职工社会资本与人力资本和谐发展的社会学研究》，《东北亚论坛》2008年第1期。

王文彬：《社会资本情境及其差异性建构分析——东北国企干部、职工社会资本情境差异性原因的比较研究》，《社会科学战线》2008年第6期。

王文彬：《中国城市居民风险感知的体制差异——基于JSNET2014数据的分析》，《社会科学战线》2016年第6期。

王文彬、肖阳、边燕杰：《自雇群体跨体制社会资本的收入效应与作用机制》，《社会学研究》2021年第1期。

王文彬、赵延东：《自雇过程的社会网络分析》，《社会》2012年第3期。

王彦军：《中国劳动力市场发展对人力资本投资的影响分析》，《人口学刊》2009年第3期。

王雨磊：《论社会资本的社会性——布迪厄社会资本理论的再澄清

与再阐释》,《南京师范大学学报》(社会科学版) 2015 年第 1 期。

吴清军:《国企改制中工人的内部分化及其行动策略》,《社会》 2010 年第 6 期。

吴晓刚:《"下海":中国城乡劳动力市场转型中的自雇活动与社会分层(1978—1996)》,《社会学研究》2006 年第 6 期。

伍麟、张璇:《风险感知研究中的心理范式测量》,《南京师大学报社会科学版》2012 年第 2 期。

肖红军、阳镇:《新中国成立 70 年来人与组织关系的演变——基于制度变迁的视角》,《当代经济科学》2019 年第 5 期。

肖瑛:《风险社会与中国》,《探索与争鸣》2012 年第 4 期。

游正林:《对中国劳动关系转型的另一种解读——与常凯教授商榷》,《中国社会科学》2014 年第 3 期。

游正林:《管理控制与工人抗争——资本主义劳动过程研究中的有关文献述评》,《社会学研究》2006 年第 4 期。

游正林:《集体行动何以成为可能——对一起集体上访、静坐事件的个案研究》,《学海》2006 年第 2 期。

游正林:《心理契约与国有企业工人的不公正感——以西厂为例》,《湖南师范大学社会科学学报》2007 年第 2 期。

游正林:《也谈国有企业工人的行动选择——兼评刘爱玉〈选择:国企变革与工人生存行动〉》,《社会学研究》2005 年第 4 期。

张欢华:《国家社会主义市场转型:问题与争议》,《社会》2007 年第 6 期。

张文宏:《社会资本:理论争辩与经验研究》,《社会学研究》2003 第 4 期。

张文宏、李沛良、阮丹青:《城市居民社会网络的阶层构成》,《社会学研究》2004 年第 6 期。

张文宏、张莉:《劳动力市场中的社会资本与市场化》,《社会学研究》2012 年第 5 期。

赵延东:《社会资本理论的新进展》,《国外社会科学》2003 年第 3 期。

赵延东：《再就业中的社会资本：效用与局限》，《社会学研究》2002年第4期。

赵延东、罗家德：《如何测量社会资本：一个经验研究综述》，《国外社会科学》2005年第2期。

郑璐：《改革的阶段性效应与跨体制职业流动》，《社会学研究》1999第6期。

郑永年、黄彦杰：《风险时代的中国社会》，《文化纵横》2012年第5期。

周长城：《国有企业中职工的社会地位与层化——某有限公司的个案研究》，《社会科学研究》1999年第2期。

周建国：《关系强度、关系信任还是关系认同——关于中国人人际交往的一种解释》，《社会科学研究》2010年第1期。

邹宇春、敖丹：《自雇者与受雇者的社会资本差异研究》，《社会学研究》2011年第5期。

三　中译著作

［德］乌尔里希·贝克：《风险社会——新的现代性之路》，张文杰等译，译林出版社2018年版。

［美］格兰诺维特：《镶嵌：社会网与经济行动》，罗家德译，社会科学文献出版社2007年版。

［英］理查德·海曼：《劳资关系：一种马克思主义的分析框架》，黑启明译，中国劳动社会保障出版社2008年版。

［德］奥尔特温·雷：《跨文化的风险感知：经验研究的总结》，张虎彪等译，北京出版社2007年版。

［美］林南：《社会资本：关于社会结构与行动的理论》，张磊译，上海人民出版社2005年版。

［美］倪志伟、［德］欧索菲：《自上而下的变革：中国的市场化转型》，阎海峰、尤树洋译，北京大学出版社2017年版。

［美］道格拉斯·C.诺思：《制度、制度变迁与经济绩效制度、制度变迁与经济绩效》，杭行译，上海人民出版社2016年版。

［美］詹姆斯·C.斯科特：《弱者的武器》，郑广怀等译，译林出版社2007年版。

［美］西奥多·W. 舒尔茨：《论人力资本投资》，吴珠华等译，北京经济学院出版社1990年版。

［美］魏昂德：《共产党社会的新传统主义——中国工业中的工作环境和权力结构》，龚小夏译，香港：牛津大学出版1996年版。

四 英文著作

Beck, Ulrich, *Risk Society: Towards a New Modernity*, London: Sage, 1992.

Bendix, Reinhard, *Work and Authority in Industry: Ideologies of Management in the Course of Industrialization*, London: Chapman and Hall, 1956.

Bian, Yanjie, *Work and Inequality in Urban China*, Albany: State University of New York Press, 1994.

Burawoy, Michael, *The politics of Production: Factory Regimes Under Capitalism and Socialism*, London: Routledge, 1985.

G. Walder, Andrew, *Communist Neo-Traditionalism: Work and Authority in Chinese industry*, Berkeley: CA: University of California Press, 1986.

Giddens, Anthony, *The Class Structure of the Advanced Societies*, New-York: Harper&Row, 1975.

Nan, Lin, *Social Resources and Instrumental Action*, Los Angeles: CA: Sage. 1982, pp. 131–145.

Nan, Lin, *Social resources and social mobility: a structural theory of status attainment. In Social Mobility and Social Structure*, New York: Cambridge University Press, 1990.

Naughton, Barry, *Growing Out of the Plan*, New York: Cambridge University Press, 1995.

S. Burt, Ronald, *Brokerage and Closure: An Introduction to Social Capital*, New York: Oxford University Press, 2005.

五 英文论文

Allen, W. David, "Social Networks and Self-Employment" *Journal* of Social – Economics, Vol. 29, No. 5, February 2000.

Barbieri, Paolo, "Social Capital and Self – employment – Anetworkanalysis experiment and several considerations" International Sociology, Vol. 18, No. 4, December 2003.

Beatrice I. J. M. Van der Heijden, Peter M. Kruyen1and Guy Notelaers. "The Importance of Intra – Organizational Networking for Younger Versus Older Workers: Examining a Multi – Group Mediation Model of Individual Task Performance Enhancement" Frontiers in Psychology, Vol. 11, December 2020.

Bian, Yanjie, R. Logan, John. "Market Transition and the Persistence of Power: The Changing Stratification System in Urban China" American Sociological Review, No. 61, October1996.

Bian, Yanjie, "Bringing Strong Ties Back In: IndirectTies, Network-Bridges, and Job Searches in China" American Sociological Review, No. 62, June1997.

Bian, Yanjie, Huang, Xianbi. "The Guanxi Influence on Occupational Attainment in Urban China" Chinese Journal of Sociology, Vol. 1, No. 3, September 2015.

C. Oi, Jean, "Fiscal Reform and the Economic Foundations of Local State Corporatism in China" World Politics, Vol. 45, No. 1, October 1992.

Chen, Feng, "Subsistence Crises, Managerial Corruption and Labour Protests in China" The China Journal, Vol. 44, July2000.

F. Blumberg, Boris, A. Pfann, Gerard, "Social Capital and the Uncertainty Reduction of Self – Employment" Working Papers, Vol. 13. No. 3, June2001.

Francis, Corinna – Barbara, "Reproduction of Danwei Institutional Features in the Context of China's Market Economy: The Case of Haidian District's High – Tech Sector" The China Quarterly, Vol. 147, September1996.

Friedman, Eli, Lee, Ching Kwan, "Remaking the World of Chinese

Labour: A 30 – Year Retrospective" *British Journal of Industrial Relations*, Vol. 48, No. 3, September 2010.

G. Walder, Andrew, "Local Governments as Industrial Firms: An Organizational Analysis of China's Transitional Economy" *American Journal of Sociology*, Vol. 101, No. 2, September 1995.

G. Walder, Andrew, "Income Determination and Market Opportunity in Rural China, 1978 —1996" *Journal of Comparative Economics*, Vol. 30, No. 2, June 2002.

G. Walder, Andrew, "Elite Opportunity in Transitional Economics" *American Sociological Review*, Vol. 68, No. 6, December 2003.

Granovette, Mark, "Economic Action and Social Structure: The Problem of Embeddedness" *American Journal of Sociology*, Vol. 91, No. 3, November 1985.

L. Boyd, Robert, "The Reemergence of Self – Employment: A Comparative Study of Self – Employment Dynamics and Social Inequality" *Contemporary Sociology*, Vol. 34, No. 6, November 2005.

L. Parish, William, Michelson, Ethan, "Politics and Markets: Dual Transformations" *American Journal of Sociology*, Vol. 101, No. 4. January1996.

Lee, Ching Kwan, "The Labor Politics of Market Socialism: Collective Inaction and Class Experiences among State Workers in Guangzhou" *Modern China*, Vol. 24, No. 1, January 1998.

Lee, Ching Kwan, "From Organized Dependence to Disorganized Despotism: Changing Labour Regimes in Chinese Factories" *China Quarterly*, Vol. 157, March1999.

Lee, Ching Kwan, "From the Specter of Mao to the Spirit of the Law: Labor Insurgency in China" *Theory& Society*, Vol. 31, No. 2, April 2002.

Lin, Nan, Bian, Yanjie, "Getting Ahead in Urban China" *American Journal of Sociology*, Vol. 97, No. 3, Number 1991.

Lin, Nan, "Local Market Socialism: Local Corporatism in Action in

Rural China" *Theory and Society*, Vol. 24, No. 3, June1995.

Lü, Xiaobo, J. Perry, Elizabeth, "Danwei: The Changing Chinese Workplace in Historical and Comparative Perspective" *Contemporary Sociology*, Vol. 41, 1997.

M. S, Jimy, Nee, Victor, "Immigrant Self-Empoyment: the Family as Social Capital and the Value of Human Capital" *American Sociological Review*, Vol. 61, No. 2, April 1996.

Nee, Victor, "A Theory of Market Transition: From Redistribution to Markets in State Socialism" *American Sociological Review*, Vol. 54, No. 5, October 1989.

Nisbet, Peter, "Human Capital vs Social Capital: Employment Security and Self-Employment in the UK construction Industry" *International Journal of Social Economics*, Vol. 34, No. 8, 2007.

P. Taylor, Mark, "Earnings, Independence or Unemployment: Why Become Self-employed?" *Oxford Bulletin of Economics and Statistics*, Vol. 58, No. 2, May 1996.

S. Coleman, James, "Social Capital in the Creation of Human Capital" *American Journal of Sociology*, Vol. 94, 1988.

S. Granovetter, Mark, "The Strength of Weak Ties" *American Journal of Sociology*, Vol. 78, No. 6, May 1973.

Shen, Jing, Bian, Yanjie, "The Causal Effect of Social Capital on Income: A New Analytic Strategy" *Social Networks*, Vol. 54, July 2018.

Steinmetz, George, O. Wright, Erik, "The Fall and Rise of the Petty Bourgeoisie: Changing Patterns of Self-Employment in the Postwar United States" *American Journal of Sociology*, Vol. 94, No. 5, March 1989.

Yueh, Linda, "Self-Employment in Urban China: Networking in a Transition Economy" *China Economic Review*, Vol. 20, No. 3, September 2009.

Zhou, Xueguang, "Unorganized Interests and Collective Action in

Communist China" *American Sociological Review*, Vol. 58, NO. 1, February 1993.

Zhou, Xueguang, "Economic Transformation and Income Inequality in Urban China: Evidence from a Panel Data" *American Journal of Sociology*, Vol. 105, No. 4, January 2000.